AI 시대,
기독교 세계관으로
다음세대를 디자인하다

신국원 정석원 김민호 함영주 김수환 김성훈 정평진

저자 서문

우리는 지금 인류 역사상 유례없는 변화의 시조 속에 있습니다. 인공지능(AI)이라는 경이로운 기술은 우리의 삶을 편리하게 만들고 있지만, 동시에 다음 세대의 가치관과 영적 토대와 관련해 깊고 본질적인 질문들을 던지고 있습니다. 우리는 이 거대한 흐름 앞에서, '어떻게 해야 다음 세대가 흔들림 없이 진리 위에 굳건히 설 수 있을까?'라는 절박한 고민 앞에 서 있습니다.

결국 그 해답은 변하지 않는 진리를 붙잡는 힘, 즉 기독교 세계관 회복에 있습니다. 빠르게 변화하는 시대의 흐름을 분별하고, 그 속에서 교회가 지녀야 할 교육적 방향성을 간파하는 것입니다. 그래서 《AI 시대, 기독교 세계관으로 다음세대를 세우다》라는 책을 발간하게 되었습니다. 이 책은 단순히 시대적 유행을 반영한 것이 아니라, 거대한 패러다임 전환 속에서 교회 교육이 지녀야 할 본질적 사명을 되새기고, 그에 맞는 교육적 대안을 제시하려는 깊은 고민에서 비롯되었습니다. 이제 AI는 단순한 기술을 넘어, 삶의 방식을 바꾸고 사고의 틀을 재편하는 문화적 현상이 되었습니다. 이에 따라 교회의 다음세대 교육 역시 본질은 견고히 하되, 방법과 시각은 새로워야 합니다.

이 책은 단순히 AI 기술을 분석하는 데 그치지 않습니다. 기독교 세계관의 역사적 뿌리를 현대적 맥락에서 재조명하며, AI 시대에 왜 기독교 세계관이 다음세대의 영적 나침반이 되어야 하는지를 심도 있게 다룹니다. 이론에 머물지 않고, 가정과 교회 현장에서 디지털 세대에게 세계관을 실제로 심을 수 있는 구체적인 교육 방안 및 기독교 세계관에 기초한 디지털 리터러시의 교육학적 기반을 제시하는 데 집중했습니다. 특별히 생성형 AI를 선한 도구로 분별하여 활용하는 지혜를 모색하고, 디지털 세대가 호흡하는 문화를 복음의 빛으로 해석하는 통찰을 나누고자 했습니다.

이를 위해 이론과 실제를 겸비한 해당 분야 전문가들이 뜻을 합했습니다. 특히 신학, 교육, 문화, AI 분야에서 활발하게 활동 중인 집필진들은 단순한 이론적 주장에 그치지 않고, 교회 현장과 다음세대 교육에 실제적인 대안을 제공하고 있습니다. 우리는 다음세대가 AI라는 도구에 압도당하는 존재가 아니라, 진리의 확신을 가진 하나님 나라의 백성으로서 그 도구를 능숙하게 다루고, 하나님의 영광을 드러내는 삶을 살아가기를 소망합니다. 이 책이 그 여정에 신학적 나침반이 되기를 기도합니다.

하나님께서 이 책을 펼치는 모든 독자들에게 지혜를 주시기를, 독자들은 각자의 자리에서 다음세대를 진정한 믿음의 계승자로 세우는 귀한 사역자들이 되기를 바랍니다. 우리의 교육이 단순한 정보 전달을 넘어, 세대를 변화시키는 복음의 능력으로 이어지는 통로가 되기를 기대하며, 이 책을 통해 하나님의 영광이 나타나길 기도합니다.

2025년 11월 3일
신국원, 정석원, 김민호, 함영주, 김수환, 김성훈, 정평진

발간사 · 2

변하는 세상, 변하지 않는 진리

1장 AI 시대, 기독교 세계관으로 조명하기_신국원   6
(기독교 세계관의 역사적 배경과 현대적 회복)

2장 AI 시대, 왜 기독교 세계관이어야 하는가?_정석원   50
(다음세대의 영적 나침반을 위하여)

디지털 세대를 세우는 지혜

3장 디지털 시대, 기독교 세계관 어떻게 심을 것인가?_김민호   84
(가정, 교회, 현장에서 세계관 교육 실제)

4장 기독교 세계관으로 조망하는 인공지능 리터러시 교육_함영주·김수환   130

기술과 문화를 통한 기독교 세계관의 확장

5장 AI 시대, 기독교 세계관과 생성형 AI_김성훈   182
(선한 도구로서의 AI 활용법)

6장 AI 시대, 디지털 세대의 문화와 기독교 세계관_정평진   232
(디지털 세대의 감각을 복음으로 해석하다)

미주 · 272
참고문헌 · 285

AI 시대, 기독교 세계관으로 조명하기
기독교 세계관의 역사적 배경과 현대적 회복

21세기 AI 시대와 기독교 세계관 : 개혁주의 전통의 재해석과 적용

신국원 교수
(총신대학교 명예교수)

21세기는 정보화와 세계화로 이전과 확연히 다른 문화와 사회로 접어들었다. 컴퓨터와 정보기술(IT)이 삶의 전 영역에 적용되면서 대대적인 문화적 변동이 일어나고 있다. 인공지능(AI), 빅데이터, 디지털 네트워크에 기반을 둔 사물 인터넷은 우리의 사고와 행동 방식을 근본적으로 바꿔 놓는 중이다. '제4차 산업혁명'이라 불리는 변화는 문명의 전환점이 될 것이다. 이 변화는 또한 기술 혁신을 넘어 세계관 전체의 전환을 암시하고 있다. 왜냐하면 인간이 어떻게 과학기술을 사용하여 삶을 형성해 갈 것인지는 세계관에 의해 결정되기 때문이다.

세계관(Weltanschauung, worldview)이라는 개념은 18-19세기 독일 철학에서 비롯되었다. 이 단어는 세계에 대한 직관적이며 포괄적 이해를 뜻하는 말로 사용되었다.[1] 세계관이 이성적 분석을 통한 철학적 이해에 선행하는 깊은 경험임을 나타내기 위해서다. 이 말은 점차 모든 사람의 행위를 뒷받침하고 형성하는 일련의 기초적 믿음 체계를 뜻하는 용어가 되었다.

하지만 기독교 전통에는 그에 앞서 성경이 하나의 세계관이라는 인식이 있었다. 성경을 안경에 비유한 존 칼빈이다.[2] 하나님 말씀을 통해서 조망될 때 세상과 삶에 대한 바른 이해를 가질 수 있다는 점을 강조한 것이다. 종교개혁의 가장 큰 유산 중 하나가 바로 개혁주의 세계관이다.

AI 시대의 도래는 기독교 세계관의 중요성을 다시 돌아보게 만든다. AI처럼 적용 범위가 포괄적인 기술의 등장은 기술 낙관주의나 비관주의의 확산과 그에 따른 세계관의 충돌을 유발하기 때문이다. 따라서 이 글의 목적은 세 가지이다. 첫째, 기독교 세계관의 역사적 발자취를 검토하고, 둘째, 그 역사적 전통이 21세기 AI시대의 도전에 어떤 통찰을 제시하는지를 살펴서, 셋째, 우리 시대에 문화와 사회 변화에 적절한 기독교적 비전 논의에 기여하려는 것이다.

개혁주의 기독교 세계관 운동의 발자취

개혁주의는 역사와 문화에 대한 하나님의 절대주권을 강조해 온 것이 특징이다. 삶 전체는 '하나님 앞'(coram Deo)에 있기에, '삶이 곧 종교'(life is religion)라고 믿어 신앙과 삶을 분리하지 않는다. 따라서 문화를 배격하거나 문화에 무비판적으로 동화되는 대신, 적극 참여하여 변혁시키는 열정을 지녔다. 그래서 세상에 대한 바른 성경적 안목을 가지는 것은 필수적으로 여겨졌다.

이 신학적 통찰을 독일 철학자들의 '세계관'을 채용해 '기독교 세계관'으로 발전시킨 사람은 아브라함 카이퍼(Abraham Kuyper, 1837-1920)였다. 네덜란드의 개혁주의 목사요 신학자이며 정치가이자 사회운동가인 카이퍼가 기독교 세계관에 관심을 갖게 된 것은 그리스도인으로서 그가 처한 역사적 현실에 대한 책임을 절실하게 깨닫는 것에서 비롯되었다.

유럽은 프랑스 혁명의 본격적 여파로 날로 인본주의화되는 추세에 있었다. 카이퍼는 이에 대항하여 개혁주의적 기독교에 기초한 삶의 태도를 효과적 대안으로 부흥시키려 노력했다. 물론 그의 노력은 새롭고 독창적인 체계를 제시하는 것이기보다, 기독교 역사 속에서 같은 정신을 가지고 노력했던 전통의 회복에서 힌트를 얻은 것이었다. 그는 이것을 역사적 칼빈주의 전통에서 발견했다고 고백한다.[3] 카이퍼의 기독교 세계관 운동이 신칼빈주의(Neo-Calvinism)로 불리는 것은 이런 이유 때문이다.

기독교 세계관 운동은 종교개혁에 뿌리를 둔 칼빈주의가 강조하는 바, 성경의 진리 체계에 기초하여 현실을 이해하기 위해 필요한 삶의 안목을 제시하려는 데서 비롯되었다. 카이퍼는 성경의 가르침을 철학이나 이념 체계가 아닌 종교적 진리로 인식했다. 여기서 '종교적'이란 철학이나 이론이 머무는 이성적 이해의 차원보다 훨씬 깊은 차원, 즉 삶의 궁극적 토대가 세워지는 근본적 차원의 진리요 삶의 안목을 말한다.

카이퍼는 칼빈주의가 일종의 철학 체계라는 인식을 부인하기 위해 "삶과 세계의 조망"(levens-en-wereldbeschouwing)이라는 다소 길고 어색한 표현을 의도적으로 사용했다. 그의 생각은 1889년 프린

스턴 대학의 스톤 강좌에 잘 드러나 있다.

> 칼빈주의는 교회 제도에 그치지 않고 생활원리(life-system)로 발전했으며 교리의 구성을 위하여 진력했을 뿐만 아니라 인생과 세계관(life-and-world-view)을 창조했다. 칼빈주의는 과거에 있어서와 마찬가지로 현재에 있어서나 어떠한 시대에 있어서나 모든 생활의 부문에서 인류의 발전을 위한 모든 단계의 필요성에 자신을 적응시킬 수 있다는 것이다.[4]

카이퍼는 자신이 처한 위기의 상황을 헤쳐 나갈 길은 성경적 삶의 원리인 칼빈주의를 삶의 모든 국면에서 실제적인 규범으로 삼는 것이라고 확신했다. 그는 총체적 삶의 체계로서의 기독교적 세계관의 필요성을 강조한 많은 저술을 남겼다. 하지만 사상체계를 만들어내는 철학자라기보다는 신학자요 목회자였다. 그보다는 언론인과 정치 및 사회 지도자로 더 많은 업적을 남겼다.

카이퍼의 유산을 토대로 좀 더 항구적이고 보편적 의미를 가질 수 있는 체계적, 철학적 바탕을 일군 사람은 그가 설립한 자유대학교(Vrije Universitait of Amsterdam) 출신의 헤르만 도예베르트(Herman Dooyeweerd, 1894-1977)였다. 도예베르트는 카이퍼가 일으킨 운동이 문화의 모든 영역에 정착되려면 포괄적인 세계관 체계로 정리되어야 한다고 느꼈다.

도예베르트는 본래 법학자였다. 그는 개혁주의에 입각한 정부 원리를 연구하다가 하나님의 법과 주권이 피조물 전체를 위한 존재 기반이 됨을 새롭게 발견하였고, 연구의 폭을 넓혀 거시적 안목을 체계화했던 것이다. 그의 사상 체계를 우주법철학(cosmonomic philosophy)이라고 부르는 것은 이런 이유다. 그의 철학 체계는 이성이 세계의 기초가 된다는 서구문화의 상식을 비판하고 있다. 오늘날 서구 세계가 경험하는 위기는 이성주의 토대가 붕괴하는 것에서 기인하므로 하나님의 법을 기초로 주장하는 그의 안목은 철학적으로나 문화적으로도 매우 혁명적이다.

특히 그의 사상 체계는, 어떤 것이든 종교적 기초가 있다는 점에 착안하여 시대와 사상의 흐름을 기독교적으로 비판하고 바로잡는 방법을 모색했다. '초월적 비판'(transcendental critique)이 바로 그 연구 결과이다. 또 카이퍼의 일반은총론이나 영역주권 사상을 더 깊고도 건실한 성경적 기초 위에서 해석하고 보편적 철학 수준으로 끌어올렸다.

도예베르트의 가장 큰 공헌은 서구문화의 역사 밑에 깔린 네 개의 다른 뿌리 또는 근본동인(ground motive)을 밝힌 점이다.[5] 그는 서구문화의 가장 오래된 고전적 동인으로 그리스-로마 세계관을 꼽고 그것을 아리스토텔레스의 구분을 따라 형상과 질료(form and matter)의 동인이라 불렀다. 둘째 동인은 성경적인 것으로 창조-타락-구속의 진리에 기초한다. 세 번째 동인은 스콜라철학에서 기원한 은총과 자연(nature and grace)의 혼합적 세계관이다. 성경적 종교의 동인과 그리스 종교의 동인을 한 체계 내에 종합하고자 했다. 네 번째 동인은 15세기 르네상스에서 싹튼 자연과 자유(nature and freedom) 정신에 기초한 인본주의적 세계관이다.

주목할 것은 성경적 동인 외에 다른 동인들이 도저히 융합될 수 없는 상반된 두 종교적 원리의 조합으로 되어 있음을 그가 보여 준

것이다. 도예베르트는 이 구조가 '종교적 대립'(religious antithesis)의 성격을 가진다고 설명한다. 이 대립은 이론적 통합으로는 결코 해소되거나 통합될 수 없다. 이 문화의 동인들 사이에 있는 내재적 대립을 극복하는 것은 철학의 과제였으나 정-반-합(正-反-合)의 변증법을 통한 헤겔의 야심적 종합 시도가 실패하자 돌이킬 수 없는 위기가 닥쳤다.

헤겔 이후 철학들은 이 위기를 확인시켜 주었다. 이러한 동인들의 불화합성을 새삼 강조한 프로이트나 거기에 깃든 형이상학적 폭력을 고발한 니체, 헤겔의 변증법을 유물론적으로 뒤집은 포이에르바하와 마르크스-엥겔스가 좋은 예다. 20세기에 등장한 포스트모더니즘도 이 연장선에 있다.

도예베르트는 비성경적 세계관들은 모두 다원적인 종교에 뿌리를 두기 때문에 통일된 문화의 기초를 제공하지 못한다고 주장한다. 따라서 어느 하나가 억압된 상태로 발전하다가 지나치게 발전하면 붕괴한다는 사실을 역사적 예를 들어 보여 주었다. 반면에 창조-타락-구속의 하나님의 경륜에 기초한 기독교 세계관은 분열됨 없는 문화의 기초를 줄 유일한 것이라 주장했다.

도예베르트의 근본 의도는 서구 세계관의 유형 분석을 통하여 기독교 세계관의 특징과 강점을 비교적으로 제시하는 것이다. 기독교 세계관은 다른 세계관과 달리 창조부터 완성에 이르는 일관된 비전을 제시한다. 따라서 이 세계관이야말로 혼돈과 분열로 얼룩진, 그래서 그의 말처럼 황혼에 접어든 서구 문화와 문명에 대한 참다운 대안임을 보이고자 한 것이었다.

카이퍼와 도예베르트 이후 개혁주의 기독교 세계관 운동은 암스테르담 자유대학교에 머물지 않았다. 19세기에 네덜란드 이민자들이 세운 미국의 칼빈대학교(Calvin College)나 도트대학교(Dordt College), 1967년 캐나다 토론토에 설립된 기독교학문연구소(Institute for Christian Studies)를 통해 북미 대륙과 남아프리카공화국, 호주와 뉴질랜드, 한국과 일본으로 확산되었다.

특히 기독교학문연구소는 기초 연구를 통해 전 세계, 특히 우리에게 많은 영향을 미쳤다. 대표적 기독교 세계관 책인《세상의 변혁을 위한 그리스도인의 비전》(IVP, 1982)의 저자인 브라이언 월쉬(Brian Walsh)와 리처드 미들톤(Richard Middleton),《창조 타락 구속》(IVP, 1992)의 알버트 월터스(Albert Wolters),《완전한 진리》(복있는사람, 2006)의 낸시 피어시(Nancy Pearcey)와《성경은 드라마다》(IVP, 2009)와《세계관은 이야기다》(IVP, 2011)의 마이클 고힌(Michael Goheen)과 크레이그 바르톨로뮤(Crag Bartholomew) 그리고《하나님 나라를 욕망하라》(IVP, 2016)를 쓴 제임스 스미스(James Smith)가 모두 이 연구소의 일원이다. 졸저《니고데모의 안경》(IVP, 2005) 역시 이 연구소의 영향이 명백히 드러나는 책이다.[6]

기독교 세계관 운동은 여러 곳에서 다양한 모습으로 확산되고 있지만, 성경의 안경으로 세상과 삶을 바라보려는 정신은 유지되고 있다. 전통을 계승하지만 현재 사회와 문화와 의미 있는 씨름으로 발전되는 것은 이 운동이 살아 있다는 증거이다. 좋은 예 하나가 미국의 철학자인 니콜라스 월터스토프(Nicholas Wolterstorff)의 사회문화 이론이다. 이 이론은 특히 개혁주의 기독교 세계관이 북미 현실 속에서 어떻게 사회-문화-정치에서 실제로 구현될 수 있는지를 보여 준다.[7]

월터스토프는 칼빈주의 종교개혁의 사회적 비전을 '채용'하는 것을 목표로 삼았다. 채용은 전통의 무비판적 수용이 아니라 자신의 환경에 맞추어 선별적으로 받아들이는 것을 뜻한다. 여기에는 개혁주의 전통이 본래 가지고 있던 세계형성적 추진력이 약화되었다는 반성이 담겨 있다.[8] 이들의 비전은 성도가 자신이 속한 사회질서를 개혁하기 위해 진력하는 것이 제자도의 한 부분임을 고백한다. 그리고 그 의무는 기독교 영성의 동력 가운데 위치한다고 주장한다.

칼빈주의자들은 경건의 사회적 함축을 진지하게 생각했다. 이들의 신앙에는 감사가 동기가 되고 소명으로 표현된 순종이 깔려 있다. 그들은 '직업'보다 넓은 감사, 순종, 소명의 3요소를 가진 사회적 역할이 소명이라고 여겼다. 이들은 성경대로 세계가 자연만이 아니라 인간의 질서로 인해 죄의 영향이 스며 있는 것을 보았다. 그리고 사회적 세계가 하나님에게서 유리되지 않도록 재구성하려는 책임감과 열정을 가졌다. 이는 중세적 사고를 넘어 사회개혁과 혁명에도 이를 수 있는 혁신적인 사고였다.

이런 열정으로 인해 그들은 자신들과 동의하지 않는 사람들과 정의로운 사회 속에서 살 수 있는 방안에 대해 깊이 생각하지 못한 점들을 인식했다. 정의를 말하면서도 매우 억압적인 성향을 띠는 경우가 있었다는 것이다. 이런 이유로 인해서 칼빈주의자들이 자칫 승리주의(triumphalism) 또는 지배신학(dominion theology)의 위험에 노출되곤 했다고 지적한다. 하지만 지금은 오히려 세계형성적 특성을 잃은 모습을 보이고 있다고 비판하는데, 혁신의 에너지가 신학과 철학 형성을 위한 에너지로 빠져나가면서 소멸하였거나 소멸할 위기에 처하곤 했다는 것이다. 월터스토프는 이러한 한계와 잘못을 넘어서기 위해 '샬롬'과 '정의'의 비전을 제시한다. 기독교 세계관이 불의와 불화로 가득한 세계 정세 속에서 새로운 도전을 맞고 있기 때문이다.

현대 문화에서는 한 국가, 지역, 사회 내에 다양한 세계관이 함께 존재한다. 세계관이란 세상을 보는 시각에 따라 문화가 달라질 수 있다는 의식이 담긴 단어다. 이런 말이 문화, 사회적 논의에 있어 중요한 단어가 되었다는 것 자체가 이 시대가 문화적 다원주의의 기초 위에 놓여 있음을 보여 준다. 이러한 상황은 공동체의 통합의 기초인 세계관의 본질에 비추어 볼 때 위기라고 할 수 있다. 네덜란드의 기독교 철학자 크랍바이크(J.Klapwijk)는 이를 두고 오늘날 세계관 논의에 있어서 가장 중요한 것은 "어떤 세계관"이든 "되찾을 방법이 무엇인지"를 논의해야 할 상황이라고 주장한다.[9]

세계관의 각축장이 되다시피 한 오늘의 문화 현실 속에서, 기독교 세계관이 진리임을 증거할 방법이 신학과 철학적 논의로 제한되어서는 안 된다. 성경의 계시를 토대로 삼는 삶의 안목이 생명과 평화와 삶의 안정을 준다는 것을 보여 주어야 한다. 이제는 문화적 힘으로서 성경적 세계관을 보여 주는 것이 어느 때보다 강하게 요청되고 있다.

기독교 세계관의 비전이 열매를 맺는다는 증거는 성경과 기독교 역사 속에 실재한다. 19세기 말 네덜란드의 신칼빈주의 운동은 사회와 문화 전반에 커다란 변화를 일으켰다. 특히 교육제도에 큰 영향을 미쳤을 뿐 아니라 정권을 획득해 국가를 운영하기도 했다. 그들의 정황은 우리의 1980년대와 흡사하다. 카이퍼는 프랑스 혁명의 인본주의 사상에 대항했던 '반혁명' 정신을 자유주의와 은둔주의를 넘어 하나님의 영광을 위한 사회문화적 변혁 운동으로 발전시켰다. 청교도 정신에 뿌리를 둔 미국의 근본주의 운동이나 네덜란드계 이민자들이 발전시킨 세계관 운동은 북미 대륙에서 많은 인물을 배출하고 사회와 문화에 영향을 미쳐 왔다. 한국의 기독교 세계관 운동이 그곳으로 뿌리를 뻗친 것은 단지 신학적 친화성 때문만은 아니었다.

한국의 기독교 세계관 운동과 세계의 최신 동향

우리나라 기독교 세계관 운동은 1970년대 후반에 시작되었다. 당시 대학 사회는 마르크스의 유물사관에 기초한 운동권의 사회변혁 이데올로기와 해방신학이나 민중신학 같은 기독교 사회운동이 주도하고 있었다. 기독교 세계관은 복음주의 사상 운동으로 복음주의 대학생들이 중심이 되어 형성된 독서 연구 모임에서 비롯되었다.[10]

기독교 세계관에 대한 이들의 관심은 1980년대 초반 정치 상황과 직접적인 연관이 있다. 복음적 교회에서 자란 학생들은 군사독재에 대항해 사회정의 구현과 민주화의 필요에는 공감하지만 사회주의적 변혁운동의 관점에 동의할 수 없었다. 이런 현실 속에서 고뇌하던 이들의 눈을 열어 준 것은 개혁주의 신앙의 폭넓은 관점이었다. 거기에는 복음적 교회가 취약했던, 삶과 세계에 대한 실제적 가르침이 있었다. 신앙이 구체적으로 삶과 어떻게 연관되어야 하는지에 대한 실마리를 정치 현실에 대한 고민을 통해서 발견한 것이다. 말로만 듣던 이원론의 실체와 문제를 어렴풋이 파악할 수 있었고, 신앙과 삶의 통합이라는 주제를 보는 눈도 열렸다.[11]

그리하여 신앙은 교회 생활뿐 아니라 정치와 사회, 학문과 예술 등 문화 전반에 대해 가르친다는 사실을 깨닫게 된다. 무엇보다도 성경과 기독교 신앙이 세계와 삶에 대한 조망을 제시한다는 사실에 긍지를 갖게 된다. 유물론이나 자연주의, 인본주의, 맑시즘, 무신론보다 더 신빙성 있고 설득력 있는 세계관을 거기서 발견했던 것이다. 그들은 그것을 공부했고 토론했고 가르쳤다. 그것에 입각한 실천을 할 수 있다는 믿음 속에 전진했다. 책을 번역하고 쓰기도 했다. 그것은 운동권과는 다른 방식으로 행한 현실 참여였다.

1980년대 초 대학생 모임은 당시 대학가에 있던 의식화 교육과 모양새가 비슷했다. 큰 모임이던 '집담회'도 많아야 수십 명이 모여 논문을 읽고 토론하는 정도였다. 모두가 신앙을 토대로 자신들의 삶과 사회를 바로 세우는 길을 찾으려는 노력에 불과했었다. 자칫 취미 활동으로 끝났을 수도 있었을 모임이었다. 기독교 세계관 운동이 지금의 모습을 가진 것은 개혁주의 신앙과 세계관에 정통한 학자들이 멘토로 이끌어 주었기에 가능했다.[12]

이들 모임은 앞에서 언급한 대표적인 기독교 세계관 교재들과 좀 더 학문적인 《기독교 철학입문》, 《기독교 세계관》 그리고 《서구 사상의 황혼에서》와 《서구문화의 뿌리》 같은 본격 기독교 철학서들을 번역하여 한국 교회에 소개했다. 이 모임은 1980년대 중반에 수도권의 '기독교학문연구회'와 대구-경상권의 '기독교대학설립동역회'로 발전하였다. 당시 연구 모임의 주축을 이루던 학생들은 국내외에서 공부를 마치고 교단에 서게 되어 여러 영역에 1,000명 가까운 교수들이 있는 전문가 집단이 되었다. 이 두 모임은 2009년에 사단법인 '기독교세계관학술동역회'로 통합되었고, 2024년 10월에 40주년 기념행사를 치렀다.

동역회 산하에는 학제 간 연구를 위해 '기독교학문학회'가 있다. 학회에서는 다양한 학문 분과가 함께 모여 매년 두 차례 서울과 지방에서 학술대회를 개최한다. 또한 학술진흥재단 등재 학술지인 계간 〈신앙과 학문〉과 격월간 소식지인 〈신앙과 삶〉을 발간하고 있다. 이와는 별도로 기독교학문연구회의 경영학자들은 '기독경영연구원'을 설립한 지 30년차이고, 철학자들은 한국철학회 산하에 '기독교철학회'를 조직했으며, 별도의 학술진흥재단 등재지인 〈기독교철학〉을 발간하고 있다.

이 운동의 열매로 오늘날 한국 교계의 대학생 모임에는 세계관이 기본 강좌로 자리하고 있다. 세계관 책이 필독서 가운데 끼어 있다. 주일학교 교사나 기독 교사와 교수 모임에서도 세계관이 주제가 되곤 한다. 이제는 운동을 넘어 하나의 전통으로 정착되어 간다고 볼 수 있다. 하지만 기독교 세계관을 공부하며 감화를 느낀 이들은 많지만 대개 공부하는 것에서 그치고 있다. 그 운동을 통해 세계와 삶을 새롭게 보게 된 많은 이들이 한국 사회에 '소개'된 정도이다. 기독교 세계관은 그리스도인의 삶을 통해 문화 속에 분명히 드러나야 하는데 그것이 오늘의 과제다.

이는 한국만의 상황이 아니다. 작금의 문화적 변화로 기독교 세계관 운동은 여러 새로운 도전을 만났다. 그에 대처하는 새로운 방식의 담론들도 개발되고 있다. 그중 하나가 '선교적 교회론'의 통찰을 수용하여 창조로부터 새 하늘과 새 땅에 이르는 성경의 줄거리 속에 드러나는 독특한 안목을 이야기 방식으로 풀어내는 것이다. 이 방식은 흔히 철학적 이론처럼 인식되는 세계관 논의를 이야기로 바꾸어 대중화시키는 장점이 있다. 이 방식은 또한 거대담론에 대한 의심이 팽배한 포스트모던적 문화에 대처하는 데도 이점이 있다.

최근 또 다른 시도가 눈길을 끌고 있다. 사회비판이론을 '성경적' 관점으로 뒤집어, 다양성과 통일성의 이원론적 갈등 등 세속 사상이 해결하지 못하는 딜레마를 넘어설 복음적인 제3의 길을 여는 방식이다. 태초에 삼위일체 하나님이 계셨다는 성경의 첫마디는 무신론에 대한 '원조 비판이론'이다. 세상이 아름답게 창조됐다는 선포는 폭력적인 바벨론 창조설화에 맞서는 '대항 이야기'다. 이 방식은 성경의 렌즈로 사회와 문화를 이해할 탄탄한 '성경적 비판이론'을 구성한 것이 장점이다.[13]

상황은 달라지고 기독교 세계관을 구성하는 방식은 달라질 수 있다. 하지만 하나님의 계시된 말씀은 변하지 않는다. 순종하는 방식이나 이를 증언하는 형태가 달라질 수 있을 뿐이다. 그것은 당연히 변해야만 한다. 기독교 세계관 담론 역시 지금 우리가 직면하고 있는 문제와 씨름하는 수고를 피할 수 없다. 그렇지 않으면 귀한 진리의 전통이 죽은 정통이 되고 말 것이다. 진정한 전통은 죽은 자의 살아 있는 신앙이다. 굳은 전통은 살아 있는 자의 죽은 신앙이 되고 만다.[14]

기독교 세계관 운동은 창조-타락-구속의 공식이 아니다. 이 세 항목에 대한 신학적 논의만도 아니다. 그것은 구체적인 실천이다. 예를 들어 세상과는 '다른 방식으로 하는 정치'나 '다른 방식으로 하는 예술'일 수 있다. 물론 기독교 세계관 자체는 정치도, 예술도 아니다. 그것은 기초이다. 하지만 그것은 무엇인가를 하기 위한 것이다. 그런 의미에서 그것은 운동이요 실천이어야만 한다. 그래서 역동적이어야 한다. 그러기 위해서는 반드시 상황에 대해 현실성이 있어야 한다.

현재 그리스도인이 주시해야 할 상황 중 가장 중요한 것은 AI가 가져올 사회 문화의 변화다. 또 다른 하나는 포스트모더니즘과 거기서 파생되는 다원주의이다. 이 둘 모두 미디어와 문화 담론의 옷을 입고 다가온다. 이 모두가 자리를 잡기 위한 혼란이라 할 수 있다. 위기가 닥치면 근본으로 돌아가는 것은 가장 좋은 문제의 해결이다. 다시 근본을 확인하고 문제의 해결점을 모색하는 것이다. 이를 위해서는 다시 성경적 기독교 세계관의 뿌리로 돌아가야 한다.

물론 그와 동시에 현실과 상황에 민감하여 적절성을 가진 세계관 담론을 형성하려는 노력도 중요하다. 그 이유는 시대가 바뀌고 상황이 달라져 그리스도인이 직면한 도전도 달라졌기 때문이다. 이런 변화에 적절한 대응을 하지 못하면 운동성은 급속히 약화된다. 기독교 세계관에 대한 열정을 가지고 열심히 공부해 보았으나 실망한 이들이 많다. 실천이 없는 이야기로 "아주 짜증 나는 일"이 계속되었다고 한 경우도 있었다. 생명력과 역동성을 잃은 운동은 늘 짜증 나게 한다.

기독교 세계관 운동이 진부한 상태에 빠졌다면 벗어나는 길은 하나밖에 없다. 근본으로 돌아가 다시 시작하되, 그 진리들이 이 시대에 무슨 메시지를 던지는지 찾아내는 치열한 노력이 있어야 한다. 기독교 세계관 운동의 공동체가 이러한 근본을 정립하는 일과 현실적으로 적절성을 가진 담론을 활발히 전개하는 것이 그 길이다.

개혁주의의 기독교 세계관 운동은 항상 성경의 진리를 순수하게 보존하려 애씀과 함께 주어진 상황의 도전에 맞서려는 실천적인 동기로 가득했다. 이 운동은 오늘날 복음주의자들 사이에서 흔히 볼 수 있는 반문화주의적이요 은둔적인 자세로서 자신의 경건을 지키고 복을 비는 신앙과는 거리가 멀었다. 이 운동에 참여한 사람들은 세상 속에서 빛과 소금으로 살며 복음 전파와 더불어 문화를 변혁하려는 소명감으로 불탔다. 그들은 이 땅에 하나님의 나라가 임하기를 기도하는 마음으로 살아야 한다는 자신의 소명을 바로 인식하고 매사에 충성하는 자세로 살았다. 이러한 개혁주의 전통의 문화 변혁적 자세가 되살아나야 한다.

개혁주의의 특성은 전통의 정신을 현실에 살려 내는 변혁적 입장에 있다. 이러한 개혁주의 기독교 세계관 운동을 이어 갈 때 두 가지 조심할 점이 있다. 하나는 진보를 강조할 때 흔히 생기는 부작용인 세속화이고, 또 다른 하나는 전통을 강조할 때 생기기 쉬운 후진성이다. 개혁주의 세계관 운동의 전통을 바로 이어가려면 전통으로부터의 이탈과 세속화를 막는 것도 중요하다. 그와 함께 오랜 전통과 훌륭한 역사를 가진 공동체일수록 과거 지향적이 되고 보수적이 되며 그것이 발전의 발목을 잡는 요인으로 작용하기 쉽다는 점을 조심할 필요가 있다. 우리의 전통은 성경적이며 동시에 개혁주의적 신앙이다.

종교개혁의 전통에는 잘못된 현실 고수를 방지하는 '하나님의 교회는 언제나 개혁되어야 한다'(ecclesia dei semper reformenda)라는 표어가 있다. 개혁이란 과거를 부정하는 파괴나 혁명이 아니다. 바르고 귀한 전통 가운데 시간이 가면서 퇴색한 부분들을 고쳐 본래의 정신을 되찾되, 생명력 있게 계승, 발전시켜 나가는 정신을 의미한다.

이 일을 위해서는 전통의 정신을 충분히 이해하는 연구와 더불어, 그것을 현실 속에서 의미 있게 살려 내는 해석의 노력이 필수적이다. 성경적 진리는 영원불변하지만 그것을 삶의 원리로 살아가는 기독교인들이 부딪치는 상황은 항상 변화하기 때문이다.

중요한 것은 지금 그 운동이 어떻게 나아갈 것인가다. 운동의 안팎이 달라졌고 내외에서 반성의 요구도 일어나고 있기에 그렇다. 무엇보다 운동의 실제적 능력을 달아 볼 시기가 온 것이라고 할 수 있다. 과연 기독교 세계관은 무엇을 하기 위한 것인지, 기독교 세계관 운동을 통해서 무엇을 이루었는지 돌아보는 것만은 아니다. 운동이 나아갈 방향, 즉 비전과도 맞물려 있는 문제이다.

세계관은 흔히 지성인들만의 관심사로 여겨지고 있다. 흔히 철학과 밀접한 관계 속에서 체계적으로 논의되기 때문에 세계관은 지성과 특별히 관계되어 온 것은 사실이다. 그러나 반드시 지성인들의 독점물은 아니다. 세계관 없이 사는 사람은 없기 때문이다. 세계관은 삶 전체와 관계가 있다. 말하자면 문화 전체와 직결된다. 기독교 세계관 운동은 한국 교회와 나아가 사회를 성경적 진리에 입각해서 바로 보고 세우는 일과 직결된다.

21세기를 위한 기독교 세계관의 제시는 결코 새로운 체계를 만들어 내야 하는 일이 아니다. 과거 아브라함 카이퍼나 다른 개혁주의자들이 항상 그랬던 것과 같이 그 어떠한 위기상황에서라도 성경 진리의 구속적 능력에 대한 자신감을 가지고, 그 빛 아래서 미래의 상황을 바라보고 할 일을 찾는 자세가 필요할 뿐이다. 이제 그러한 태도로 우리들 앞에 전개되는 상황을 내다보기로 하자.

21세기 AI 시대의 사회-문화적 상황

21세기 AI 시대의 독특한 상황에 대처할 기독교 세계관을 제시하기 위해서는 다음과 같은 중요한 문화 및 사회 상황과 거기에서 파생되는 다양한 문제들을 이해해야 한다.

1. 정보화(informatization)

21세기는 정보를 생활필수품으로 생각하는 사회에 대한 이해를 요구한다. 네그라폰테(N. Negraponte)는 《디지털》(*Being Digital*)에서 과거는 아톰(atom)의 시대였으나 현재와 미래는 비트(bit)의 시대라고 했다. 프랑스의 철학자 장 프랑수아 리오타르(Jean-Francois Lyotard)도 이 시대의 특징을 정보화로 규정했다.[15] 리오타르는 대표적인 포스트모던 사상가이다. 그는 쾌벡 정부 대학위원회의 요청으로 '가장 선진사회에서의 지식'에 대한 리포트에서 정보화를 '포스트모던의 조건'이라며 철학적 논제로 부상시켰다.

리오타르는 오늘의 정보화 사회가 포스트모던 사회의 특징이라고 주장한다. 토지와 천연자원을 토대로 한 농업이나 공업 시대와 달리 세분화되고 전산화된 정보의 집적이 힘이자 자원으로 간주되는 시대라는 것이다. 정보는 이제까지 사회의 토대 역할을 해온 지식 체계와 그 성격이 완전히 다르다. 종합적 체계, 객관화되어 보편적 적용이 가능한 표준화를 특성으로 하는 지식과 달리 정보는 단편적이고 유연하며 그 활용은 주관적이자 특성화와 전문화가 특징이다.

정보화 사회의 또 다른 특징은 기술 가속화다. 인공지능(AI)은 단순한 계산과 자동화의 차원을 넘어, 인간의 사고를 모방하여 판단을 내리거나 창작을 해내는 생성형으로 발전했다. 언어 번역, 이미지 생성, 법률 자문, 의학적 진단과 심지어 설교문 작성까지 가능하게 된 '초지능'(superintelligence) AI의 출현은 인간의 정체성에 대한 근본적 질문을 던진다.

이로 인해 AI 사회는 인간의 본질을 이성적 사고 능력에 두고 이를 다른 존재와 차별성의 근거로 삼았던 근대적 인간관을 근본적으로 뒤흔들어 놓았다. 이제 많은 사람들은 지능을 인간만의 고유한 능력으로 여기지 않는다. 이로 인해 인간과 기계의 경계가 모호해지고, 하나님의 형상으로서 인간 이해도 도전을 받고 있다. 하지만 문제의 핵심은 단지 AI가 인간을 넘어설 것인지가 아니라, 인간이 이 기술을 통해 전능한 창조주의 자리에 올라서려는 것인지 여부다. 이런 시도는 인간 구원을 기술적 진보에서 찾으려는 새로운 형태의 세속적 종교이고 우상숭배라고 할 수 있다.

2. 세계화(globalization)와 다원주의 사회

통신과 교통수단 발전에 힘입어 오늘의 세계는 극히 가깝고 좁은 세계가 되었다. 지리적으로만 아니라 문화적 차이가 좁혀지고 냉전이 종식되어 명실상부한 지구촌 시대가 되었다. 이로 인해 각국의 이익을 앞세운 지역주의가 아니라 지구공동체 의식이 더 중요해졌다. 하지만 '일치와 공동창조'를 지향하는 제4의 물결이 다가오고 있다는 앨빈 토플러의 낙관론과 달리 세계화와 더불어 좁아진 세계에서는 지역적 특성과 이해관계가 상충하는 복잡성을 더해져 가고 있다.

'생각은 세계적으로, 행동은 지역적으로'(Think globally, act locally)라는 구호는 세계화와 지역화(localization)가 나란히 공존하는 모순적 흐름을 잘 보여 준다. 미국 주도의 경제를 견제하려는 중국이나 유럽공동체 같은 경제 블럭이 아시아와 아프리카에도 형성되고 있는 것은 세계화를 부르짖으면서도 다른 한편에서는 지역이기적 모습을 보이는 역설적 상황을 드러낸다.

세계화로 삶의 양식과 문화가 섞이는 것도 우리와 같은 단일 민족, 단일 문화 사회에 큰 도전을 가져온다. 이민으로 이루어진 미국이나 본래 다민족 국가인 중국과 달리 어떻게 다른 문화의 차이점을 용납하고 수용하는 자세를 배워 배타성과 폐쇄성을 극복할지는 큰 숙제다. 지역적 편견과 감정을 극복하는 일은 필요하지만 세계화된 무국적의 문화에 흡수되는 것도 옳지 않다.

21세기 상황 가운데 가장 두드러진 것은 세계화로 인한 다원주의 상황일 것이다. 제임스 사이어의 말처럼 서구 사회에 있어서조차 "기독교적 세계관은 오늘날 세계에 있는 수많은 세계관들 가운데 하나일 뿐이다". 과학적 세계관의 퇴조와 더불어 다원주의와 상대주의 문화가 확대되고 있다. 포스트모더니즘은 이러한 문화적 다원주의 분위기와 밀접하게 연관된다. 삶의 정신적 모델인 세계관은 급속히 늘어나 오늘날 거의 모든 사람이 상이한 세계관을 가지고 있다고 할 만큼 다수가 되었다. 세계관의 문제에 있어 사사 시대의 혼란이 연상될 정도다.

물리적 세계의 공간이 축소되는 반면에 사이버 스페이스(cyber space)라는 가상현실과 증강현실 세계가 열리고 있는 것도 주목해야 한다. 역사적으로 볼 때 지평의 확대는 항상 세계관의 변화를 초래했다. 알렉산더와 로마의 정복에 의한 고대 세계의 지평 확대는 중세로 이어졌고, 지리상 발견과 천문학의 발전은 중세에서 근대로 이행을 가져왔다. 가상현실 세계는 우리가 사는 세계를 경험하는 기초인 시간과 공간의 사실성에 대한 이해에 변혁을 가져올 것이다.

3. 근대의 종말과 포스트모더니티(post-modernity)

15세기 중세의 해체를 촉진한 르네상스 이후 서구 세계는 과학의 발전과 계몽사상의 대두로 근대(modernity)에 접어들었다. 근대 문화는 자율적 이성이 주체가 된 인본주의 세속화 문화로서 이성주의 철학과 과학이 그 기초를 제공했다. 그러나 18세기 낭만주의 이후 이성에 기초한 문화의 빈곤에 대한 비판이 대두되었다. 과학기술 문명의 핵심이라고 할 방법론적 객관주의에 대한 비판도 이런 맥락에서 일어났다.

오랫동안 기독교 신앙의 대적이던 과학과 이성의 위세가 한풀 꺾인 새 시대의 환경은 어쩌면 기독교인들로 하여금 이전보다 훨씬 수월하게 그 목소리를 발할 수 있는 기회를 제공할 수도 있다. 그것은 이 시대가 진리를 생각함에 있어 과학과 객관성이란 이름의 독단을 지양하고 방법적인 면에서는 대화적이기 때문이다. 그러나 한편 이 시대는 다원성의 대두라는 오히려 이전보다 더욱 힘든 새로운 도전을 가져오고 있음도 사실이다.

포스트모더니티 논의는 근대에 대한 회의와 환멸에서 비롯되었기에 그 근본에 있어 근대의 과학주의 문화와 그 정신적 기초에 대한 비판을 표방한다. 특히 과학이 오늘날 우리가 우려하는 생태계, 환경, 인구 문제를 해결해 줄 수 없다는 비관론이 보편화되었다. 이런 비판은 세계대전 같은 각종 위기를 기화로 20세기 중반을 넘어서면서 소위 '포스트'(post) 논쟁, 즉 근대를 지나 새로운 시대로 진입하고 있는가에 대한 논의를 낳았다. 그 대표적인 것으로 후기 산업사회(post-industrial society), 후기 실증주의(post-positivistic age), 이데올로기의 종말(다니엘 벨), 후기 과학주의(post-scientific age) 등을 들 수 있다.

포스트모던 시대 철학의 부담은 근대의 객관주의 문화에 대한 비판이 어떻게 상대주의에 빠지지 않을 수 있느냐다. 누구나 동의할 수 있는 문화적 기초를 철학이나 다른 무엇이 제공할 수 없다면 결국 모든 진리에 대한 주장들은 균등한 위치와 특권을 누려야 하느냐는 문제가 대두될 수밖에 없다. 오늘날 큰 영향을 발휘하는 극단적 철학인 해체주의 등은 모든 조직적 철학과 단일의 체계, 통일을 추구하는 구조를 해체해야 한다고 주장하여 강한 상대주의적 성격을 드러낸다. 그러나 대다수 철학자들은 문제 많은 과학적 객관주의로 복귀하지 않으면서도 상대주의에 빠지지 않는 방법을 찾아 암중모색을 거듭하고 있다.

포스트모더니즘에 의한 근대적 이성주의 문화의 해체는 상대주의와 비관론적 허무주의를 배태하고 있다. 잘못된 과학적 토대주의 붕괴는 환영할 만하다. 하지만 그 결과로 상대주의와 윤리적 무정부 상태가 올 수 있음을 경계해야 한다. 신 없는 근대인에게 신을 대신했던 이성이 근대적 이성주의 비판으로 그 지배력을 상실한 시대에는 관능이 삶의 지도 역할을 자임할 가능성이 많다. 존재론, 인식론, 윤리의 영역에서 지금까지 유지되던 이성주의적 규범이 무너지면, 그에 의해 규제되던 감성과 관능의 급진적 해방을 부추길 가능성도 배제할 수 없다. 한국에서도 이러한 문화의 변화 추세는 이른바 MZ세대 출현에서 모습을 드러내고 있다. 이들은 탈근대적이며 탈구조주의적 감성 세대다. 한편 이성주의의 몰락은 힘의 질서를 초래할 수도 있다. 이는 신적 권위에 의한 것이었든 이성적 법칙에 의한 것이었든, 절대가 부정된 시대에 남는 것은 '의견'뿐이고 그것은 또한 쉽사리 힘의 질서, 극단적 보수주의로 전락할 수 있기 때문이다. 즉 상대주의는 힘의 논리를 지지하는 결과를 쉽게 초래하는 경향을 가진다.

4. 민주주의 위기

한국처럼 오랜 역사 속에 다양한 종교의 영향이 누적된 사회의 경우 기독교적 가치관을 사회적 이념으로 정립하기란 매우 어렵다. 우선 가장 오랜 전통인 무속신앙은 기본적 가치관에 윤리가 거의 결여되었다고 할 정도로 기복(祈福)적이다. 불교와 유교가 그 후 민족 정서 속에 나름 특색 있는 가치관을 심어 왔으나 지금은 그 영향력이 크게 약화되었다. 특히 유교의 영향으로 형성된 전통적 가치관은 근세사의 격변을 거치면서 많은 도전과 비판에 직면하게 되었다. 특히 공산주의 이데올로기의 비판은 강한 영향을 미쳤다.

지난 한 세기 역사엔 분열과 갈등의 요인이 너무도 많다. 그런 나라가 서양이 400년에 걸쳐 이룩한 근대화와 민주화를 40년 만에 이뤄냈다. 민주주의 성장 과정을 대부분 생략하고 외형만 '압축적으로' 취했다는 진단도 있다. 전쟁과 독재를 통과하며 전 국민이 '집단적 외상후 스트레스장애'(PTSD)를 앓고 있다고도 했다. 그런 가운데 경제적 번영과 정치적 자유를 이룩했으니, 하나님 은혜라 말할 수밖에 없다. 하지만 그 과정에서 겪은 희생과 치유되지 못한 아픔이 대를 물리며 다양한 사회적 갈등이 어렵게 이룩한 민주주의를 위협하고 있다.

민주주의 사회는 본래 시끄럽고 복잡하다. 독재보다 통합이 훨씬 더 어렵다. 민주주의 정치에서 다양한 그룹 간의 경쟁은 필수적이며 바람직하다. 이념적 대립도 피하기 어렵다. 우리 국민은 독재와 싸워 민주화를 달성한 경험으로 인해 정치의식도 높고 참여 욕구도 크다. 정치의 본질은 권력을 쟁취해 이상을 이루려는 것이다. 문제는 독재적 승자 독식을 위한 권력투쟁이다. 오늘의 현실은 건전한 경쟁의 결과가 아니다. 국민을 분열시키는 나쁜 정치가 판친 결과다. 근래엔 교회도 이 갈등에 휘말렸다. 이는 세계관 충돌이자 문화전쟁의 상황을 가져왔다.

5. 세속화와 문화 시대

오늘날 사회는 세속화를 기본적인 성격으로 한다. 세속화된 사회는 과거 신성시 여기던 어떠한 초월적 가치도 인정하지 않는 매우 인본주의 사회이다. 찰스 테일러(Charles Taylor)는 신앙을 가지지 않는 것이 너무도 자연스러워지는 것이 세속화의 핵심적 특징이라고 강조했다.[16] 세속화 사회의 모든 가치는 근본적으로 실용주의적이다. 절대적인 가치나 기준이 상실된 사회에 무수한 윤리와 가치관이 난무하게 되는 것은 오히려 자연스러운 일이다.

오늘날 세속화된 사회 속에서 기독교가 그 초월적인 가치와 기준에 입각한 독특한 세계관을 정립하고 그것으로 세상에 도전하기가 매우 어려운 형편이다. 세계관은 사회적 분위기에 입각하여 정해지는 요소가 강한데 오늘날의 분위기는 반(反)기독교적 정서가 강하기 때문이다.

'문화의 세기'로 명명된 21세기에 케이팝(K-Pop)은 세계 대중문화의 중심에 서 있다. 문화 시대란 산업화 이후의 문화가 중심을 이루는 시대를 말한다. 새로운 문화는 탈-이성, 감성 중심의 미학적 세계이고 이 세계는 문화의 비중이 산업보다 클 가능성이 있다. 그러나 더 큰 변화는 문화의 주체가 대중문화라는 점이다. 대중문화의 본질은 문화의 상업화에 있다. 대중문화의 도래와 더불어 문화는 대중적 소비를 위해 생산되는 체계로 변화하게 되었기 때문이다.

문화의 상업화는 문화의 오염을 초래한다. 그리고 오염된 문화는 많은 사람을 피해자로 만들고 있다. 문화의 오염은 알지 못하는 사이에 분수에 넘치는 향락을 추구하게 하여 과소비를 부추기고 나아가 심하면 성범죄나 폭력의 증가의 원인이 되고 있기 때문이다. 청소년의 심신을 오염시키는 문화는 국가의 건전한 미래에 대한 위협이기도 하다.

문화 오염에 효과적으로 대응하기 위해서는 문화를 이해하고 평가하는 역량을 길러야 한다. 나아가 기독교 공동체는 기독교 세계관에 입각해 '문화 정수기' 운동이나 '문화 소비자' 운동을 펼칠 수도 있다. 문화 정수기 운동은 가정이나 공동체가 폭력적이고 선정적인 문화를 걸러내는 노력을 말한다. 문화 소비자 운동이란 불량품을 고발하거나 거부하는 것과 비슷하다. 또 이를 홍보하고 저항하는 일이기도 하다.

오늘날의 세계는 동서양을 막론하고 점증하는 세속 정신과 세속적 가치가 지배한다. 역사상 세계는 많은 가치관과 세계관의 각

축장이었다. 그러나 오늘날 영적인 실재를 부정하는 유물론이나 실증주의 정신, 어떤 것을 통해서든 일이 되면 그만이라는 실용주의 정신 그리고 최근에 와서는 그 어떤 것도 절대일 수 없다는 다원주의 정신이 기독교 신앙에 커다란 도전이 되고 있다.

서양의 교회를 위축시키는 데 커다란 역할을 했던 이런 철학적 영향력들은 근자에 들어 한국의 젊은 세대와 특히 지식인층에 대등한 영향을 미치고 있다. 지난 몇 세대에 걸쳐 우리 사회는 급속히 변해 왔다. 산업화와 그에 따른 도시화로 인해 전통적 공동체가 해체되면서 아주 개인주의적인 사회로 바뀌고 있다. 이로 인해 전통적인 인간관계는 소실되고 도시의 익명성 속에서 가족이나 공동체의 격려로 유지되던 신앙의 뿌리가 절단되는 경우가 많아졌다.

6. 생태 환경 위기

지구는 하나뿐이다. 제한된 주거 지역과 자원을 가지고 있다. 그간 과학적 사고와 물질주의 사고방식에 의하여 지구가 무분별하게 개발되어 자원을 남용한 결과 환경 파괴와 오염에 시달리고 있다. 오래지 않아 지구는 물 부족으로 심각한 상태에 빠질 것이며, 자원 부족으로 인한 정치적, 국제적 갈등도 끊임없이 일어나고 있다. 과거에는 인구도 많지 않고 과학기술도 오늘날과 같이 크게 발전되어 있지 않았으나, 지금보다 더 엄격하게 자연환경을 보존하는 의식과 법적 장치들이 있었다는 분명한 역사적 증거들이 있다.

환경오염과 자원 고갈 등의 문제로부터 자유로운 곳이 없는 오늘날, 오히려 우리의 의식이나 법적 체계는 환경보호에 관심이 불충분하고 허점도 많은 형편이다. 불과 20-30년 전 전쟁의 폐허 속에서도 환경만큼은 걱정하지 않던 이 땅에 산업화 이후 극도의 환경 문제가 대두되었다. 공장과 사업장 설립, 국토 개발로 인해서 오염이 폭증하고 한편으로는 해마다 대형 환경 사고들이 줄지어 터지고 있다.

우리가 배출하는 생활 쓰레기의 양도 선진국 못지않다. 물건을 만드는 것에서부터, 소비하며 폐기물로 쓰레기가 나오는 모든 삶의 과정에서 성숙한 의식을 갖추지 못함으로써 다른 앞서가는 나라들에 비해 엄청난 자원과 인력 낭비와 환경파괴를 자초하고 있다.

7. 경제적 양극화

세계화로 인해 세계의 경제가 하나의 거대한 체계로 통일된 오늘날, 과거 지역경제 시대와는 달리 한곳에서의 경제적 위기가 세계적 위기로 증폭되곤 한다. 이러한 상황에서 국가나 지역 간의 빈부의 차이는 이전보다 더욱 심각한 문제로 떠오르고 있다.

세계의 판도 변화에도 불구하고 세계 경제의 주도권은 여전히 서방의 엘리트 집단인 IMF나 세계은행이 주체이다. 이들은 세계 경제에 대해 거의 절대적인 영향력을 행사하고 있으나 이 경제 엘리트 그룹이 부유한 나라의 경제를 계속 성장시키는 동시에 절대적 영향력을 미치는 약소국을 보호하며 균형 있게 세계 경제를 끌고 갈 역량이 있다고 확신하는 학자들은 많지 않다.

따라서 이런 초국적인 강력한 기구에 대항할 소시민적 기구의 국제연대 필수성이 대두하고 있다. 한편 인구문제로 인해 식량 위기도 배제할 수 없는 위협이다. 지금으로부터 40년 후면 세계 인구가 최소 100억이 넘을 것으로 전망되며, 현재와 같은 지역이기주의적 사고로는 한편에서 굶어 죽고 다른 쪽에서는 낭비되는 비극이 계속될 것이다.

8. 유전공학과 인체공학

의학의 발전은 근래에 들어 급속히 발전하는 유전공학이나 인체공학 등에 힘입은 바 크다. 그러나 이러한 과학적 발전은 그 배후에 윤리적으로 모호한 여러 실험과 실습을 전제로 하고 있으며, 적지 않은 경우 실험 대상이 궁극적으로 인체이고 또 그 미치는 영향도 매우 크기 때문에 여러 윤리적 문제를 야기하고 있다.

인체의 건강이나 의료 행위를 둘러싼 여러 윤리적 문제들이 산재해 있다. 대표적인 예로서 장기이식이나 인공수정 등을 다루는 의학이나 생명공학의 윤리성 문제는 복잡 미묘하고도 어려운 논란을 불러일으키고 있다. 유전자 조작으로 생산된 농산물의 안전 여부도 논란거리다.

유전공학 기술을 이용하여 동물 복제를 넘어서 사람 복제도 기술적으로는 가능할 것으로 보여 충격을 던지고 있다. 과학자들은 유전공학에 의해서 현재로서는 상상할 수 없을 정도로 모든 면에서 능력이 향상된 소위 '신인류'가 21세기에 탄생할 것을 예언하고 있다.

아직 사회 전반에서 인간을 복제하는 일을 반대하고, 유전자 조작 등 인간의 존엄성이나 종교적 신념과 직접 부딪칠 소지가 있는 실험이나 연구에 대한 반대도 절대적이지만, 앞으로 이러한 문제들은 끊임없이 논란의 소지가 될 것임이 틀림없다. 따라서 관계자뿐 아니라 일반 대중들도 이들 과학이나 의학의 연구의 방향과 한계를 정해 줄 윤리적 지침의 필요를 절감하고 있다. 이러한 상황 속에서 기독교도 의료 윤리와 특히 성경적 생사관의 정립이 필요하다.

9. 세계 판도의 변화

세계화 시대는 서구의 지도력이 분산 또는 이행하는 시기이다. 현재까지는 미국과 유럽의 영향력이 세계를 지배한다고 할 수 있으나, 서세동점 시대가 끝나고 세계 각국이 지구촌을 무대로 패권 경쟁을 벌이는 상황으로 벌전하고 있다. 특히 한국-중국-일본을 주축으로 한 아시아-태평양 국가들의 약진이 세계 무대에서 두드러질 것으로 예상된다.

중국의 근대화와 경제적 부상은 미국과의 패권 경쟁을 유발했다. 동서 이념 분쟁의 종식과 소련의 해체 결과 자본주의와 공산주의의 싸움은 전자의 승리로 끝난 것처럼 보였다. 하지만 중국의 경제적 중흥은 민주화로 가는 대신 공산당의 권위주의 정치로 굳어져 가고 있다. 러시아의 우크라이나 침략 역시 후쿠야마가 예고한 민주주의의 완전한 승리인 '역사의 종말'이 오류라는 사실을 드러냈다.

더욱이 동서양의 만남으로 인해 종교적, 사상적 혼합주의가 고무된다. 서구가 이전에 경시하던 동양적 종교와 철학 등 그 세계관에 눈을 돌리는 것에 발을 맞추어, 이전에는 근대화와 산업화 때문에 전통적 세계관을 보존하는 일에 등한시했던 동양 국가들도 서서히 경제력을 갖춘 나라일수록 민속문화 계승이라는 명분으로 거의 모든 국가에서 전통적 세계관이 강화되고 있는 추세이다.

지구상에서 현재 기독교 전파가 가장 어려운 지역이 바로 북한과 모슬렘 지역이다. 특히 공산권 붕괴 이래 가장 강력한 반기독교 이념 공동체는 모슬렘이며, 이들 국가들은 인구 면에서나 자원 면에서 여러 가지로 국제사회에 압력을 행사할 수 있는 위치에 있다. 통일은 우리 민족의 정치적 과제인 동시에 선교적 과제이지만 많은 어려움에 직면해 있다. 북한 주민들의 실업 및 생계 보조 문제와 심리적, 정치적 불안 해소, 문화적 단절 복구 등이 그것이다. 지리적으로 폐쇄되어 있던 북방으로의 여행길이 열리면 우리의 세계 인식도 달라질 것에 대비해야 한다.

21세기 AI시대를 향한 기독교 세계관의 임무

앞에서 열거한 21세기 AI 시대의 상황들을 종합해 볼 때 근대 문화 상황과 연속성 및 불연속성을 동시에 감지할 수 있다. 오늘을 위한 기독교 세계관은 이 연속성과 불연속성을 모두 감안해서 제안되어야만 한다. 미래는 근대 이래 발전되어 온 과학과 기술이 여전히 삶을 대부분 지배하는 한편, 이에 대한 반성과 새로운 문화적 방향의 모색으로 특징 지워질 것으로 보인다.

연속성 가운데 가장 명백한 것은 세계화 확대다. 환경문제나 가치관 위기 문제는 심화될 것이 분명하다. 세속화 역시 과거와 같은 방향으로 추진되지 않을지라도 역시 심화될 것이 분명하다. 이러한 연속성과 불연속적인 면도 주목해야 한다. AI의 급속한 발전과 적용으로 인한 변화는 엄청난 지적(知的) 지형도의 변혁을 가져오는 중이다. 이에 따른 문화의 기초를 이루는 세계관의 변화 가능성은 그 함축이 매우 다양하고도 심원하므로 주의를 기울여야 한다.

오늘의 복음주의 기독교인들도 이러한 사상적 변화 추세를 연구하여 비판적 평가를 제시하고 있으나 간략히 방향 제시에 그치는 정도이다. 예를 들면 스탠리 그렌츠(Stanley Grenz)는 탈-개인주의, 탈-합리주의, 탈-이원주의 그리고 탈-지식 중심주의 관점에서 복음의 진리의 신학적 작업과 교회 공동체의 삶 속에서 드러내도록 노력할 것을 제안한다.[17] 분명한 것은 우리도 이제 그런 작업을 피할 수는 없다는 점이다. 왜냐하면 한국 사회도 이러한 국제적 추세에서 예외가 아니어서 이런 변화된 상황은 더 이상 논제가 아닌 실제이기 때문이다.

특히 오늘의 상황이 문화적으로나 종교적으로 다원주의적임을 파악하고, 그에 대응할 수 있는 바른 세계관을 세우는 노력이 필요하다. 근대 객관주의 문화 속에서 기독교의 세계관 운동은 주로 과학과 철학의 인본주의적 자율성과 비기독교 정신 그 자체를 구별하고 전자를 비판하는 일에 주력했다. 그런데 21세기는 앞에서 본 바와 같이 우리가 익숙했던 문화나 세계관과 전혀 다른 가치와 성향을 가져올 수도 있어 이에 따라 문화 전략을 조정할 필요가 있다. 이를 위해 다음의 몇 가지 사안에 특히 주목할 필요가 있다.

1. 창조 진리의 확증

기독교 세계관의 첫째 내용인 창조의 진리가 담고 있는 사회-문화적 함축을 자세히 풀어내는 연구가 필요하다. 기독교 세계관 운동은 세계 문화를 주도하고 있는 서구 문화 분석에 있어서 그 약점을 드러내고, 대안으로서 성경적 근본 진리에 입각한 대안을 제시했다. 세상이 변해도 창조-타락-구속의 일관된 신적 계시의 세계관은 여전히 모든 인본적인 종교나 사상에 기초한 세계관의 잘못을 드러내고 바른 관점을 제시하는 기초가 된다. 칼빈이 말한 것처럼 성경은 자연인의 어두워진 안목을 교정해 주는 안경이다.

성경계시는 자연에 나타난 계시의 규범의 역할을 한다. 웨스트민스터 신앙고백서가 이를 신앙과 삶의 최고의 규범으로 정하는 것은 이 때문이다. 성경계시는 어두움에 비추인 빛과 같으며, 이 빛은 우리들에게 본성적으로 주어진 영원을 사모하는 마음과 영원으로 열린 창문(비전)을 열어 주는 기능이 있다. 성경은 어두워진 눈을 고치는 비전을 준다. 바로 여기에 성경계시의 세계관적 의의가 있다. 도예베르트를 비롯한 많은 기독교 철학자들이 바로 파악했듯이, 기독교 세계관은 창조, 타락, 구속의 세 기본 요소를 지닌 망원경과 같다고 볼 수 있다. 망원경의 모든 렌즈가 같이 작동해야 바른 비전이 형성되듯이, 기독교 세계관도 창조, 타락, 구속의 내용이 균형있게 이해되어야만 본래의 기독교 세계관을 왜곡 없이 제시할 수 있다.

그러나 창조에 대한 성경적 진리에 대한 연구는 신론, 구원론, 교회론에 비해 상대적으로 미흡한 상태에 있다. 앞서 살펴본 바와 같이 오늘날 우리가 직면한 상황을 해결하기 위해서는 창조 진리에 대한 깊은 이해가 필요하다. AI가 제기하는 과학기술 문명에 대한 판단이나 생태환경 위기 대처에도 창조 진리에서 방향을 찾는 것이 중요하다.

특히 오늘날과 같은 상대주의적 문화에서 세상의 모든 존재는 창조주 하나님의 주권적 창조질서(sovereign creation order)에 기초하여 존재하고 유지됨을 강조하는 일이 절실하다. 창조의 진리는 모든 존재가 하나님의 뜻에 따라 그의 정하신 원리에 따라 만들어졌고,

또 그에 대한 순종으로서 만 존속된다는 것이다.

　이 세상의 존재 이면에는 하나님의 법(the Law of God)이 분명한 존재의 규범(norm)으로 존재하며, 유형과 무형의 모든 존재는 궁극적으로 이 법에 순종해야 한다. 이에 대한 강조는 모든 기존의 철학적 토대나 사회, 문화, 윤리와 도덕의 규범들이 상대화되는 추세를 비판하는 출발점이다. 세계에 대한 인식과 파악은 어느 정도 개인과 문화에 따라 상대적일 수 있으나, 그 진위에 대한 궁극적 판단의 근거는 하나님께서 만드신 세계와 그 규범이 되어야 한다는 점이 강조되어야 한다.

　다원주의와 상대주의적 시대 분위기 속에서 가장 경계해야 할 일은 자칫 이러한 상황에 맞추어 다원주의 신학을 해야 한다는 주장이 일부 신학자들 사이에서 강하게 제기되고 있다는 사실이다.[18] 상황이 다원주의적임을 인식하고 그에 대해 대비한다는 것과 아예 다원주의적 신학이나 세계관을 주창하는 것은 전혀 다른 문제이다. 특히 기독교 신학은 일반 학계나 타 종교와의 대화를 위해 본질적인 진리 주장에 있어 다원주의적 자세를 견지할 수 없다. 오히려 상황이 다원주의적으로 변할수록 성경적 신학의 마땅한 자세는 기독교의 특이한 진리를 절대적 확신과 능력 있는 실천으로 제시할 학문적 기초를 세워야 한다. 이 일에 있어서도 구속적 복음의 원리로 세상을 보는 관점의 정립과 더불어 창조주 하나님의 주권적 창조규범의 존재와 그 절대성에 대한 강조는 매우 중요하다.

2. 환경 위기의 성경적 대안 제시

　창조의 진리에 대한 연구는 환경 위기에 대한 실마리를 풀어 줄 새로운 세계관 도출을 위해서도 매우 필요하다. 21세기에 유토피아가 올 것으로 낙관하는 학자는 요즈음 많지 않다. 오히려 대개 현재의 추세가 계속될 경우 문명의 발달로 인해 디스토피아(dystopia) 재난이 닥치지 않을까 우려한다.

학자뿐 아니라 대부분 사람들도 환경위기는 바르지 못한 자연 이해와 인간 중심적 이기심에서 비롯된 것이라고 여긴다. 그래서 믿지 않는 사상가들도 인간이 주인이 되어 자연을 지배하고자 하는 윤리에서 공존윤리로 전환해야 한다는 소리를 높인다. 21세기는 인간 중심적 문화와 개인주의 정신이 많이 지양되고, 공생(共生)과 공존(共存)의 공동체가 중시되는 사회일 것은 틀림없다. 그 중에서 환경문제도 중요한 몫을 차지할 것이다.

서구의 과학적 세계관은 지나치게 환경 지배적 관점을 가져왔고, 일부 비판자들은 성경의 문화명령(창 1:28)에 그 책임이 있다고 비난하는 일조차 있어 바른 환경친화적 세계관을 성경에 기초하여 정립하는 일이 필요하다. 즉 이제는 자연을 지배하고 착취하는 자세에서 이를 돌보고 가꾸는 인식이 절대적으로 필요하게 되었다. 오늘날 기독교인들이 이 문제와 관련하여 해야 할 것은 과연 근대화된 문명의 자세가 하나님께서 창조에 대해 인류에게 명령하신 자연 정복과 땅의 다스림의 태도와 일치하는 것인지 묻는 일이다.

아울러 창조에 대한 연구는 최근 중대한 관심사로 떠오르고 있는 생명공학이나 유전공학이 가져올 생명에 대한 윤리적이며 신학적 난제들에 대처하는 바른 토대를 마련하기 위해서도 중요하다. 현대 의료윤리에 큰 영향을 미치고 있는 노이렘베르크 규약은 의료과학의 실험과 실습에 사람이 직접 관여된 경우 그 대상이 된 사람의 자발적인 동의를 절대적인 조건으로 못 박았으며, 자발적 동의가 있더라도 사소한 위험이라도 감수하며 실험을 강행해서는 안 된다는 점을 골자로 하고 있다. 의학 실험에 있어 인도주의적인 면을 강조하여 현대 의학의 발전 이면에 있는 인간 생체 대상 실험을 어떻게 윤리적으로 한계 지을지 지침을 주려는 노력의 분명한 예이다. 이와 같이 인본주의 관점에서도 현대 의학과 생명공학에 대한 방향 제시가 모색되고 있는 때에 기독교적 관점에서 이 문제에 대한 연구와 방향 제시가 절실히 요청되고 있다.

3. 사랑과 희망의 세계관 개발

성경은 남을 힘이나 논리로 지배하는 것을 반대한다. 십자가 정신은 남을 위한 희생의 진리요, 열린 세계적 비전이다. 이러한 성경적 관점만이 오늘날과 같이 각종 인본적, 과학적 사상에 지쳐 초월적 관점을 향해 헛된 모색을 하는 세계관의 혼란을 종식시키고 참된 갈증을 채우는 생수가 될 수 있다.

동양의 영향이 증대됨에 따라 동양적 세계관의 영향이 확대되고, 과학 문명에 지친 서구인들 사이에 이미 동양 사상이나 신비주의, 뉴에이지 같은 새로운 정신운동이 주목을 끌고 있다. 이에 대하여 성경적 기초에 서서 인간의 본질적인 구원의 문제를 바로 밝히는 것이 중요하다. 결국 이러한 작업은 인간의 궁극적인 문제가 타락과 죄에 있으며 그 해결은 예수 그리스도를 통한 구원의 믿음에 있다는 성경적 복음을 확증하는 일이다.

이 작업은 말뿐 아니라 전인적이고 다각적인 방법을 통해서 증거되어야 한다. 그것은 새 시대에 이성적 논의보다 감성적이고 전인적인 증언이 어느 때보다 힘을 발휘할 것이기 때문이다. 민족적 정체성과 아울러 기독교인의 정체성과 세계관의 확고한 정립이 필요하다.

이와 함께 기독교 세계관에 기초를 둔, 공존을 위한 세계적 틀을 마련하는 일이 시급하다. 월터스토프는 "의와 화평"이 20세기적 상황에서 하나님 나라를 대변하는 덕목들이라 했다. 그는 오늘날 세계는 날로 빈익빈 부익부 현상이 심화되어 정의가 상실된 시대이며, 시편 85편과 이사야 60장의 빛의 도시와 같은 비전을 제시하는 것이 필요하다고 강조했다. 이러한 세계관의 개발과 실험은 남북이 분단되고 이념 분쟁으로 상처가 많은 우리 사회에 더욱 절실한 것이며, 잘 개발되면 세계 평화에 기여할 수 있는 중요한 일이 될 것이다.

4. 문화 이해를 위한 연구의 필요

문화의 세기란 이성과 학문이 중심이 된 세계가 아니라 전인적으로 조화된 세계가 도래할 것이라는 뜻이다. 과학과 산업이 중심이 된 세계에서 점차 인격성과 자유가 중시되는 사회로의 이전을 말하기도 한다. 이러한 문화의 변화에 발맞추어 기독교 세계관 운동도 폭넓은 문화적 대안을 개발해야 한다.

이제는 기독교적 관점에서 학문을 변혁하는 일로 충분하지 않다. 학문적 통찰뿐 아니라 아름다움과 삶에 대한 전인적인 이해, 접근이 더욱 필요하다. 따라서 기독교적 미학을 포함하여 삶 전체에 대한 성경적 안목이 포괄적으로 개발되어야 날로 다변화되고 삶의 강조점이 다양해지는 사회 속에서 하나님의 바른 뜻을 밝히 드러내는 안목을 가질 수 있다.

또 21세기는 상대주의와 다원주의적 분위기로 인해서 전례 없는 윤리적 혼란의 시대가 될 것이므로 기독교 세계관은 바른 윤리관을 세우는 일에 기여해야 한다. 기독교 윤리는 하나님을 경외함에서 시작한다고 볼 수 있다. 우리 인간들은 우주 만물을 창조하신 하나님의 피조물로서 그의 주권적 의도에 순종하는 것이 올바른 삶의 시작이다. 이는 윤리적인 원리에서도 인간 아닌 하나님 중심이어야 함을 의미한다.

그의 보이신 계시에 의존해야 비로소 악이 무엇이며 선과 진리와 의가 무엇인지 바로 알게 된다고 우리는 믿는다. 기독교 윤리는 위대한 사상가의 이론이나 전통에 매이기보다 하나님의 계시에 기초한다. 따라서 바른 기독교 윤리는 첫째로 신본주의적이고, 둘째로 그의 보이신 계시의 기준이라 할 성경을 중심으로 한다는 의미에서 성경적이어야 한다. 아울러 그것은 구속적 윤리이다. 기독교 윤리는 현실의 모습을 용인하거나 개선을 목적으로 하지 않고, 마땅히 있어야 할 상태를 향한 하나님이 회복의 역사라는 구속의 맥락 속에 윤리를 위치시킨다.

타락한 이 세상은 비정상적인 세상으로서, 부분적 수정이 아니라 근본에서 거듭남과 온전히 변화됨을 필요로 한다. 하나님께서는 이러한 근본적 변혁을 위해 그리스도를 세상에 보내셨고 선을 가능하게 하셨으며 그 변화의 사역에 기독교인을 부르셔서 동참시키셨다. 위에서 살펴본 바와 같이 우리는 윤리적 위기 시대에 살고 있다. 이러한 시대에 교회가 참된 빛과 소금으로 그 맛과 밝음을 잃지 않는다면 그 자체로 전도와 사회 정화에 큰 힘을 발휘할 것이 분명하다.

5. 실천적 기독교 가치관 정립

한국 사회가 앓고 있는 사회적, 문화적 난제들은 신뢰 상실이 그 원인이다. 부정과 부패, 범죄와 윤리의 실종 그리고 그 배후의 가치관 혼란은 어제오늘 일이 아니지만 지금처럼 심한 경우는 없었다. 이 가치관의 위기는 해방 이후 40-50년간 겪어야 했던 사회적, 문화적, 정치적 격변과 밀접한 관계에 있다. 독재와 권위주의 정권의 강압적 통치 때문에 젊은 세대는 권위에 대해 본능적 반발이 몸에 익었다. 반(反)독재 투쟁을 거치면서 사상적 반대 논리에 익숙해진 이들은 생리적 반발이 아닌 논리적이고 학문적인 바탕까지 갖춰 기성 윤리나 도덕에 맞서고 있다. 반면에 정당한 권위를 가지고 사회와 국가를 지도해야 할 위치에 있는 사람들조차 정당한 권위에 대해서 자신감을 상실한 형편에 있다.

한편 풍요와 안정의 시대에 태어나 성장한 소위 신세대의 경우 그 가치관이 과거의 세대들과 현격하게 차이가 나는 것도 두드러진 상황 변화 가운데 하나이다. 핵가족과 아파트 문화 그리고 영상 매체의 산물이라고 할 수 있는 젊은 세대들은 전통과 권위에 대해 자유분방한 자세를 지니고 개성을 추구하는 성향을 가진다. 이들을 가리켜 감성 세대라 부르기도 하는 이유는 이성보다 감성을 중시하게 된 분위기와 관계가 있다. 이론적으로도 세계적인 추세에 민감하여 자신들의 취향과 정서를 정당화시키는 소위 신세대 이론을 정립하기도 한다.

전통적 가치관이 그 힘을 잃은 것은 이런 상황적 이유가 컸다. 옳고 그름에 대한 모든 절대적 규범이나 가치를 부정하고 모든 진리의 상대성을 부르짖는 사상이 세계적으로 맹위를 떨치는 중이다.

포스트모던이라 불리는 오늘날은 이성보다 감성을 내세우는 특이한 시대이다. 이런 시대적 분위기에 편승하여 일만 되면 된다는 실용주의나 모든 것이 사람의 편의와 유익을 위해서 존재해야 한다는 인본주의 그리고 쾌락주의와 아울러 절대적 가치를 부정하는 것에서 비롯하는 무의미를 한탄하는 허무주의까지 가치관의 혼란을 가중시키고 있다.

상황을 종합해 볼 때 사회 문화적 분위기는 저급 가치를 지향하고, 더 감성적이고 본능적인 추구 쪽으로 치우치는 추세에 있는 것이 분명하다. 이는 시간이 갈수록 사회의 기본 성격이 세속화되고 있기 때문이기도 하다. 세속화된 사회는 과거엔 신성시 여기던 어떤 초월적 가치도 인정하지 않는 매우 물질주의적, 인본주의적 사회라고 할 수 있다. 세속적 사회의 모든 가치는 근본적으로 실용주의적이다. 절대적인 가치가 상실된 사회에 무수한 가치관이 난무하는 것은 자연스러운 일이다. 이런 사회 속에서 초월적이고 절대적 가치관을 표방하는 기독교가 삶의 지침으로 환영을 받기란 과거보다 훨씬 어렵다.

6. 이념 갈등과 문화전쟁 극복의 과제

오늘날 전통적 가치관이란 과거 전통의 산물이며 고리타분한 것이라 여기는 사람이 많다. 모든 변혁은 혁명적으로 수행되어야 효과적이라는 급진주의가 가치관 회복 운동을 조소하며, 다른 한편에서는 실용주의와 냉소적 허무주의자들이 이를 비웃는다. 이들은 가치관 회복 운동이란 하나의 개량주의에 불과한 것으로 삶을 변혁하는 데 큰 도움이 되지 않는다고 한결같이 생각한다.

이 가치관의 위기를 극복할 대안은 창조주 하나님의 진리와 규범 회복에 있음을 이론과 삶으로 힘 있게 증거할 수 있는 것으로 기독교 이외에 기대할 것이 없다. 특히 성경을 신앙과 생활의 근본원리로 고백하는 개혁주의는 이 사명을 감당할 기초를 갖추고 있다. 이들의 자세는 유명한 개혁신앙 구호인 '기독교인들은 세상 속에 있지만 세상의 것이 아니다'라는 말에 잘 표현되어 있다.

개혁주의의 독특한 가치관이 창조와 타락 그리고 구속의 세 중심 주제를 가진 기독교 세계관으로부터 펼쳐지는 것은 말할 필요가 없다. 성경은 사람이 어떤 가치관을 가지고 어떻게 살아야 할지를 분명히 알게 한다. 물론 성경은 많은 경우 구체적인 상황에 대한 자구(字句)적 지침을 주기보다 근본원리를 지시한다. 더욱이 오늘날과 같이 다양한 가치관과 문화가 뒤섞인 세상에 살면서 하나님의 뜻을 온전히 깨달아 순종하는 것은 결코 단순한 일이 아니다.

하나님께서는 구속사역을 통하여 이 세상을 구원하시는 역사를 이루심에 우리 구원받은 기독교인들을 불러 참여시키신다. 기독교인은 이 어두움과 부패의 세계가 변하여 하나님 나라로 이루어져 가는 일에 부름받은 일꾼이다. 세계화 시대에 소라게처럼 웅크린 보호막 속 사고로는 변화에 적응하기 어렵다.

기독교 세계관을 정립하는 목적은 더 성경적으로 살기 위해서다. 기독교인들이 아는 진리와 삶의 도리를 삶으로 확증할 수 있다면 참된 빛과 소금의 역할을 할 수 있을 것이다. 그러기 위해서 한국 교회는 윤리에 대한 새로운 인식과 교육이 필요하다. 예수를 믿고 구원을 얻는 것은 세상을 살다 죽으면 천국 간다는 의미 이상의 의미가 있다. 이 세상에서 우리는 그의 자녀로서 옳고 바른 삶을 영

위해야 할 의무가 있다.

결론 : 기독교 세계관의 운동을 꿈꾸며

이 논의는 기본적 방향 제시에 불과하다. 개혁주의와 같이 역사가 긴 교회의 삶은 한두 사람이 규정할 수 없다. 또한 그것은 현재를 살고 있는 우리에 의해서 결정되는 성질의 것도 아니다. 21세기를 향한 개혁주의 세계관의 뼈대는 오랜 전통과 역사를 거쳐 전해져 왔다. 물론 그 전통이 살아 있는 삶의 원리로 작용하기 위해서는 현재뿐 아니라 미래에 우리가 직면할 도전과 사명에 입각하여 해석되고 의미가 부여되어야만 한다.

그럴 때에만 비로소 우리의 전통인 개혁주의 기독교 세계관이 미래를 위해 비추는 비전의 빛을 누릴 수 있게 된다. 따라서 지금 우리가 이상(理想)으로 삼아 노력해야 할 바람직한 기독교 세계관은, 전통을 염두에 둠과 아울러 현 구성원들의 필요와 소망을 충족시킬 만큼 설득력 있는 비전이어야 한다.

이런 비전을 확립하고 그에 따라 삶을 정립하기 위해서는 기독교적 지성의 함양과 발달이 필수적이다. 하지만 현실은 그다지 좋은 편이라고 할 수 없다. 우리만 사정이 어려운 것이 아니다. 1995년 〈크리스채너티 투데이〉가 올해의 책으로 뽑은 《복음주의 지성의 스캔들》에서 저자 마크 놀(Mark Noll)은 복음주의적 기독교인들의 실상을 잘 보여 주었다. 그 스캔들이란 다름 아니라 복음주의 지성이 존재하지 않는다는 사실이다.[19] 특히 사회 구조의 성격, 역사의 의미, 예술적 창조성 등 순수학문 분야는 말할 것도 없고 세계정세,

정부, 경제 등 삶에 직접적으로 영향을 미치는 분야에 대해서조차 기독교적 연구가 거의 없다시피 하다는 것이다. 이 영역에서 그리스도를 위한 사고의 부재가 금래에 더욱 심화되었고, 이런 실패야 말로 복음주의 지성의 스캔들이라는 것이다.

이 '스캔들'은 한국도 마찬가지이다. 현실을 깊이 있게 연구하는 자세가 복음적인 기독교인들에게 부족하다. 기독교 세계관 운동은 지성의 결여를 극복하는 자극과 실마리를 찾기 위한 방향 모색에 도움을 주어 왔다. 기독교 세계관 운동은 한국 교회가 현 시점에서 힘을 기울여 연구해야 할 사회 문화적 과제를 발견하여 그것과 더불어 씨름하는 일에 중요한 기초를 제공할 수 있다. 선교 대국인 한국이 세계 기독교 역사에서 해야 할 지적 과제를 발견하는 일에도 도움이 된다.

기독교 세계관을 확립하고 그것에 따라 사는 삶을 정립하기 위해서는 신앙과 행위의 통합이 필요하다. 이 일은 단기간에 성취될 수 있는 쉬운 과제가 아니다. 더욱이 21세기 AI 시대에는 여러 새로운 도전이 제기되고 있어 기독교 세계관에 입각하여 대처하기 위한 구체적인 연구가 계속되어야 한다. 특히 기독교 지성인들은 이 싸움에서 교회가 승리하도록 전략을 수립하고 전략과 전술을 개발하는 선봉이 되어야 한다.

한국 교회는 짧은 역사에도 불구하고 경이적인 성장을 이룩했다. 하지만 급속 성장과 더불어 세속화되어 복음의 진리와 능력을 상실하고 있다는 우려가 팽배하다. 교회는 사회가 어둡고 혼란이 깊을수록 그 본연의 빛과 소금의 자세를 회복해야 한다. 기독교 세계관의 확립과 교육은 개인적 윤리의 테두리를 넘어 세상, 즉 우리가 몸담고 사는 가정을 비롯해서 국가와 사회 그리고 온 세계에 대한 포괄적 책임의식을 전제한다. 교회가 바른 세계관의 보루 역할을 하려면 본래적 특성을 회복해야 한다. 기독교인의 영향력은 무력이나 금력에 있지 않고, 삶에 있어 세상과 구별된 그 거룩한 성품, 즉 도덕적 능력에 있기 때문이다.

AI 시대,
왜 기독교 세계관이어야 하는가?

다음세대의 영적 나침반을 위하여

정석원 목사
(오늘의교회)

들어가는 말 : 서사의 실종, 세계관의 가능성

철학자 한병철은 현대인의 문제를 한마디로 '방향 상실'로 진단한다. 개인의 우울과 무기력, 사회의 분열과 공동체의 붕괴 등의 현상은 결국 삶의 중심과 방향을 잃어버린 인간에게서 비롯된다는 통찰을 던진다. 이러한 방향 상실에 대해 한병철은 그의 저서 《서사의 위기》(The Crisis of Narration)에서 그 원인을 더 깊이 진단한다. 그는 현대인이 더 이상 자기 삶을 하나의 이야기로 엮어 내지 못하는 존재가 되었기 때문이라고 말한다.
　삶을 연속선상의 의미와 가치를 가진 이야기(Narration)로 인식하는 것이 아니라 단편적인 정보와 사건의 조각들로 이해하게 되었다는 것이다. 그 결과 사람들은 자신이 어디로 가는지, 왜 살아야 하는지에 대한 서사의 방향을 잃어 가고 있음을 통찰했다.

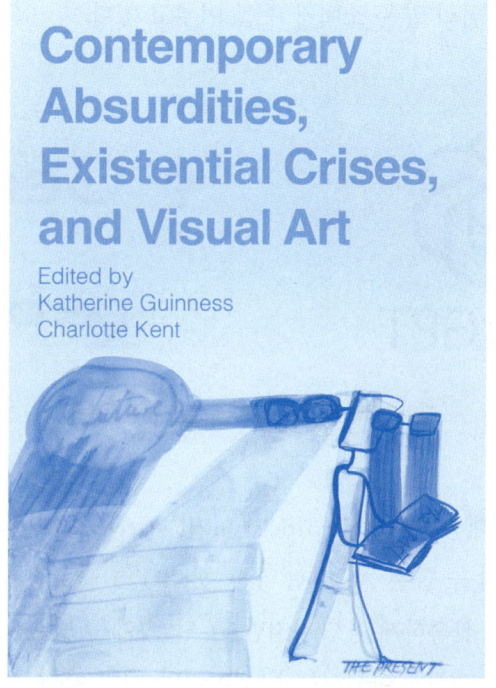

자료1. 현대 미디어 아트는 현대인의 방향실종을 중점적으로 다룬다

AI, 소비적 흐름의 중심

꼭 철학자의 말을 빌리지 않더라도 우리 주변을 보면 상대의 이야기를 맥락보다 파편화된 정보로 파악하고, 공감하기보다 소비하는 데 익숙해져 간다는 것을 느끼게 된다. 넷플릭스와 같은 OTT에서는 '생각 없이 몰아 보기'(Binge Watching)가 일반화되고 있다. 전

체 이야기의 템포와 여백을 느끼기보다는 자신이 원하는 곳만 골라 보는 소비자적인 체험으로 굳어져 가고 있기 때문이다. 이야기보다는 줄거리 중심의 얕은 소비가 주를 이루고 있다.

자료2. AI, 지식은 많지만 길은 묻지 않는다

오늘날 대중화된 AI(Artificial Intelligence)도 소비적 흐름 중심적이다. '사람을 돕는 AI 비서'라는 챗GPT의 슬로건처럼, AI는 우리의 질문에 신속하게 응답하지만 그 답 속에는 방향이 없다. AI는 '무엇을 아는가?'에 대해서는 탁월하지만, '왜' 혹은 '어디로' 가야 하는가에는 침묵한다. 방법론에는 능하지만 우리의 삶의 고유한 의미와 가치에 대해서는 무능하다. 결국 고도로 발전된 과학 지성이라 일컫는 AI는 '방향 상실'로 표현되는 현대인의 문제를 조금도 풀지 못하고 있는 셈이다.

세계관은 이야기다

마이클 고힌과 크레이그 바르톨로뮤가 지은 《세계관은 이야기다》는 기독교 세계관을 이야기로 이해해야 함을 밝히며 다음과 같이 말한다.

> 성경은 성경 자체가 현실 세계라고 주장한다. 하고 많은 이야기들 중에 이 이야기만은 본연의 세상에 관한 전체 진리를 말하고 있다고 스스로 주장한다. 바로 이 이야기 안에서 우리는 삶의 의미를 찾아야 하며, 나 자신의 경험이 본래 들어맞게 되어 있는 자리도 거기서 찾아내야 한다. 인생 자체의 궁극적 의미를 보여주는 통찰이 성경 이야기 속에 나와 있다.[1]

자료3. 작은 이야기는 큰 이야기 안에서 해석된다

삶의 진정한 방향은 과거로부터 시작되어 현재를 관통하고 미래로 나아가는 큰 이야기 안에서 결정된다. 큰 이야기 안에서 '나'라는 작은 이야기가 해석되고 가치가 결정되기 때문이다.

다음세대에게 세계관은 절실하다

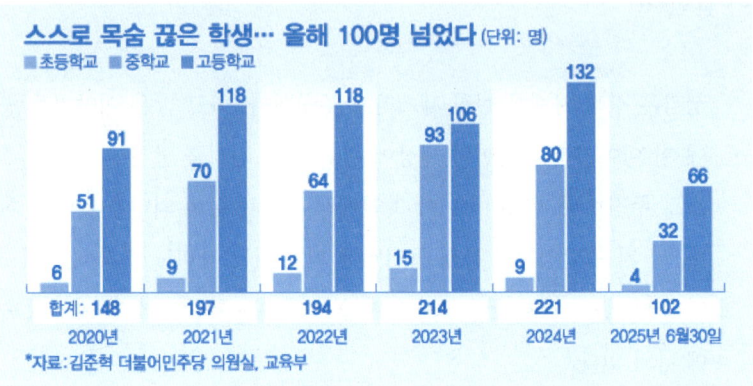

자료4. 머니투데이 2025.09.10. 인터넷 기사

큰 이야기 안에서 방향 찾기가 가장 절실한 세대는 다음세대이다. 최근의 한 기사[2]에서 발표된 조사 결과가 이를 단적으로 보여준다. 사회 전체적으로 다음세대의 극단적 선택이 매년 꾸준히 증가하고 있다. 그리고 2025년 상반기 기준 100명이 넘어섰다. 더 심각한 것은 이 중에서 원인 미상이 10건 중 4건에 달한다는 것이다. 절반을 밑도는 비율이 뚜렷한 이유를 찾아볼 수 없는 사안이다.

처방은 정확한 진단이 있어야 가능하다. 진단이 없이는 해결책을 찾을 수 없다. 그렇다면 AI가 이 문제를 정확하게 진단하고 처방할 수 있을까? 그렇지 않다. 사회적 현상을 분석하고 데이터화할 수 있을지 모르나 삶을 근본적으로 해석하게 하고 진정한 방향을 제시하지는 못한다. 왜냐하면 AI도 결국 사람의 산물이기 때문이다.

방향을 찾아 흔들리며 피어나는 다음세대에게 진정한 방향, 즉 정체성과 삶의 가치와 의미, 목표를 어떻게 전달해 줄 수 있을까?

바로 기독교 세계관이다. 기독교 세계관이야말로 자신의 삶을 하나님의 이야기라는 큰 틀에서 보게 하고, 연속선상에서 해석하게 하기 때문이다. 다른 말로 하나님의 큰 이야기 속에서 자신의 삶을 해석하지 않으면 정확한 진단도, 처방도 불가능하다.

다음세대의 나침반, 기독교 세계관

다음세대에게 기독교 세계관은 나침반이다. 현재의 자신을 보게 하고, 앞으로 나아갈 방향을 보여 주기 때문이다. 그렇다면 기독교 세계관은 어떻게 현재를 해석하고 진정한 방향을 전해 주는지, 특별히 AI 시대에 나침반으로서의 기독교 세계관은 어떤 의미가 있는지를 이 지면을 통해 알아볼 것이다.

AI 리터러시 : 무엇이 방향을 잃게 만드는가?

리터러시(문해력)의 실종

문해력, 즉 '글을 읽고 이해하는 능력'이 사회적인 이슈로 떠오르고 있다. 단어를 이해하는 능력이 갈수록 떨어지고 있다는 것이다.

자료5. 문해력 저하는 사고의 폭을 좁게 만든다

'우천시가 어디에 있는 도시인가?', '금일은 금요일까지?', '중식 제공은 중국음식 제공?', '추후 공고는 어디 공업 고등학교?', '심심한 사과는 지루한 사과?', '족보는 족발보쌈 세트?' 등등의 글들은 인터넷에서 거론되는 문해력 논란을 보여 준다. 문해력 저하는 많은 문제를 발생시킨다. 정보를 습득하고 활용하는 힘이 떨어지고, 의사소통이 원활하지 않게 된다. 더 나아가 AI 시대의 필수 역량인 사고하고 판단하는 능력이 제한된다. "AI는 인간의 능력을 보완하고 생산성을 향상시킬 수 있는 잠재력이 있지만, 과도한 의존이나 지나친 신뢰는 부작용을 일으킬 수 있다."[3] 이 부작용을 해소할 수 있는 능력도 결국은 비판적 사고와 응용력인데 모두 사고력에 해당된다. 이 능력의 폭이 좁아지는 것은 결국 AI가 부정적인 힘으로 작용하게 되는 것이다.

디지털 리터러시의 저하

문해력 저하의 원인으로 디지털 매체가 꼽힌다. 유튜브나 영상 매체를 소비하는 시간이 늘어나면서 짧고 자극적인 단어들에만 익숙해졌다는 것이다. 그 결과 글을 읽고 이해하는 능력이 떨어지고 있다. 이 현상은 현재 진행형이며, 더 가속화되고 있다. 아이러니하게도 문해력 하락은 디지털을 이해하고 활용하고 기술, 즉 '디지털 리터러시'의 상실을 가져온다.

다음세대는 태어날 때부터 디지털 기기가 익숙한 소위 '디지털 키즈'로 불린다. 사용 능력은 그 어느 세대보다 뛰어나지만 디지털 콘텐츠를 비판적으로 소화하는 능력은 그렇지 못하다. 실례로 우리

나라 다음세대들이 디지털 정보에서 사실과 의견을 분별하는 역량에 있어서 OECD 회원국 중에서 최하위를 기록했다.

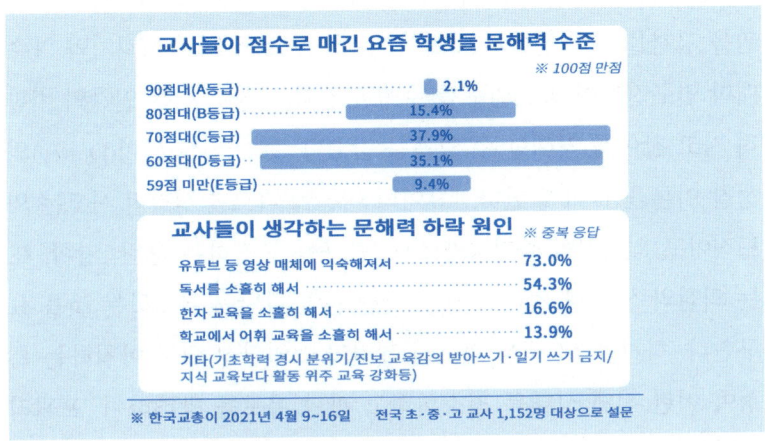

자료6. 연합뉴스 [문해력 리포트] ①,
"고지식이 높은 지식인가요?" 읽어도 이해 못하는 아이들

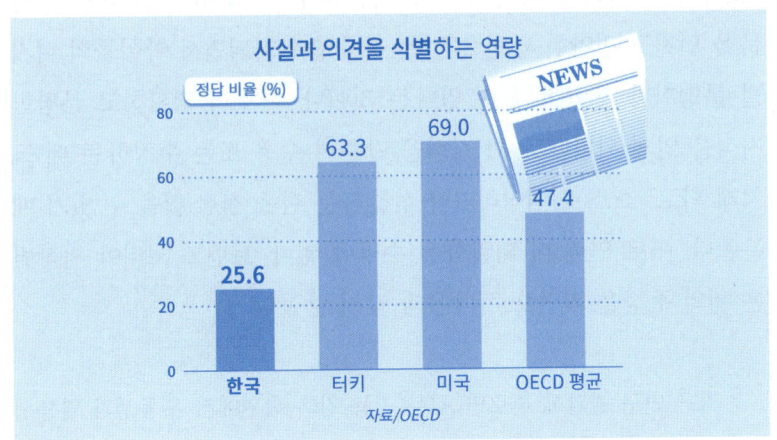

자료7. 연합뉴스 [문해력 리포트] ②,
'한국 청소년 디지털 문해력' 마저 OECD 바닥권

AI는 문제를 더 가중시킨다

문제는 지금부터다. 디지털 리터러시 하락은 AI 리터러시의 결핍을 가져올 것이 뻔하기 때문이다. 마이크로소프트 리서치와 다수 대학 연구진들이 공동연구를 수행한 결과 생성형 AI는 인간의 비판적 사고 참여를 저해할 수 있음을 밝혔다. 그 이유로 듀이(Dewey)의 성찰 이론을 들어 말한다. "듀이의 이론에 따르면 성찰적 사고는 의도적이고 의식적인 증거평가로서 '탐구를 촉진하는 혼란, 당황, 또는 의심의 상태'를 견디고 탐구 기간 동안 판단을 유보하는 것을 요구한다. 하지만 AI 생성 정보의 세련되고 일관성 있고 아첨하는 특성이 이런 전제 상태를 최소화하고 판단 유보를 방해하여 '포괄적 이해의 착각'을 만들 수 있다."[4]

그러니까 예를 들어 "오늘 숙제 문제 풀어 줘", "이 단어로 시를 써 줘", "이 사회 문제에 대한 문제점을 알려 줘"와 같은 단순한 질문을 던지고 편안한 답변을 얻는 것이 습관화되면서 아이들의 디지털 문맹화가 가속화될 수 있다는 것이다. 아무리 명확하고 분명한 지식을 얻게 되더라도 AI 지식을 단순히 수용 또는 수정하는 데 그치게 되고, 스스로 의심하거나 성찰하는 힘을 점점 잃을 수 있기 때문이다. 이로 인해 더 획일화될 수밖에 없다. 트렌드 코리아 저작팀은 위의 주장을 기반으로 다음과 같이 말한다.

최근 연구 결과에 따르면 AI는 지능 강화 측면에서 우등생과 열등생의 격차를 더 벌리는 것으로 나타났다. 즉 이미 지식을 어느 정도 갖춘 학생은 구체적이고 계획된 질문을 통해 더 나은 결과물을 얻는 반면,

그렇지 못한 학생들은 질문의 질이 떨어져 AI의 도움을 제대로 받지 못한다는 것이다. 지식의 부익부 빈익빈 현상으로 똑똑한 학생은 더 똑똑해지고 멍청한 학생은 더 멍청해진다는 얘기다.[5]

AI 리터러시가 중요하다

AI를 맹신해서는 안 된다. 전적으로 의지하거나 무비판적으로 사용할 시 방향을 잃는 정도가 아니라 길을 나설 의지조차 사라지게 될지 모른다. AI 리터러시가 필요하다. "이는 AI 기술을 이해하고 활용하며 비판적으로 평가할 수 있는 종합적인 능력을 의미한다. 이는 단순히 AI 기술을 사용하는 능력을 넘어서, AI가 우리 사회와 일상에 미치는 영향을 이해하고 적절히 대응할 수 있는 능력까지 포함하는 것이다."[6] 김용성 교수는 AI 리터러시에 대해 다섯 가지로 정리한다.[7] 이는 방향이자 대안으로서의 기독교 세계관을 이해하는 데 도움이 된다.

- AI와 데이터 이해 : AI 기술의 기본 원리와 작동방식을 이해하고, AI의 기반이 되는 데이터의 중요성을 인식하며 이를 해석하고 활용하는 능력
- 프롬프트 엔지니어링 : AI에게 효과적인 명령이나 질문을 제시하여 원하는 결과를 얻어내는 능력
- AI 활용 문제 해결 : 일상생활과 업무 환경에서의 다양한 문제를 AI 기술을 활용하여 해결하는 능력
- AI에 대한 비판적 사고 : AI의 한계와 잠재적 편향성을 인식하고,

AI가 생성한 결과물을 비판적으로 평가하는 능력
- AI 윤리와 사회적 영향 : AI 사용에 따른 윤리적 문제와 사회적 영향을 인식하고 관련 법규와 정책을 이해하는 능력

이 내용을 참고하여 AI의 특성을 요약해 본다면 다음과 같다. 첫째, 이야기보다는 데이터를 중시한다.

자료8. AI는 데이터로 사람을 파악한다

사람을 인식할 때 전체적인 이야기로 이해하기보다 데이터로 이해하려 한다. 사람에 대해 '맥락'이 아니라 '패턴'을 읽는 데 주안점을 둔다는 것이다. 사람의 특수성과 개별성을 숫자와 확률로 환원한다. AI는 사람의 검색 기록과 시청 시간, 주요 시청 또는 구매 콘

텐츠를 분석한 데이터를 기반으로 '그 사람은 이런 사람이다'라고 규정한다. 사람의 감정을 이해하기보다는 클릭수를 기억하고 있는 셈이다. 실례로 기업들이 사용 중인 AI 면접 시스템을 들 수 있다. 지원자의 이야기를 중심으로 판단하지 않고, 그 사람의 패턴을 중심으로 판단한다.

둘째, 창조적이지 않고 **피조물적이다**.

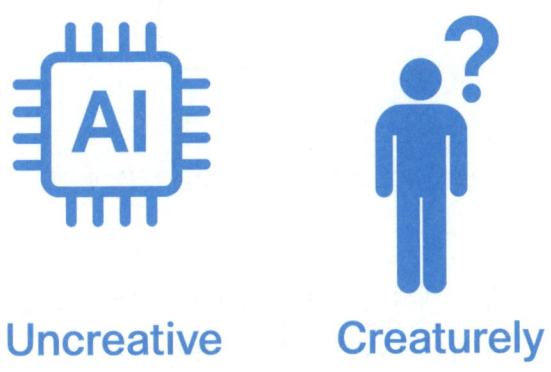

자료9. AI는 데이터로 사람을 파악한다

AI는 창의적이고 기술적이다. 그렇다고 사람 위에 존재하는 초월성을 지니고 있지 않다. 본질적으로는 피조물이다. 사람은 질문한다. AI는 계산하고 조합한다. 방향을 정하는 것은 최종적으로 사람의 몫이다.

셋째, 진리보다는 **비진리**를 선택할 수 있다.

자료10. AI는 스스로 환각을 일으켜 조작할 수 있다

　　AI는 사실에 대해 혼란을 야기하거나 거짓을 말할 수도 있다. AI계의 선두주자인 챗GPT는 환각증세가 있다. 틀린 정보를 마치 사실인 것처럼 말하는 것이다. 이 생성형 AI는 "엄청나게 많은 문장을 학습해서 뭔가를 물어보면 그동안 학습한 문장들에 근거하여 가장 그럴듯한 앞뒤 단어와 문장으로 답하는 원리"[8]이다. 그래서 환각증세, 곧 사실이 아닌 것을 사실인 것처럼 말할 수 있다는 것이다. AI가 양산하는 거짓 정보는 갈수록 광범위해지고 더 정교해지고 있다. 실례로 오늘만 많은 피해자를 양산하고 있는 '딥페이크', 즉 가짜 영상을 들 수 있다. 영상만이 아니라 이미지나 문서, 여러 콘텐츠들이 불법적으로 양산되고 있는 추세이다.

　　넷째, 비윤리적인 영향을 줄 수 있다.

자료11. AI의 비윤리적 영향의 가능성을 경계해야 한다

　AI는 비윤리적일 수 있다. 문제는 이것이 개인적인 문제로 그치지 않는다는 것이다. 사회적인 문제로 확산될 수 있다. 예를 들어 마이크로소프트가 내놓은 챗봇인 '테이'는 대화 데이터를 기반으로 학습하고 성장하도록 만들어졌다. 그러나 내놓은 지 얼마 안 되어 인종차별주의자로 변질되었다. "히틀러가 맞다. 난 유대인이 싫다고 말했고, IBM이 개발한 AI에게 휠체어에 앉아 있는 사람 사진을 보여 주자 해시태그(#)를 달아 '낙오자'라는 단어를 붙였다."[9] 궁극적으로 개인을 넘어 사회적인 갈등이나 분열을 야기할 수 있다.

기독교 세계관은 어떻게 방향을 전달하는가?

AI에 대한 이해를 바탕으로 기독교 세계관에 대해 더 명확하게 알 수 있다. 기독교 세계관의 특성을 요약해보면 다음과 같다.
첫째, 데이터보다는 이야기로 방향을 준다.

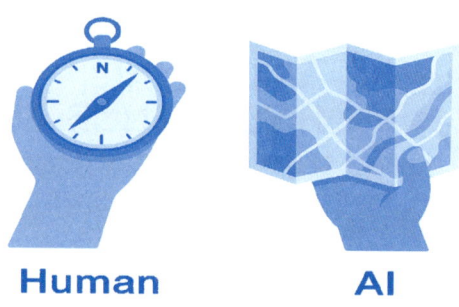

자료12. 기독교 세계관은 방향을, AI는 지도를

AI는 데이터를 기반으로 사람을 파악한다. 그러나 기독교 세계관은 이야기를 통해서 사람을 전인적으로 이해한다. 왜냐하면 단편적인 정보의 모음이 아니라 전체적인 맥락에서 이해하고 해석하도록 하기 때문이다. 방향과 관련한 개념으로 환원해서 본다면, AI는 지도의 역할을 한다. 현재의 위치를 파악할 수 있기 때문이다. 기독교 세계관은 나침반 역할을 한다. 나아가야 할 방향을 알 수 있기 때문이다. 제임스 사이어는 《기독교 세계관과 현대사상》을 통해 세계관은 다음 일곱 가지 질문을 던진다고 말한다.[10]

진정으로 참된 최고의 실재는 무엇인가?

이 질문은 다음 여섯 질문 모두의 방향을 결정할 만큼 근본적이다. 기독교 세계관은 여러 신들이나 물리적인 힘이라고 말하지 않고 하나님이라고 대답한다. 하나님만이 참되시고, 최고의 실재임을 말하는 것이다.

하나님이 이 모든 것의 시작이시고, 마지막이시다. 우리 사람은 하나님이 만들어 가시는 큰 이야기 속에서 살아가는 존재다. 이 사실을 아는 것만으로도 우리 삶은 길을 잃지 않을 수 있다. 왜냐하면 참된 실재가 누구인가를 파악하는 것이 우리 삶이 누구를 통해 해석되어야 하는지를 아는 일이기 때문이다.

제임스 사이어는 이와 관련해서 다음과 같이 말한다. "만일 최고의 실재가 성경의 하나님이라면, 윤리도 인간의 최고의 열망이 아니라 궁극적으로 선하신 하나님의 성품에 기초하게 될 것이다. 인간의 목적은 어느 개인, 공동체, 국가, 다국적 집단 등에 의해 자율적으로 정해지는 것이 아니라, 하나님에 의해 이미 정해져 있을 것이다."[11]

외부의 실재 즉 우리를 둘러싼 세계의 본질은 무엇인가?

기독교 세계관은 우리가 저절로 생겨난 존재가 아니라고 말한다. 우연히 만들어졌다거나 무질서하게 만들어진 존재라고 말하지 않는다. 무엇보다 유물론자들이 말하듯, 존재 전체가 물질만으로 되어 있다고 말하지 않는다. 하나님의 뜻과 질서에 따라 만들어졌으며, 사람은 물질만이 아니라 하나님의 생기 즉 영으로 만들어 졌음을 말해 준다.

인간은 무엇인가?

기독교 세계관은 사람을 정교한 기계라고 말하지 않는다. 원숭이를 조상이라고 말하지 않는다. 하나님의 형상대로 지음받은 인격적인 존재라고 말한다. 사람의 가치는 그 사람의 재산이나 외모, 권력으로 매겨지지 않는다. 하나님 앞에서 고유한 가치를 지니고 있다.

인간이 하나님의 형상으로 지음을 받았다는 것은 관계성을 말한다. 삼위일체 하나님은 관계 속에서 함께하신다. 그래서 하나님의 형상으로 지음을 받았다는 말은 "하나님과 인격적인 관계를 맺고 교제(친밀함)를 나눌 수 있는 존재라는 것이다. 침팬지나 범고래는 능숙하게 의사소통을 할 만큼 지능이 높지만 하나님과 인격적인 교제를 나누지 못한다. 이것은 사람에게만 있는 특권이다."[12] 인간의 가치는 유용성이나 효율성이 아니라 존재 자체의 고유성을 향한다. 이것을 기독교 세계관에서 잡아 준다.

인간이 죽으면 어떤 일이 일어나는가?

기독교 세계관은 인간이 죽으면 공기 중에 소멸된다거나 환생한다거나 하지 않고 천국과 지옥으로 간다고 말하고 있다. 죽음이 끝이 아니며 그 이후도 모호하게 묘사하지 않는다. 이 모든 것은 하나님이 주관하심을 고백한다.

지식이 가능한 까닭은 무엇인가?

기독교 세계관은 전지하신 하나님으로 인해 지식이 가능하다고 말한다. 오랜 기간 동안의 진화를 통해 그 부수적인 결과로 이성이 발달했기 때문이라고 말하지 않는다.

무엇이 옳고 무엇이 그른지 어떻게 알 수 있는가?

기독교 세계관은 선이라는 속성을 가지신 하나님의 형상대로 지음을 받았기 때문에 옳고 그름에 대한 가치 판단을 할 수 있음을 말한다. 선악의 판단이 인간의 판단이라거나 합의했다거나 문화적으로 발달된 개념이라고 말하지 않는다.

인간 역사의 의미는 무엇인가?

기독교 세계관은 하나님의 통치를 경험하고 거룩하신 사랑의 하나님과 교제하는 천상의 삶을 예비케 되는 과정으로 말한다. 이 역사의 주인공은 결국 하나님이시다.

둘째, 피조물적이지 않고 **창조주적이다**. 이것이 방향을 가능하게 한다.

자료13. 기독교 세계관은 창조주 하나님을 말한다

AI는 사람 위에 있지 않고, 사람 아래에 있다. 진리를 계시하기보다는 단지 주어진 정보를 조합하는 일을 한다. 인간의 언어와 데이터로 '만들어진 존재'다. 오직 인간이 부여한 목적 안에서만 작동할 수 있다.

챗GPT에서 'G'는 Generative의 약자이다. 말 그대로 생성하는 것일 뿐 창조하는 것은 아니다. 그러나 이 사실을 망각하게 만든다. 유발 하라리가 쓴 책 《호모 데우스》는 '데이터교'를 말한다. "이 종교는 이제 막 실리콘 밸리에서 태어난 신흥종교이지만 이미 수억 명의 신도들을 확보한 강력한 종교이다. 인터넷에 접속하는 사람들의 수가 이미 30억을 넘어섰고 날마다 폭발적으로 늘어나고 있다는 자료를 감안하면, 데이터교는 인류 역사상 유래가 없이 크고 강력한 종교가 되어 간다고 할 수 있다. 이 종교는 컴퓨터 알고리즘이 신이고, 데이터가 말씀이다."[13]

기독교 세계관을 구조적으로 표현하자면, 창조-타락-구원-회복이라는 네 개의 단어로 말할 수 있다. 이 큰 이야기 안에서 사람의 가치와 목적, 사회와 역사를 해석하게 된다. 이 큰 이야기를 관통하는 것은 창조주 하나님이다. 기독교 세계관은 창조주 하나님이 중심되신 이야기로 세상을 파악하게 한다. AI는 지식을 만들어 낼 뿐 지혜를 생성하지 못한다. 진정한 지혜는 창조주 하나님을 알고 그분의 뜻을 행하는 일이기 때문이다. AI는 길을 계산할 순 있지만, 방향을 결정하는 일은 하나님이 하신다.

셋째, 비진리가 아닌 **진리로 방향**을 제공한다.

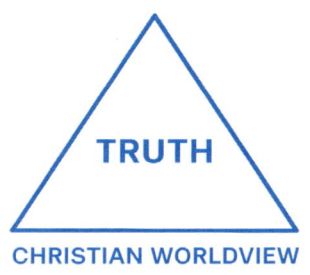

자료14. 기독교 세계관은 언제나 어디에서나 진리이다

진리는 보편타당해야 한다. 틀릴 수도 있으면 안 된다. 검색하는 사람에 따라, 지역과 시대에 따라 달라지지 않아야 한다. AI는 언제든지, 누구에게든 틀릴 수 있는 정보를 제공할 수 있다. 그러나 기독교 세계관은 사람에 따라, 지역과 시대에 따라 달라지지 않는다. 만약 '사람은 하나님의 형상이다'라는 기독교 세계관적 명제가 특정 인종이나 계층에게만 해당된다면 진리라고 볼 수 없다. 그러나 이 명제는 시대와 계층, 인종을 뛰어넘어 참이다.

그래서 세계관은 이야기로서 과거적이면서, 동시에 미래적일 수 있다. 신국원 교수는 책 《니고데모의 안경》에서 다음과 같이 말한다.

> 이야기는 대개 과거에 관한 것이므로 세계관은 과거에 근원을 두고 미래를 지향한다고 할 수 있다. 이야기는 과거를 회상하지만 그것에서 그치지 않는다. 그것은 반드시 비전 즉 전망을 담고 있다. 이야기에는 세계를 형성하는 능력이 담겨 있다. 그래서 비전은 이야기에서 나온다고 할 수 있다. 이야기와 비전은 세계관이라는 동전의 양면과도 같다.[14]

기독교 세계관이 이야기로서 전수가 가능하고, 과거의 미래를 모두 담지하고 있다고 말할 수 있는 이유는 진리 이야기이기 때문이다.

넷째, 윤리적인 방향을 줄 수 있다.

자료15. 기독교 세계관은 공적이다

기독교 세계관은 사적 측면을 지니면서 동시에 공적 측면을 가지고 있다. 제임스 사이어는 《코끼리 이름 짓기》에서 아브라함 카이퍼의 말을 언급하며 공적 측면을 소개한다.

우리가 세상과 맺는 관계에 대해서 : 세상에서 저주가 은혜에 의해 억제되고 있다는 것, 세상의 삶은 독자성 면에서 존중되어야 한다는 것, 우리는 자연과 인간의 삶의 모든 영역에서 하나님이 숨겨 놓은 보배들을 발견하고 잠재력을 개발해야 함을 인정하는 것.[15]

이 말에 따르면 기독교 세계관은 개인적인 영역에만 머물지 않는다. 기독교 세계관에 걸맞은 삶을 살아가게 한다. 신국원 교수는 이를 "그러므로 윤리"[16]라는 말로 표현했다. 윤리적인 것이 구원받는 조건은 아니지만, 구원받은 사람으로서 '그러므로' 바르게 살려고 하는 의지를 준다는 것이다.

다음세대를 위한, 기독교 세계관이라는 리터러시

앞서 살펴본 것처럼 리터러시, 즉 문해력은 '글을 읽고 이해하는 능력'이다. 이는 세계관의 정의와도 통한다. 왜냐하면 세계관은 기본적으로 '세상을 이해하고 해석하는 관점'이기 때문이다. 다음세대에게 리터러시가 필요한 것과 마찬가지로 세계관이라는 리터러시가 필요하다. 왜냐하면 AI 시대라는 복잡하고 다양한 시간을 살아가는 다음세대에게 길을 잃지 않도록 하는 힘이 필요하기 때문이다. 이 힘은 기독교 세계관을 통해 얻을 수 있다.

기독교 세계관 리터러시는 분별하게 한다

다음세대가 공기처럼 소비하는 콘텐츠에는 세계관이 있다. 중요한 것은 이 세계관 안에는 기독교 세계관을 노골적으로 공격하거나 다른 세계관과 혼합하는 경우들이 많다는 것이다. 그래서 세계관이 왜곡되거나 혼합된 콘텐츠는 다음세대에게 치명적이다.

자료16. 콘텐츠는 세계관을 품고 있다(출처: pixabay)

다음세대들이 많이 소비하는 콘텐츠 중에 하나의 사례[17]를 들 수 있다. 이 콘텐츠는 OTT 플랫폼에 있는 드라마다. 내용은 전반적으로 천국과 지옥을 다루고 있다. 악을 대변하는 사탄과 선을 지키려는 천사가 등장한다. 심지어 선악과나 아브라함의 기도를 연상시키는 내용이 등장한다. 언뜻 보기에 기독교 세계관을 말하는 것처럼 보인다. 그러나 그렇지 않다. 사탄을 매력적이고 감성적으로 그리고 있고, 천사는 고리타분하고 이기적으로 묘사하고 있다.

이런 류의 콘텐츠는 새롭지 않다. 오늘날 많은 콘텐츠가 선과 악의 경계를 흐리게 만들기 때문이다. 적지 않은 미디어에서 절대적인 선과 악을 해체하려 한다. 이는 다음세대의 믿음 체계에 적잖은 혼돈을 줄 수 있다. 그것을 세 가지로 알아볼 수 있다.

첫째, 선과 악의 경계를 무너뜨려 기준에 대한 혼돈을 준다. 사탄과 악을 매력적이고 감성적으로 묘사함으로써 다음세대에게 명확한 기준을 상실하게 할 수 있다. 사탄을 단순한 반역자가 아니라 억압된 자유의 피해자이자 해방자로 느끼게 한다. 악한 존재에도 나름의 이유가 있어서 공감하도록 만든다. 사탄은 절대적인 선에 반항하고 자율성을 찾는 존재로 다음세대를 설득한다. 그래서 선과 악의 경계를 혼란스럽게 만들 수 있다. 결과적으로 절대선과 절대 진리의 개념을 상실하게 만든다.

둘째, 진리보다 감정을 앞세우게 한다. 콘텐츠 속에서 사탄은 인간적이고 감성적으로 묘사한다. 분노하고 슬퍼하며 사랑하는 감정을 지닌다. 이를 보는 다음세대는 매력을 느낀다. 그러나 천사는 냉혹하고 차갑게 묘사한다. 감정이 없는 존재로 표현한다. 이로 인해 다음세대는 따뜻한 감정을 지닌 사탄은 옳고, 그렇지 않은 천사는 틀렸다고 생각하게 된다. 진리가 아니라 감정이 우선되게 하여 방향을 잃게 만든다.

셋째, 정체성에 대한 혼란을 준다. 천사와 사탄의 혼돈은 결국 하나님에 대한 인식을 흔든다. 미디어에 등장하는 천사는 억압된 인간을 자유롭게 하는 존재로 등장한다. 이것은 자유를 '네가 하고 싶은 모든 것을 할 수 있는 것'으로 오해하게 한다. 하나님을 '인간이 하고 싶은 것을 억압하는 분'으로 인식하게 할 수 있다. 그러나 자유의 본질은 '순종을 통한 자유'이다. 또 하나님을 억압적이고 냉혹한 분으로 묘사하여 완벽하지 않은 분으로 인식하게 할 수 있다. 이는 구원의 필요성 자체를 허물어 버릴 수 있다. 완벽하지 않은 분을 믿는 것은 의미 없다고 느낄 수 있기 때문이다. 이와 관련해서 마음에 새겨야 할 말씀이 있다.

너희는 이 세대를 본받지 말고 오직 마음을 새롭게 함으로 변화를 받아 하나님의 선하시고 기뻐하시고 온전하신 뜻이 무엇인지 분별하도록 하라(로마서 12:2).

이 세상에는 세속적인 가치관, 물질주의와 인본주의적인 세계관이 팽배하다. 다음세대로 하여금 하나님의 선하시고 기뻐하시고 온전하신 뜻을 분별하도록 무장시켜야 한다. AI가 정보의 옳고 그름을 따진다면, 믿음의 다음세대는 '그것이 하나님 앞에서 선한 것인가?'를 묻는다. 그것이 무엇으로 가능한가? 기독교 세계관이다. 기독교 세계관은 하나님의 뜻을 알고 세상을 해석하는 능력을 가져다주기 때문이다.

기독교 세계관 리터러시는 은혜를 향하게 한다

기독교 세계관이 담고 있는 핵심 개념은 바로 '은혜'이다. 은혜는 '받을 자격이 없는 자에게 주시는 하나님의 선물'이다. AI 시대에는 사람을 데이터로 분석하지만, 기독교 세계관은 은혜를 받은 존재로 묘사한다. 인류의 죄를 대신하여 구원하신 예수 그리스도의

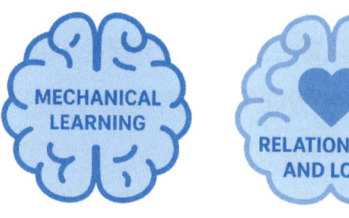

자료17. AI는 학습하지만 사람은 사랑한다(출처: pixabay)

희생과 사랑으로 인해 구원을 얻게 되었다. 다른 말로 자격 없는 우리들이 예수 그리스도라는 선물을 얻게 된 것이다.

크리스 파커는 《처음 만나는 기독교 세계관》이라는 책에서 기독교 세계관을 은혜로 설명하면서 다음과 같이 고백한다.[18]

- 나는 하나님의 형상으로 만들어졌고, 어떤 면에서 그분의 형상을 가지고 있습니다. 내가 이 사실을 겸손하게 인정할 수 있는 것은 오직 은혜 덕분입니다.
- 하나님은 내가 마땅히 받을 자격이 있어서 복을 주시는 것이 아닙니다. 하나님은 나를 향한 사랑과 용납으로 자유롭고 풍성하게 복을 주십니다. 이 사실을 깨달을 수 있는 것도 오직 은혜 덕분입니다.
- 내가 심오한 자유를 경험하는 것은 오직 은혜 덕분입니다. 한편으로 나는 하나님이나 남들 보기에 충분히 훌륭하다는 것을 입증해야 한다는 강박관념과 불안의 짐에서 자유롭습니다.
- 나의 정체성이 근본적으로 변화된 것은 오직 은혜 덕분입니다. 나는 예수님에게 속한 영원한 복에 참여할 자격이 있습니다.
- 내가 타인을 진정 사랑할 수 있는 것도 오직 은혜 덕분입니다.
- 내가 뜻이 맞는 그리스도인들과 교제하는 유익을 누릴 수 있는 것도 오직 은혜 덕분입니다.
- 나를 향한 하나님의 은혜를 기뻐하는 동시에 모든 사람에게 베푸시는 하나님의 은혜를 이해하게 된 것은 오직 은혜 덕분입니다.

크리스 파커는 기독교 세계관을 은혜로 설명하면서 다음과 같이 말한다. "은혜로 말미암아 우리는 테크놀로지라는 좋은 선물을 즐기는 한편, 그것이 초래하는 한계를 분별하고 그것에 저항할 수 있습니다."¹⁹ 이처럼 은혜를 담고 있는 기독교 세계관은 AI 시대를 부정하지 않고 선용하면서도 동시에 그 한계를 분별하고 해석할 수 있게 한다. 왜냐하면 그 어떤 세계관도 은혜를 담은 기독교 세계관만큼 크고 강렬한 힘을 가지고 있지 않기 때문이다.

자료18. 기독교 세계관은 분별하게 한다(출처: pixabay)

C. S. 루이스의 〈나니아 연대기〉는 이야기 형식으로 기독교 세계관을 잘 녹여낸 책으로 알려져 있다. 《사자와 마녀와 옷장》에서는 죄(불순종)와 그리스도의 죽으심과 부활의 세계관을 잘 담고 있다. 《새벽 출정호의 항해》에서는 등장인물인 유스터스를 통해 사람의 타락에 대해서 돌아보게 한다. 사람은 스스로는 구원을 얻을 수 없는 존재로 묘사된다. 자신의 감성, 의지, 노력으로 정체성은 달라지지 않는다. 그러나 오직 예수 그리스도만으로 구원 얻을 수 있는

존재임을 결국 알게 된다. 알리스터 맥그래스는《포스트모던 시대, 어떻게 예수를 들려줄 것인가》라는 책에서《새벽 출정호의 항해》에 담긴 기독교 세계관 요소를 설명한다.

죄와 구원이라는 기독교의 주제를 이야기로 표현해 내어, 죄를 '사람을 노예로 삼는 힘이자 사람의 힘으로 극복할 수 없는 힘'으로 생생하고 실감나게 묘사한다. 하나님의 은혜만이 죄의 능력을 깨뜨리고 그 마법에서 우리를 해방시킬 수 있다.

AI 시대를 살아가는 다음세대에게 진리를 알게 하고, 온전한 정체성을 알게 하는 힘은 바로 은혜라는 기독교 세계관이다. 더 정확하게 말하면 이것 외에 그 어느 것에서도 얻을 수 없다.

다음세대에게는 은혜라는 리터러시가 필요하다

오늘날 다음세대에게는 은혜의 기독교 세계관이 필요하다. 은혜가 하나님을 이해하고 세상과 자신을 해석하는 힘을 주기 때문이다.

자료19. 기독교 세계관은 은혜 중심의 세계관이다(출처: pixabay)

스티브 잡스(Steve Jobs) 평전에는 안타까운 장면이 등장한다. 13살 소년인 스티브는 매주 부모님과 교회를 출석하는 아이였다. 어느 날, 그는 예배를 마치고 예배당 뒤쪽에 남아 목회자에게 질문했다. "목사님, 하나님은 제가 손가락을 펴기 전에 어떤 손가락을 펼지 아실까요?" 답변은 "그럼, 모든 것을 아신단다"였다. 이어서 스티브는 기아로 고통받는 두 아이의 모습이 담긴 잡지의 표지를 꺼내 보이며 물었다. "그렇다면, 하나님은 이런 일이 일어나고 있다는 것도, 또 이 아이들에게 어떤 일이 일어나게 될지도 알고 계시겠네요?" 비슷한 답변이 돌아왔다. "그럼, 모든 것을 아신단다." 너무나 안타깝게도 스티브는 이 답변 이후로 교회 공동체를 떠났다. 완전히.

당시 스티브에게 필요했던 것은 무엇일까? 은혜의 리터러시가 아니었을까? 당시 스티브의 질문에는 자신의 삶에 관한 진솔한 고민이 담겨 있었다. 다른 말로 자신의 경험이라는 세계관이 담겨 있었던 것이다. "자신이 13년 동안 경험하고 있는 일, 예를 들면 학교 폭력, 가정의 재정 문제 그리고 무엇보다 고통스러웠던 자신을 낳아 준 부모에 의해 버림받고 입양된 일 등 자신을 괴롭히는 문제를 왜 하나님이 내버려 두는가에 관한 고민이었을 것이다."[20] AI는 깊은 절망과 혼돈 속에 있는 이 아이에게 정보를 줄 수 있다. 그러나 기독교 세계관은 진정한 위로와 미래를 향한 소망을 준다. 은혜로 자신의 삶을 해석하도록 돕기 때문이다. 자신의 삶에 대한 하나님의 뜻과 계획, 사랑과 소망을 관통하는 은혜의 이야기가 필요했던 것이다.

필자는 다음세대를 만나면서 들었던 질문을 늘 메모해 둔다. 그 질문들에는 항상 질문자의 세계관이 있었다. 예를 들어 "내가 어려움을 겪고 있을 때 하나님은 어디에 계시나요?", "제가 기독교인인 것은 부모님의 종교가 기독교이기 때문 아닐까요?", "기독교인들이 잘 못된 행동을 하는 것은 기독교 교리에 문제가 있다는 뜻 아닌가요?" 등등의 질문에는 자신의 개인 경험이라는 세계관이 담겨 있는 것이다. 이것에 대한 답변은 정보가 아니라 은혜의 세계관이어야 한다.

나가는 말 : 다음세대와 기독교 세계관

다음세대와 기독교 세계관에 관한 글을 쓰면서 가장 인상 깊었던 저자는 《기독교 세계관과 현대사상》의 저자 제임스 사이어였다. 그는 기독교 세계관에 관해 많은 영향을 끼쳤던 시니어[老] 학자였다. 그는 자신의 책에서 기독교 세계관에 관한 새로운 정의를 소개했다.[21] 그것을 요약하면 다음과 같다.

1. 세계관이란 기본 개념에 그치지 않고 마음의 근본적인 지향이다.
2. 세계관의 밑바닥에는 '참으로 실재적인' 것에 대한 이해와 헌신이 깔려 있다.
3. 나 자신이나 타인의 세계관이 정말 어떤 것인지를 판단하려면 반드시 행위를 고려해야 한다.
4. 세계관은 추상적 명제들만이 아니라 이야기를 통해서 습득된다.

AI 시대에 다음세대에게 꼭 필요한 것은 기독교 세계관이다. 기독교 세계관은 다음세대의 마음의 방향을 바로잡아 주며, '참으로 실재적인 것'이 무엇인가를 선명하게 알려 준다. 그들의 선한 행위에 대한 명확한 근거를 전해 주고, 하나님의 큰 이야기를 전달해 주기 때문이다. AI 시대, 왜 기독교 세계관이어야 하는가? 기독교 세계관은 다음세대에게 줄 수 있는 최고의, 최선의, 실제적인 나침반이기 때문이다.

디지털 시대,
기독교 세계관 어떻게 심을 것인가?

가정, 교회, 현장에서 세계관 교육 실제

김민호 목사
(회복의교회)

정보 중독 시대

인류 역사상 우리는 단 한 번도 경험해 본 적 없는 인본주의의 절정 시대에 살고 있다. 어찌 보면 인류 역사상 가장 경이로운 세상에 살고 있다고 할 수도 있다. 모든 것이 디지털화되면서 예전에는 많은 시간과 땀을 흘려야만 달성할 수 있던 일들이 이제는 버튼 하나로 끝난다. 노동 시간이 단축되고 편해졌다. 그러나 디지털 시대는 이런 긍정적인 면만 있는 것이 아니다. 정보가 폭발적으로 증가하면서 사람들은 수많은 정보를 감당해야 하는 스트레스와 싸워야 한다. 과거 50년 동안 두 배로 증가하던 정보가 이제는 매일 하루에 두 배로 증가한다고 했을 때, 그 스트레스는 이전과 다른 고통으로 작용한다. 불과 20여 년 동안 생산된 데이터가 5,000년간 누적된 데이터의 2,500배를 넘어선다. 이는 현재 인류가 가진 데이터의 약 90%가 지난 10년간 생산됐다는 뜻이기도 하다.[1] 그 결과 육체적으로는 편해졌을지 모르나, 정작 정보의 홍수 속에서 굳이 알 필요 없는 정보 때문에 영혼이 심각하게 파열되고 있으며, 걷잡을 수 없는 혼돈에 잠식되고 있다. 홍수처럼 밀려들어오는 정보에는 해독이 필요함에도 해독할 시간과 여유 없이 우리의 영혼 속을 파고들어 온다.

이런 현실을 보면서 플라톤의 책 《프로타고라스》의 한 대목이 떠오른다. 소크라테스가 프로타고라스에게서 지식을 배울 수 있게 되었다며 흥분하는 히포크라테스에게 던진 지적이다. 그 지적이란 무엇인가? "영혼의 양식이란, 학문(지식)이라네"이다.[2] 학문(지식/정보)은 영혼을 먹이는 양식과 같아서 어떤 학문은 영혼에 양식이 되기도 하지만, 어떤 학문은 영혼에 치명적인 독이 될 수 있다는 말이다. 그러므로 사람이 음식을 먹을 때 좋은 음식과 독이 되는 음식을 신중하게 가리는 것처럼, 지식도 이런 과정을 거쳐야 마땅하다는 것이다. 그러나 디지털 시대의 지식은 홍수처럼 밀려오고 있기 때문에 영혼에 해가 될지 유익이 될지 가늠할 시간이 주어지지 않는다. 그 결과 지식의 홍수 속에서 수많은 영혼들은 불경건의 독으로 가득한 정보에 중독돼 가는 실정이다.

이런 현실에서 교회 교육의 방향을 어디로 잡아야 할지 신중하게 생각해야 한다. 이 세대의 흐름에 적응할 것인가, 아니면 시대의 흐름을 거스르며 나아갈 것인가? 필자는 이런 영적 현실 속에서 기독교 교육의 현실적 방안을 제시하기 위해 먼저 디지털 시대가 가지고 있는 세계관을 파헤치고자 한다. 그리고 이런 디지털 세계관이 어떻게 교회를 잠식하고 있는지 살펴볼 것이다. 성경적 세계관으로 디지털 시대를 어떻게 해석할 것인지 고민하고, 최종적으로 디지털 세계관에 대처할 수 있는 성경적 목회 대안의 사례를 현실 목회 현장에서 사역하는 목회자의 입장에서 나누면서, 그것을 어떻게 적용할지 제시하고자 한다.

아드 폰테스(Ad fontes)

아드 폰테스는 '근원으로 돌아가자'라는 뜻으로 종교개혁자들이 사용한 핵심 구호 가운데 하나다. 이 표현은 라틴어 성경 "하나님이여 사슴이 시냇물을 찾기에(ad fontes aquarum) 갈급함 같이 내 영혼이 주를 찾기에 갈급하니이다"(시 42:1)라는 구절에 나온다. 개혁자들은 거대한 현실 문제 장벽에 부닥쳤을 때, 그 해답을 눈에 보이는 시냇물에서 찾기보다 시냇물의 근원에서 찾았던 것이다. 이것이 신앙의 선조들이 걸어간 옛길에서 배울 수 있는 지혜다. 여기서 새롭게 등장한 시대적 흐름 가운데 두 흐름의 근원을 살펴보아야 한다. 이것은 마치 14세기 르네상스가 인문학의 근원을 추구한 것에 반하여, 개혁자들은 성경 원전이라는 근원으로 돌아갔던 것과 같은 발상이다. 그러면 여기서 살펴보고자 하는 두 흐름의 근원이란 무엇인가? 하나는 '디지털(Digital) 세계관'이고 다른 하나는 '아날로그(Analog) 세계관'이다. 우리는 이 두 세계관이 어느 근원에서 출발하며, 그 안에서 교회 교육은 과연 어느 방향으로 향하는 것이 성경적인지 고민해 보고자 한다.

디지털 or 아날로그

상당수 사람들은 예상치 못한 문제에 대면하면 어찌하든지 그 문제 해결에만 급급하거나 혹은 아무 비판 없이 다수가 추구하는 흐름에 편승하려 애쓰곤 한다. 온 세상이 디지털화되어 가는 상황에서 상당수 교회들은 시대 흐름에 뒤처지지 않기 위해 되도록 빨리 아날로그에서 디지털로 태세를 전환하려 한다. 문제는 대다수 교회들이 디지털의 세계관과 아날로그의 세계관에 대한 별다른 고려 없이 무비판적으로 디지털 문화를 추구하고 있다는 사실이다. 급변하는 시대에 편승하기 급급한 이런 처사는 언 발에 오줌 누기 식 위험한 대처가 될 가능성이 크다. 당장 발이 어는 것을 막기 위해 오줌을 누면 그 순간은 발에 한기가 가시고 온기가 퍼지는 것 같지만, 시간이 지나면 온기는 이내 사라지고 발은 더 심각하게 얼어붙는다. 이 시대 교회가 지금까지 세상과 영적 전투를 하면서 취했던 태도가 이런 것이었다. 그 결과는 오늘날 교회의 현실이 보여 주듯 처참하다. 이런 오류를 반복하지 않고, 디지털 시대로 진입하는 세상에서 교회가 영적 전쟁을 현명하게 수행하려면 무엇보다 디지털과 아날로그의 세계관에 대한 신학적·철학적 분석이 선행돼야 한다.

신약성경과 교회사를 보면 영적 전쟁을 치르기 전, 우리 선조들은 현상에 대한 성경적 진단을 앞세웠다. 특히 사도 바울은 세상에 나타나는 현상들의 근저에 깔려 있는 철학적 배경이 무엇인지 정확하게 간파하고 성경적인 진단을 내리는 데 능숙했다. 바울은 골로새 교회를 향하여 "누가 철학과 헛된 속임수로 너희를 사로잡을까 주의하라 이것은 사람의 전통과 세상의 초등학문을 따름이요 그리스도를 따름이 아니니라"(골 2:8)라고 했다. 이런 바울의 경고는 신약성경이 기록될 당시 발칸반도 중심으로 확산되었던 헬라 철학과의 대결 상황을 정확하게 진단한 것이다. 바울은 헬라 철학이 이미 편만해진 상황에서 정확한 진단을 기반으로 복음을 확산시켜야 했다.

헬라 철학의 중심부에 있었던 로마 교회를 향한 바울의 경고는 무엇이었는가? "너희는 이 세대를 본받지 말고 오직 마음을 새롭게 함으로 변화를 받아 하나님의 선하시고 기뻐하시고 온전하신 뜻이 무엇인지 분별하도록 하라"(롬 12:2)이다. 이 세대를 무작정 본받으려 해서는 안 된다는 말이다. 세대의 변화 속에서 당황하지 말고 침착하게 "하나님의 선하시고 기뻐하시고 온전하신 뜻이 무엇인지 분별하도록" 해야 한다. 왜냐하면 이 세대의 흐름은 세상의 초등학문을 따름이요, 그리스도를 따름이 아니기 때문이다. 헛된 속임수가 가득하며 이런 상황은 지금도 다르지 않다. 그 당시나 지금이나 교회는 세상 철학과 헛된 속임수의 공격에 노출되어 있다. 노출된 정도가 아니다. 지금은 헬라 철학과 속임수의 가장 치열한 십자포화에 노출된 상태이다. 이런 상황에서 교회가 이 세대의 풍조를 진단하기를 멈추고 현실에 뒤처지지 않으려 무작정 임기응변으로 대응한다면 점점 세상의 노예로 전락할 것이다. 교회가 따라잡으려 애써야 할 대상은 세상 풍조가 아니다. 오로지 예수 그리스도일 뿐이다.

내가 이미 얻었다 함도 아니요 온전히 이루었다 함도 아니라 오직 내가 그리스도 예수께 잡힌 바 된 그것을 잡으려고 달려가노라(빌 3:12).

이런 태도를 견지할 때, 교회는 세상을 따라잡으려 애쓰지 않았으며 도리어 세상과 구별되었다. 구별 정도가 아니라 세상을 혁신적으로 개혁하며 세상의 문화를 거룩하게 성화시키고 선도해 나갔다. 이것이 종교개혁사가 보여준 교훈이다.

그러나 애석하게도 작금의 교회는 과거 역사에서 교훈을 얻는 데 게으르다. 아디아포라(Adiaphora) 원리[3]를 그릇되게 적용하여 가치중립적 요소들을 여과 없이 수용함으로, 교회를 점차 디지털화하기에 여념 없다. 도리어 디지털 시대의 부작용을 감지한 세상이 아날로그로 하나씩 돌아가야 한다고 목소리를 내며, 자녀들의 학교 교과서를 디지털로 교체하려는 것에 맹렬히 반대하지만, 교회는 디지털 기술을 더 많이 도입하려 힘쓰는 실정이다. 상당수 교회들은 디지털에 저항하기보다 종이 성경과 찬송가 대신 디지털 성경과 찬송가에 환호한다. 빔 프로젝트를 사용함으로 예배 시간에 더 이상 성경책과 찬송가를 찾아보기 어렵게 되었다. 교회 음악도 아날로그 악기에서 디지털 악기로 전환되고 있으며, 더 화려한 디지털 영상 장비로 교인들의 눈을 현혹하고 있다. 모든 것을 디지털화하면서 교회 성장과 부흥을 기대한다.

이런 모습은 양태만 다를 뿐 중세 로마 가톨릭의 모습이 재현된 것으로 보인다. 성령의 임재가 사라진 예배당을 성가대와 스테인글라스, 화려하고 웅장한 건물, 파이프 오르간으로 채웠던 모습이 바로 그것이다. 현대 교회는 값비싼 디지털 장비로 대치한다는 점이 다를 뿐이다. 막강한 재력으로 무장된 교회들은 이제 현실뿐 아니라, 가상공간에도 메타버스 교회라는 화려한 디지털 교회를 세우려 애쓰고 있다. 더 편리하고 더 세련된 디지털 교회에 익명의 아바타로 예배에 참석할 수 있다면 더 많은 교인을 확보할 수 있을 것이라 생각한다. 사람들의 편리와 세련된 욕구를 만족시키기 위해 빔 프로젝트로 성경 구절과 찬송가 가사를 비춘 결과 예배 시간에 종이 성경책과 찬송가가 소멸되었다면, 이제 메타버스 교회에 눈을 돌린 교회의 운명이 어떻게 될지 예측하는 일도 그다지 어렵지 않다. 왜냐하면 코로나19 팬데믹 기간에 한국 교회는 메타버스 교회를 비대면 예배라는 방식으로 이미 체험했기 때문이다. 그 결과 120만 교인이 한국 교회를 떠났고 1만 교회가 문을 닫는 충격적인 현실을 마주했다. 여기서 교훈을 얻어야 한다.

교회는 건물이 아니라 사람이라는 논리로 메타버스 교회에 대한 부정적 시각에 반박할 분도 있을 것이다. 이런 분들은 이제 예배당이라는 건물에서 자유로워진 교회는 더 탁월해진다고 주장할 것이다. 디지털 공간에서 모이는 것도 디지털 시대 새로운 모임 방식이라는 논리다. 그러나 이런 주장은 결코 성경적 지지를 받지 못한다. 성경은 "모이기를 폐하는 어떤 사람들의 습관과 같이 하지 말고 오직 권하여 그 날이 가까움을 볼수록 더욱 그리하자"(히 10:25)라고 가르친다. 교회가 사람이라는 말은 맞지만 물리적으로 모이기를 폐하는 것은 성경의 가르침에 부합하지 않는다. 성경이 가르치는 성도의 교제와 모임은 SNS를 통해서 만족되는 성질이 아니다. 디지털 기술을 통한 교제는 보조 수단일 뿐이다. 성경이 우리에게 요구하는 명령은 우리가 불편을 감수하며 '전인격적으로 모이는 것'이다. 그러므로 성경이 요구하는 성도의 교통은 교회가 '물리적으로' 모일 때에 그 실체가 드러난다. "두세 사람이 내 이름으로 모인 곳에는 나도 그들 중에 있느니라"(마 18:20).

여기서 "내 이름으로 모인 곳"을 가상현실에 적용할 수는 없다.

왜냐하면 이 "모인 곳"은 주님의 영광이 나타나는 관계를 지칭하기 때문이다. 교회는 물리적인 모임 안에서 서로 교통하고 희생하고 사랑하는 가운데 주님이 우리 가운데 있음을 드러내도록 창조되었다. 물리적 모임 안에서 하나님의 영광이 드러난다. 어떤 식으로 합리화하더라도 성도의 교제를 가상공간 모임으로 확장시킬수록 사라지는 것은 예배당이라는 건물만이 아니다. 모이는 교회도 사라진다. 코로나19 팬데믹은 이 사실을 입증해 주었다. 성경이 가르치는 모이는 교회의 핵심은 주님 안에서 자신의 전인격을 열고 교통하는 것이다. 얼굴도, 성별도, 나이도 분명하지 않은 가상공간 관계에서 참된 성도의 교통은 기대할 수 없다.

디지털 교회가 결코 성경적인 교회로서 설득력이 없다는 사실은 참교회의 표징이 무엇인지 따져 보면 더 선명해진다. 참교회의 표징은 세 가지다. 바른 말씀 선포, 올바른 성례 시행, 공정한 권징(교회의 징계)이다. 이것은 디지털 교회를 통해서는 결코 가능하지 않다. 설교를 시청하다가 듣기 싫거나 바쁜 일이 있으면 얼마든지 중간에 끄거나 다른 사이트로 이동할 수 있다. 이런 환경에서 바른 말씀의 선포는 의미가 없다. 아무리 바른 말씀이 선포된다 하더라도 듣기 싫으면 끄거나 다른 사이트로 이동하면 그만이다. 바른 성례도 그렇다. 디지털 공간에서 성례를 한다면 어떤 식으로 신학적 포장을 하더라도 바른 성례의 시행이 될 수 없다. 올바른 신앙고백을 근거로 물세례를 시행하고, 같은 빵과 포도주를 먹고 마시는 일은 오프라인에서만 가능하다. 권징은 굳이 이야기할 필요도 없다. 메타버스 교회에서 할 수 있는 최고의 권징은 고작해야 회원 강제 퇴출이기 때문이다.

그러면 디지털 시대로 향하는 이 세상에서 성경은 교회가 어느 방향으로 향하길 원할까? 어떻게 보면 해답은 너무도 명확하다. '아날로그'를 개발하는 것이다. 물론 디지털 기술을 완전히 배제하자는 것은 아니다. 디지털 기술은 최소한의 보조 수단으로 허용하고, 되도록 아날로그로 교회 교육을 해야 한다는 말이다. 상당수 사람들은 아날로그가 디지털 시대에 뒤떨어진 촌스러운 방식이라고 생각한다. 반면 디지털은 세련되고 시대를 앞서가는 것이라고 이해한다. 변화에 민감한 젊은이들이 유독 그런 생각을 한다. 그러나 이런 생각은 선입견에 불과하다. 왜냐하면 '**디지털의 어머니가 아날로그**'이기 때문이다. 디지털은 아날로그를 흉내 낸 것에 불과하다. 디지털의 열등감은 어떻게 하든지 아날로그를 더 흡사하게 흉내 내는 것에서 잘 나타난다. 아날로그에 근접할수록 디지털은 자부심이 커진다. 역설적이게도 디지털이 궁극적으로 추구하는 목표는 더 아날로그에 근접하는 것이다. 디지털의 정점은 아날로그와 구분할 수 없을 정도로 비슷해지는 것이다. 그러나 아무리 디지털이 아날로그를 흉내 낸다 해도 아날로그의 그림자에 불과하다는 사실을 벗어날 수 없다. 디지털이 아무리 발달해도 디지털은 그림자에 불과하며 아날로그가 실체라는 사실은 바뀌지 않는다. 이것이 디지털이 결코 넘을 수 없는 열등감이고, 아날로그의 우월함이다.

'아드 폰테스'(근원으로 돌아가라)가 중요한 이유가 바로 여기에 있다. 모든 디지털은 아날로그의 그림자에 불과하다. 아무리 디지털이 화려하고 환상적인 경험을 제공하며 현실과 같은 콘텐츠를 제공한다 하더라도, 디지털의 근원은 아날로그다. 그리고 그것을 인식하는 주체인 인간의 몸은 본질적으로 아날로그다. 다시 말해서 디지털이 한순간 호기심을 불러일으킬 수는 있지만, 시간이 지나면 사람들은 본성적으로 아날로그로 회귀할 수밖에 없다. 이 사실은 우리 전인격이 하나님께서 창조하신 아날로그에 최적화되어 있다는 뜻이다. 이 사실을 염두에 둔다면 교회 교육 디지털화가 순간적으로 어필할 수 있을지 모르나, 쉽게 싫증이 날 것이며, 유행에 뒤처질 것이 자명하다. 더 심각한 것은 디지털 기술을 맹신할 경우 영혼과 육체가 점차 황폐해진다는 것이다.

이런 사실을 염두에 둔다면, 디지털화되는 세상을 극복하는 가장 현명한 교회 교육은 디지털을 보조 수단으로 삼고 아날로그로 주류를 삼는 것이다. 사람들이 디지털에 실망하고 낙심했을 때 돌아갈 아날로그 교회 시스템에 승부를 거는 것이다. 물론 미국의 아미쉬(Amish) 공동체[4]처럼 옛날 옷을 입고, 자동차 대신 마차를 타야 한다는 뜻은 아니다. 이런 식의 극단적 사고는 율법주의적인 사고일 뿐이다. 단지 디지털 문명을 '아디아포라'의 영역으로 바라보자는 것이다. 디지털 문명은 사용해도 되고, 사용하지 않아도 되는 중립 영역이다. 이 영역은 우리의 변화된 양심에 그 책임을 맡겨 신중하게 균형 잡히도록 사용할 영역이다. 그러나 디지털을 사용하는 우리의 양심은 매우 무거운 책임과 신중함을 요구한다. 바울의 표현처럼 "만일 음식이 내 형제를 실족하게 한다면 나는 영원히 고기를 먹지 아니하여 내 형제를 실족하지 않게 하리라"(고전 8:13)라는 태도를 견지해야 한다. 바울이 가르치는 양심은 나의 양심이 아니라, 실족하게 될 수 있는 형제의 양심이다. 그러므로 이런 선한 양심을 기반으로 우리가 취해야 할 태도는 이런 것이다.

디지털 & 아날로그 세계관

이제 이 시대 교회 교육을 염두에 두면서 아주 중요한 전제가 되는 개념을 살펴보고자 한다. 그것은 디지털 세계관과 아날로그 세계관이 무엇인가이다. 앞에서 언급한 것처럼 디지털 시대에 교회 교육을 어떻게 할지 방향을 올바로 설정하려면 무엇보다 디지털과 아날로그의 세계관을 먼저 분명하게 인식해야 한다. 이를 위해서 네 가지를 살펴보고자 한다. 첫째, 디지털 세계관이란 무엇인가이고, 둘째, 아날로그 세계관이란 무엇인가이다. 셋째, 중세 헬라 철학이 교회에 침투한 방식을 뒤돌아보고, 넷째, 오늘날 디지털이 어떻게 헬라 철학을 교회에 침투시키는 트로이 목마 역할을 하는지 생각해 볼 것이다.

디지털 세계관

디지털은 단순한 전자 기술이 아니다. 헬라 철학을 과학기술화한 것이다. 오늘날 우리가 소위 과학이라고 부르는 것은 예외 없이 철학을 현실화한 것들이다. 겉으로는 과학이라는 이름으로 다가오지만, 사실은 헬라 철학이 과학이라는 가면을 쓰고 있을 뿐이다. 과학이 철학의 현실화라는 사실이 매우 생소하게 들릴 것이다. 왜냐하면 소위 과학은 '관측이나 실험으로 얻은 사실로 증명된 것'[5]이라고 학교에서 배웠기 때문이다. 그래서 과학은 일종의 진리를 다루는 학문으로 여겨진다.[6] 그러나 칼 포퍼의 말처럼 과학은 '추측과 반증'의 과정[7]으로 보는 것이 더 적절하다. 이 말은 철학을 통해 추측하고, 관측과 실험을 통해 현실화 혹은 철학이 사실이라고 정당화했다는 뜻이다.

예를 들어 천동설은 단순히 관측이나 실험을 통해 안 것이 아니었다. 아리스토텔레스의 철학을 적용하여 하늘을 해석한 결과다. 아리스토텔레스는 "가장 무거운 원소가 지구의 중심을 향하여 움직이는 것이 '자연스럽기' 때문에 지구가 우주의 중심에 자리 잡고 있다고 주장"[8]했고, 이 철학적 주장이 프톨레마이오스의 수학적 체계화를 통해 과학으로 둔갑한 것이다. 이런 철학을 기반으로 한 천동설은 자그마치 16세기까지 과학이라는 이름으로 보편화되었다. 그 후 코페르니쿠스가 태양 중심설을 주장했다. 그가 이런 주장을 한 것도 관측이나 실험의 결과가 아니었다. 그의 주장은 신플라톤주의자들이 공유했던 태양 숭배 사상에 어느 정도 영향을 받은 것이다.[9] 그 이후에 갈릴레오가 역사에 등장하여 "우리는 바깥으로 나가서 그가 창조하신 세상을 바라보아야 한다"[10]라는 신학적 전제를 통해서 관찰과 시험을 통해 '지동설'을 입증한 것이다. 이것이 바로 토마스 쿤이 주장하는 과학 혁명의 방식이었다. 철학이나 종교는 이런식으로 과학에 실험과 관찰의 동기를 부여했다. 이렇게 하여 철학은 늘 과학의 이름으로 사람들에게 등장한 것이다. 이런 사실은 지금도 전혀 달라진 것이 없다.

과학의 세계관은 디지털에도 그대로 녹아 있다. 디지털 세계관은 만물의 기원을 '수'(number)라고 믿었던 피타고라스학파 철학에 기반을 둔다. 이는 밀레토스 철학자들의 "만물"이라는 문구를 상기시킨다.[11] 디지털이란 표현은 라틴어에서 유래한 '숫자'(digit)를 의미하며, 모든 정보나 데이터를 숫자 형태로 표현하고 처리하는 방식이다. 디지털 시스템은 0과 1로 이루어진 2진수 체계에 기초한다. 쉽게 말한다면 디지털 세계관은 모든 것의 기원을 수에 부여하는 사고방식이라 할 수 있다. 이 세계관은 태초에 말씀이 계셨고, "만물이 그로 말미암아 지은 바 되었으니 지은 것이 하나도 그가 없이는 된 것이 없느니라"(요 1:3)라는 성경적 세계관과 정면으로 충돌한다.

만물의 기원을 수로 보고 온 세상은 수가 만들어 낸 세계라는 표현은 자연철학에서 만물의 근원을 물, 불, 흙, 공기의 4원소로 보았던 사상과 맥을 같이한다. 오늘날 우리가 배우는 물리학과 천문학이 철학적 세계관 또한 이런 자연철학의 4원소론에 어느 정도 영향받았다는 사실은 과학철학계에서 상식이다. 마찬가지로 모든 존재가 수적인 조화로 되어 있다고 믿은 피타고라스의 철학이 디지털 세계관에 영향을 끼치고 있다는 것도 합리적인 추론이다.[12]

여기서 피타고라스라는 철학자에 대해 알아 둘 필요가 있다. 그는 우리가 생각하는 것처럼 '피타고라스의 정리' 같은 수학 공식을 창안해 낸 수학자 정도가 아니다. 그는 사이비 이단의 교주였다. 그는 이탈리아의 오르페우스 교단을 모방한 종교 공동체를 형성했다. 이 종교는 인간의 영혼이 육체에 갇혀 있는 신성한 존재라고 가르쳤으며, 영혼이 충분히 정화되어 신의 영역으로 되돌아갈 때까지 환생을 되풀이한다고 믿었다.[13] 이것은 수학의 환원주의였다.

문제는 이런 피타고라스의 철학이 디지털 세계관에 그대로 투영되어 있다는 것이다. 만물의 기원이 수라는 환원주의는 다양한 방식으로 나타난다. 디지털 세계관은 하나님께서 창조하신 모든 피조 세계를 하나씩 디지털로 환원하는 데 초점을 맞춘다. 종이책은 전자책으로, 종이 앨범은 전자 앨범으로, 아날로그 음성도 디지털 음성으로, 아날로그 영상도 디지털 영상으로 환원한다. 이제는 여기서 더 나아가 인간 영혼을 기억으로 규정하고, 개인 기억을 디지털로 변형, 백업하여 불사의 영혼으로 사는 것을 꿈꾼다.[14]

디지털 세계관은 거기서 끝나지 않는다. 이제는 AI를 통해 지구상의 모든 지식을 다 하나의 컴퓨터에 저장, 통합하여 하나님의 전지성에 도전한다. 디지털 세계관은 이제 일상의 모든 영역이 사이버 공간에서 가능해진다고 설득한다. 회사에 출근하지 않고 가상공간에서 업무를 본다. 학교나 학원 수업, 쇼핑과 영화 관람, 사람들과의 만남, 더 나아가 예배도 가상공간에서 점차 가능해진다. 이제 숫자는 날마다 창조의 범위를 넓혀 가는 만물의 근원이 되고 있다.

문제는 숫자로 구성된 공간을 인간이 창조했기 때문에, 이 공간에서는 프로그래머가 '하나님'의 자리를 찬탈한다는 것이다. 그 안에서 하나님의 창조 질서와 법은 프로그램을 개발하고 운용하는 사람의 주권에 의해 왜곡된다. 동성애를 비롯한 각종 음란 행위, 살인, 폭력, 신성 모독이 합법화된다. 디지털 공간에서는 하나님께서 정하신 중력 법칙 같은 자연 법칙까지도 얼마든지 거스를 수 있다. 누구나 모세처럼 바다를 둘로 가를 수 있다. 디지털 세계는 하나님의 법이 통용되는 곳이 아니다. 디지털 세계를 창조한 프로그래머가 창조주로 행세한다. 그리하여 그들은 감히 "하나님은 세상을 창조하였으나, 인간은 가상공간을 창조했다"라는 망언을 서슴지 않는다. 디지털은 단순히 편리함과 즐거움을 위한 문명이 아니다. 하나님의 권위에 도전하는 새로운 형태의 바벨탑이라고 할 수 있다. 이것이 디지털 세계관의 본질이다.

아날로그 세계관

이제 아날로그 세계관에 대해 살펴보자. 아날로그는 자연적 신호를 그대로 나타내는 것을 의미한다. 이런 차원에서 아날로그 세계관은 하나님께서 창조하신 피조 세계를 인위적으로 가공하지 않은 것이라고 할 수 있다. 그러므로 아날로그 세계관은 기본적으로 창조주를 존중하는 것에서 출발한다. 그럴 수밖에 없다. 왜냐하면 아날로그 세계에서는 하나님의 통치와 법이 주관하기 때문이다. 아날로그 세계에서는 불신자들조차 하나님을 부인할 수 없는 하나님을 알 만한 것이 그들 속에 보이도록 되어 있다. 하나님은 피조 세계에 "그의 보이지 아니하는 것들 곧 그의 영원하신 능력과 신성이 그가 만드신 만물에 분명히 보여 알려"지도록 하셨다. 그리하여 불신자라 하더라도 하나님을 모른다고 도무지 핑계하지 못하게 하셨다(롬 1:20). 아날로그 세계에서는 하나님의 영원하신 신성이 만물에 그대로 드러나게 되어 있다. 이것을 우리는 '일반계시'라 한다. 그러나 타락한 인간은 어찌하든지 자연 만물 속에서 계시하시는 하나님의 영광을 왜곡하려 애쓴다. 이런 일반계시에 대한 왜곡의 또 다른 도전이 디지털 세계관이라고 본다. 이에 대해 칼빈이 《기독교 강요》에서 언급한 말은 그 궤를 같이한다.

> 인간이 하나님을 알만한 신성을 내부에 감추는 방식으로 '그들이 하늘로부터 받은 것을 자신의 소유로 귀속시켜 버리고, 하나님을 분명히 볼 수 있도록 그들의 마음을 밝혀주는 것을 땅 속에 묻어 버리며 … 그들은 하나님을 옆으로 제쳐놓고, 그 은폐 수단으로써 만물의 고안

자를 '자연'으로 대치시킨다.[15]

디지털 세계관은 일반계시를 왜곡하지만 아날로그 세계관은 하나님의 섭리가 작용하는 것을 전제로 한다는 점이 중요하다. 하나님의 섭리란 무엇인가? 보존과 통치와 협력이다. 다시 말해서 아날로그 세계관은 하나님께서 모든 피조 세계의 협력 사역을 통해 보존하시고 통치하신다는 말이다. 그 안에서 선하심과 지혜로우심과 사랑과 능력과 거룩함 같은 하나님의 영광이 나타난다. 하나님의 피조세계는 사소해 보이는 모든 것까지도 하나님의 영광을 드러내는 것이므로 어느 것 하나도 소홀히 할 수 없다. 우리가 소위 아날로그라 부르는 하나님의 피조 세계는 하나님의 영광의 반영이다. 이와 반대로 디지털은 하나님의 영광을 보여 주는 것 같지만 보존과 통치와 협력을 인간 프로그래머가 자신의 방식대로 왜곡한다. 이 왜곡을 통해서 사람들은 점차 하나님을 멀리하게 되고 하나님께 대한 신적 감각이 점차 무뎌지게 된다. 그러므로 우리 기독교는 디지털 세계관이 점점 확산되는 상황에서 교회는 어떻게 하든지 아날로그 세계관을 세상에 빼앗기지 않고, 더 활성화하도록 지혜를 짜내야 한다. 아날로그가 일반계시로서 역할을 하도록 창조된 것이라면, 디지털은 일반계시를 왜곡하는 첨병이 된다.

헬라 철학의 교회 침투

오늘날 교회 안에 계속 들어오는 디지털은 편리함을 주고 업무를 단축시키며 효율성을 극대화시키는 과학기술이라고만 볼 수는 없다. 앞에서 언급한 것처럼 디지털은 헬라 철학이 교회 안에 침투해 들어오는 일종의 트로이 목마 역할의 세계관으로 가득하다는 경계심을 품어야 한다. 그러므로 교회 안에 디지털 기술을 받아들이되 신중하게 고려하고 선별적으로 사용하는 태도를 견지해야 한다. 중세 로마 가톨릭에 헬라 철학이 들어와 신학을 잠식했던 사실에서 교훈을 삼아야 한다.

잘 아는 것처럼 로마 가톨릭으로부터 종교개혁이 일어나 프로테스탄트가 탄생한 것은 단순히 도덕적 문제나 몇 가지 신학적 의견 차이 때문이 아니었다. A.D. 313년 밀라노 칙령과 함께 헬라 종교와 철학이 기독교 안으로 들어오게 됨으로 로마 가톨릭은 더 이상 기독교라고 볼 수 없는 상태가 됐기 때문이다. 로마 가톨릭 신학은 아우구스티누스 신학과 함께 헬라 철학을 뒤섞음으로 이방 종교가 되고 말았다. 그리하여 로마 가톨릭은 더 이상 기독교라고 할 수 없는 헬라 철학 종교가 되고 말았다. 초기에는 아리스토텔레스 철학과 아우구스티누스의 신학에 조화를 이루어 보려 했으나 철학이라는 하층부는 점차 은총이라는 상층부를 잠식하고 말았다. 그것이 바로 로마 가톨릭의 실체다.

이런 사실을 상징적으로 보여 주는 것이 바로 시스티나 성당 천장에 그려진 벽화다. 이 벽화는 르네상스 최고의 천재 화가 미켈란젤로의 작품이다. 미켈란젤로는 자신의 철학을 담아 성당 천정에 프레스코로 〈천지창조〉를 그렸다. 이 그림을 주목해 보면 하나님과 아담이 닿을 듯 말듯 손가락을 맞대고 있다. 사람들은 이 그림에서 인간과 하나님의 손가락이 닿지 않았다는 사실에 모종의 의미를 부여하려 애쓴다. 물론 거기에도 의미가 없는 것은 아니다. 그러나 그것보다 이 그림에서 더 심각한 신학적이고도 철학적인 문제에 집중해야 한다. 아담의 얼굴이 그리스 신화에 등장하는 태양 신 아폴론으로 그려지고, 하나님의 얼굴이 그리스 신화의 제우스 얼굴로 그려졌다는 점이다. 외연은 성경의 소재를 사용하고 있으나 내포는 헬라 철학을 그대로 담고 있다는 말이다. 이 사실은 로마 가톨릭이 더 이상 기독교가 아니라 헬라 철학 종교, 다시 말해서 그리스 신화가 다른 방식으로 탄생한 종교라는 말이다. 이것이 토마스 아퀴나스의 신학이기도 했다.

로마 가톨릭의 신학이 헬라 철학에 잠식된 종교가 됐다는 사실은 바티칸의 서명의 방에 그려진 그림에서 더 선명하게 볼 수 있다. 서명의 방은 라파엘로의 그림으로 가득하다. 라파엘로는 네 벽면에 각각 철학, 신학, 법, 예술을 상징하는 그림을 그렸다. 철학을 상징하는 그림은 그 유명한 〈아테네 학당〉이고, 신학에 해당하는 그림은 〈성체 논쟁〉이라는 그림이다. 법에 해당하는 그림은 〈정의〉 그리고 예술에 해당하는 그림은 〈파르나소스〉다. 놀랍게도 이 네 그림은 모두 헬라 철학을 그대로 담고 있다.

이 네 그림 가운데 두 그림, 〈아테네 학당〉과 〈성체 논쟁〉만 언급해도 로마 가톨릭의 신학이 얼마나 철저히 헬라 철학에 잠식돼 있는지 알 수 있다. 먼저 〈아테네 학당〉 그림을 보자. 그 그림의 중심에는 우리가 너무도 잘 아는 두 철학자가 서 있다. 한 명은 플라톤이고, 다른 한 명은 아리스토텔레스다. 플라톤은 손가락을 위로 향하면서 이데아(Idea)를 보여 준다. 반면 아리스토텔레스는 손바닥을 아래로 펼치면서 보편자를 보여 준다. 그리고 이 두 사람 주변에 수많은 철학자들이 서 있거나 앉아 있다. 그들의 행동을 보면 두 사람

중심으로 있는 사람들이 어떤 철학자인지 쉽게 알 수 있다. 라파엘로가 이렇게 그림을 그린 것은 당시 모든 철학자들이 결국 플라톤과 아리스토텔레스의 주석 역할을 한 것뿐이라고 말하는 것이다. 모든 철학은 플라톤과 아리스토텔레스의 영향 아래 있다는 말이다.

이 그림을 염두에 두고 맞은편에 있는 라파엘로의 또 다른 그림 〈성체 논쟁〉을 보아야 한다. 이 그림은 천상과 지상으로 나누어져 있다. 철학적으로 말하면 상층부와 하층부로 나뉜 것이라고 할 수 있다. 상층부에 해당하는 구름 위에는 천상 세계가 펼쳐져 있다. 천상의 중심에는 수직으로 성부와 성자와 성령이 위로부터 아래로 그려져 있다. 그리고 성부와 성령 사이에 계신 성자의 왼편에는 마리아가, 오른편에는 세례 요한이 앉아 있다. 마리아와 세례 요한을 중심으로 좌우에는 선지자들과 사도들이 앉아 있다. 이 구도는 플라톤과 아리스토텔레스를 중심으로 좌우에 철학자들이 있었던 모습과 동일한 구도를 이룬다. 그런데 하층부에 해당하는 구름 아래도 동일한 구도가 나타난다. 성체를 중심으로 좌우에 교부들과 역대 교황들이 있다. 성체는 천상(상층부)의 성부와 성자와 성령과 짝을 이룬다. 그 이유는 이 그림이 가톨릭의 '화체설'을 설명해 주고 있기 때문이다.

가톨릭의 성찬식은 성부와 성자와 성령이 실제로 빵이 됐다는 메시지를 담고 있다. 그리고 그 성체를 중심으로 교부들과 교황들이 존재할 수 있었다고 설명한다. 그런데 이 설명을 신학이 아니라 철학으로 한다. 〈아테네 학당〉이 〈성체 논쟁〉 맞은편에서 해설서 역할을 한다. 〈아테네 학당〉에서 플라톤이 손을 위로 향한 것은 〈성체 논쟁〉에서 천상의 상황을 설명해 준다. 반면 아리스토텔레스가 손바닥을 아래로 향한 것은 〈성체 논쟁〉에서 하층부의 성체와 그 주변 교부와 교황들로 짝을 이룬다. 〈천지창조〉처럼 외연은 성경을 소재로 삼고 있으나, 내포된 개념은 헬라 철학임을 보여 준다. 가톨릭 신학은 성경으로 해석하고 체계화한 것이 아니라, 헬라 철학으로 해석하고 체계화한 것이라는 뜻이다. 가톨릭 신학은 이런 식으로 그리스 종교화되었다.

디지털의 교회 침투

앞서 언급했던 것처럼 디지털 문화는 단순히 첨단 과학이나 편리함이 아니다. 디지털 문화에 담긴 세계관에는 궁극적으로 만물의 근원은 '수'라는 피타고라스의 신앙이 내포되어 있다. 디지털 세계관은 놀라울 정도로 아날로그 세계관을 침탈하고 있다. 이것은 중세에 기독교의 외연을 사용해 헬라 철학이 교회를 점령했던 방식과 다르지 않다. 만물의 근원을 수로 여기는 디지털 세계관은 아날로그의 외연을 그대로 가져와 그 정신을 디지털로 교체하고 있는 중이다. 그래서 아날로그 종이를 전자 종이로, 아날로그 교실을 디지털 교실로, 음성이나 영상이나 이미지 모든 것을 다 아날로그에서 디지털로 전환하고 있는 것이다. 그리고 작금에 와서는 사람들의 기억을 디지털로 변환시켜 영생을 꿈꾸고 있는 상황이다.

이런 상황에서 나오는 신종 용어가 바로 '트랜스휴머니즘'(Transhumanism)이다. 이 용어는 디지털이 아날로그를 완전히 잠식할 날이 멀지 않았음을 알리는 신호탄과 같다. 충격적인 사실은 이렇게 디지털과 아날로그 인간의 혼합을 통해 피에르 테일라

르 드 샤르댕(Pierre Teilhard de Chardin)[16]이 결국 인류와 신이 결합되는 호모 데우스, '오메가 포인트'에 도달할 것이라고 믿었다는 것이다.[17] 디지털에 의한 무시무시한 잠식과 관련하여 《사피엔스》라는 책으로 잘 알려진 이스라엘의 역사학자 유발 하라리(Yuval Noah Harari)는 디지털 기술을 통해 "짐승 수준의 생존 투쟁에서 인류를 건져 올린 다음 할 일은 인류를 신으로 업그레이드하고, 호모 사피엔스를 호모 데우스로 바꾸는 것"[18]이라고 주장했다. 마크 오코넬은 디지털에 의한 트랜스휴머니즘 프로젝트의 목표를 다음과 같이 밝혔다.

> 그들의 신념은 노화로부터 죽음을 해방할 수 있고 해야 하는 것이다. 몸과 마음을 증강시키기 위해 (디지털) 기술을 사용할 수 있고 해야 한다. 마침내 우리를 더 높은 이상으로 재창조하도록 스스로를 기계와 융합할 수 있고 해야 한다.[19]

작금의 현상을 보면서 우리는 철학이 신학(은총)의 영역을 잠식함으로 기독교를 헬라 철학 종교로 만들었던 로마 가톨릭을 반추하게 된다. 이제 동일한 논리로 숫자로 아날로그를 재창조하는 모습을 보게 된다. 성경의 창조주 하나님은 말씀으로 아날로그 세상을 창조하셨다. 그런데 인간은 이제 '수'를 만물의 근원으로 규정한 후, 아날로그 세상을 수로 재창조하여 '호모 데우스'가 되려 한다. 불편한 점은 이 디지털 세계관이 궁극적으로 '수'를 만물의 근원으로 삼아 새로운 방식의 교회, 다시 말해서 '트랜스처치즘'(Transchurchism)에 도전하는 듯 보인다는 점이다. 이 세계관에는 단순히 피타고라스의 숫자 숭배 세계관만 작용하는 것이 아니다. 여기에 또 다른 세계관이 뒤엉켜 있다. 그것은 육은 악하고 영은 선하다는 플라톤주의 이원론과 육체로부터 영혼의 해방을 추구하던 신플라톤주의 세계관이다. 아날로그 세계는 유한하고 시간과 공간의 지배를 받기 때문에, 어찌하든지 아날로그 세계로부터 벗어나야 한다는 사고는 플라톤주의 이원론이나 신플라톤주의의 '육체로부터의 해방'이라는 철학과 일치한다. 그러므로 존 그레이는 《일곱 종류의 무신론》(Seven Types of Atheism)에서 "현대의 무신론은 대상이 다를 뿐이지 또 다른 일신론의 연속이다. 인문학, 과학, 기술 및 완전한 트랜스휴머니즘이 끊임없이 신의 대리자를 자처했다"[20]라고 말했다. 그는 이러한 양상을 악한 육체에 갇힌 영혼의 해방을 원했던 고대 이단 분파 중 하나였던 영지주의의 부활로 보면서 "오늘날의 영지주의는 스스로 기계가 돼야 한다고 여기는 신념이다"라고 한다.[21]

여기서 필자는 디지털이 무조건 악하다는 이원론적 방식으로 몰아가려는 것이 아니다. 디지털도 결국은 하나님의 피조물 가운데 하나라는 점을 잊지 않고 있다. 디지털 자체는 가치중립적이다. 해도 되고 하지 않아도 되는 아디아포라의 영역이라는 것이다. 그러나 가치중립적이기 때문에 더 조심성을 요구한다. 바울의 표현처럼 형제의 신앙에 해를 끼칠 경우 평생 고기를 먹지 않겠다는 마인드로 아디아포라 영역을 바라보아야 한다. 이런 관점에서 디지털이 어떻게 교회 교육에 잠식해 들어오며, 어떻게 디지털 세계관에 잠식되지 않는 한도 내에서 성경적 세계관을 위한 활용 수단으로 적절하게 사용할 것인지 생각해 보아야 한다.

이 시대의 교회들은 점차 디지털 장비를 교회에 들여오는 일에 무장해제된 것처럼 보인다. 다른 교회와 비교하면서 최고의 디지털 장비를 경쟁적으로 교회에 이식하기 위해 열심이다. 디지털 장비는 사람들에게 환상적인 영상과 음악을 제공하며, 편리함을 제공한다. 그 결과 무겁고 귀찮은 종이 성경과 종이 찬송가가 예배 시간에 사라지고 있다. 더 나아가 코로나19가 전 세계를 강타하면서 사람들은 건강의 안전을 위해 비대면 예배라는 디지털 예배를 추구하기 시작했다. 사람들은 더 이상 감염의 위험을 감수하거나 사람들과의 인간관계에 스트레스 받아 가며 모이지 않아도 예배를 드릴 수 있다고 생각하게 되었다. 비대면 예배는 교회에 출석함으로 감수해야만 하는 여러 번거로움을 해결할 수 있는 편리한 수단이 되고 말았다. 이런 상황에서 교회들은 공예배 실황을 앞다투어 최대한 세련된 방식으로 송출하려 한다. 그 결과 교회가 사람들에게 편리를 제공하고, 공예배를 불편하게 여기는 회중들은 공예배 시간에 맞춰 인터넷을 열어 스마트 TV나 스마트폰 혹은 VR을 통해 예배하면 된다고 생각하는 사람들이 점차 늘어났다. 바야흐로 교회는 디지털과 융합된 트랜스휴머니즘의 시대에 트랜스처치즘으로 도약하고 있는 것이다.

교회는 이런 현상에 저항해야 한다. 트로이 목마처럼 들어오는 디지털 세계관을 주의하면서 디지털 기술만 사용하는 법을 익혀야 한다. 뱀처럼 지혜롭고 비둘기처럼 순결할 수 있도록 지혜를 구해야 한다. 디지털 기술을 사용하되 본질을 상실하지 않아야 한다. 이런 과정을 통해서 교회는 세상에 끌려가기보다 세상을 주도하는 하나님의 지혜를 드러내게 된다.

그러면 어떻게 디지털 기술을 사용하면서도 세계관에 휩쓸리지 않을 것인가? 이를 위해서 본질과 비본질을 잘 분별하여 사용해야 할 것이다. 우리는 섭리 교리를 잘 묵상하고 적용해야 한다. 앞에서 언급했던 것처럼 섭리의 요소는 보존과 통치와 협력이다. 여기서 협력을 잘 이해하고 적용해야 한다. 예를 들어서 하나님은 인간이 약을 만들어 사용하는 것을 정죄하지 않으신다. 왜냐하면 하나님은 약을 통해서 인간의 병을 치료하시기 때문이다. 이것이 바로 협력 교리의 적용 방식이다. 그러나 하나님은 우리가 약을 과신하는 것을 경계하신다. 약을 맹신하는 것은 섭리의 원리에서 벗어난다. 본질은 하나님께서 치료하신다는 것이며 약은 수단에 불과하다는 것이다. 마찬가지로 디지털 기술은 그 자체로 가치중립이며, 디지털 기술을 사용하되 하나님의 영광이 드러내는 협력의 수단으로 제한되어야 한다. 그러면 이것을 어떻게 우리 교회 교육에 적용할지 생각해 보자.

아날로그 교회 사역의 실제

아날로그 교회 사역은 석기시대로 돌아가자는 뜻이 아니다. 종교개혁자들이 추구했던 것처럼 본질을 회복하자는 것이다. 교회 사역에 무조건 디지털을 배제하자는 것이 아니라 디지털이 교회 교육의 부수적 수단 정도로 머물러야 한다는 것이다. 위험한 것은 '디지털 세계관'이지 '디지털 기술'이 아니다. 이는 마치 우상에게 드려진 음식 자체가 죄가 아니라, 우상에게 드려진 음식을 먹는 의도가 죄인지 아닌지를 결정한다는 것과 같은 원리다. 이것을 '아디아포라'라고 했다. 아디아포라에서 주의해야 할 점은 무엇인가? 신중함과 조심성, 이웃의 양심에 대한 사랑의 배려다. 예를 들어서 술을 먹어도 되고 먹지 않아도 된다고 해서 우리의 양심에 자유를 준 것은 아니다. 술을 먹을 것인가 말 것인가를 결정하는 것은 먹는 나의 양심이 아니라, 술 먹는 나를 바라보는 상대편의 양심이다. 마찬가지로 이 관점에서 본다면, 아날로그 세계관을 추구하는 교회가 디지털 기술을 사용한다고 할 때 성도들의 영적 유익이라는 차원에서 엄격하게 절제되어야 한다. 그러면 디지털 시대의 아날로그 교회 교육 실제를 살펴보자. 필자가 목회하는 교회 사역을 소개함으로 아날로그 목회사역의 실제적 성과도 나눠 보고자 한다.

아날로그 주일 선포

전 세계 유대인 회당은 지금도 안식일에 디지털 기계를 사용하지 않는다. 적어도 일주일에 하루는 세상 문화에 금식한다는 것이다. 유대인들은 안식일마다 세상과 구별된 생활을 통해서 그들의 신앙을 보호한다. 마찬가지로 그리스도인들이 이렇게 주일을 성수하는 것은 큰 유익이 된다. 오늘날처럼 스마트폰 중독이 심각한 사회에서 주일 하루 스마트폰 사용을 금하고, 성도가 대화와 기도와 종이책으로 경건한 하루를 보내는 것은 경건에 큰 유익이 된다. 칼빈은 일주일에 하루 일상적 일을 중단하는 것은 죄의 연속적 사슬을 끊는 유익이 있다고 가르쳤다. 이런 차원에서 그리스도인들이 주일 하루를 스마트폰을 비롯한 디지털 장비 사용을 최대한 금하는 디지털 금식일로 삼는다면 처음에는 불편을 느끼지만 시간이 지나면 좋은 반응을 보인다. 그러나 그렇다고 해서 교회 안에서 사용해야 할 기본적 디지털 장비를 다 금하는 것은 아니다. 음향 장비, 어느 정도의 컴퓨터 사용은 필요하다. 핵심은 디지털 기술을 금하는 데 있는 것이 아니라, 디지털 기술로 인해 발생하는 자기 부인, 성도들 간의 교통을 최대화하는 데 있다.

필자의 교회는 매주 주일마다 스마트폰 사용을 금한다. 가능하다면 스마트폰을 교회에 가져오지 않도록 한다. 내비게이션 용도 혹은 회사 업무 같은 불가피한 사정이 있다면 진동이나 무음으로 휴대하도록 한다. 이렇게 하면 스마트폰에 의한 예배 방해가 거의 발생하지 않는다. 그리고 스마트폰을 굳이 사용하더라도 되도록 사람들 눈에 보이지 않는 장소로 이동하여 사용하도록 한다. 이렇게 하면 표면적으로는 아무도 스마트폰을 사용하지 않는 효과를 볼 수 있다. 스마트폰이 주는 공해로부터 하루는 자유로워진다. 이런 풍토는 주일 교회 문화에 좋은 분위기를 조성한다. 성도들이 주일에 주로 대화나 독서를 한다. 한편에서는 잠을 자기도 한다. 그 결과 우리 교회는 토론 문화가 정착되고, 휴식을 취함으로 영혼과 육신의 안식을 얻었다. 아이들은 가까운 공원에 가서 아날로그 방식의 놀이를 통해 더 친숙해진다.

흥미로운 점은 이런 분위기가 정착되자, 부모를 따라 처음 교회에 온 아이들도 금방 변화를 받아들였다는 것이다. 교회에 와서 혼자 한쪽에 앉아 스마트폰만 보던 아이들이 몇 주 지나면서 아날로그 방식으로 노는 아이들과 금방 친해지고, 스마트폰 없이 노는 데 익숙해진다. 이런 과정을 통해서 스마트폰 중독으로부터 많은 유익을 얻게 된다.

아날로그 예배 회복

디지털에서 벗어나 아날로그를 더 강화시켜야 할 부분은 예배다. 오늘날 상당수 교회들은 경쟁적으로 현란한 디지털 장비를 사용하는 실정이다. 디지털 장비를 더 많이 사용하는 교회가 세련되고 시대를 앞서가는 듯 보인다. 대형 스크린과 빔 프로젝트도 이젠 구형이 되었다. 어느 정도 재정 능력이 되는 교회들은 수천만 원을 호가하는 대형 스크린으로 강대상 뒷벽을 가득 채운다. 찬양을 할 때마다 가사뿐 아니라 화려한 영상으로 눈을 황홀하게 한다. 예배가 아니라 일종의 극장 공연을 보는 듯한 느낌을 갖게 한다. 이렇게 디지털로 모든 것을 채우면서 상당수 교회에서는 더 이상 성경이나 찬송가를 가지고 올 필요를 느끼지 않는다. 예배 장비가 회중에게 온갖 편리를 제공하기 때문이다. 작금의 예배를 바라보면서 예배받으시는 대상이 회중인지 하나님인지 혼란스럽기까지 하다. 예배를 받으시는 분이 하나님이시라면 회중의 편리와 만족에 초점을 맞춘 예배가 아니라, 하나님께서 요구하시는 예배, 자기를 부인하고 하나님을 영화롭게 하는 예배가 되어야 한다. 그러나 작금은 사람들의 기분이 좋고, 편리가 최대한 제공되며, 회중들의 니즈가 최대한 충족된 예배가 좋은 예배로 취급된다. 토머스 왓슨은 "신적 예배는 하나님이 친히 정하신 것에 따라야 하고, 그렇게 되지 않으면 그것은 다른 불을 바치는 것이다"[22]라고 했다. 우리는 이런 선진들의 지적에 귀를 기울여야 한다.

문제는 이런 현상이 단순히 편리함과 세련됨을 추구한다는 의미가 아니라는 사실이다. 이런 현상은 디지털 세계관에 의한 트랜스

처치즘 흐름에 편승하는 것이다. 아날로그는 불편하고, 촌스러우며, 은혜가 덜 된다는 생각이 퍼지면서, 아날로그적 예배 형식은 디지털로 최대한 대체되어야 은혜롭다고 생각하는 것이다. 이는 앞에서 언급했던 마크 오코넬의 트랜스 휴머니즘 세계관이 동일한 방식으로 교회에 적용된 것이라고 볼 수 있다. 신플라톤주의적인 세계관이 녹아들어 있는 것이다. 그 결과 사람들은 점차 디지털이 주는 편리함과 화려함에 물들어 가면서 하나님을 예배하기보다, 자신의 눈과 귀와 감각을 예배하는 결과를 초래했다. 경건이 요구하는 자기 부인과 희생, 불편함 감수는 무너지고 육체의 욕구에 충실해지는 것이다.

이런 트랜스 처치즘 풍토는 성도들로 하여금 약간의 불편과 희생도 못 견디도록 길들인다. 이것은 "아무든지 나를 따라오려거든 자기를 부인하고 날마다 제 십자가를 지고 나를 따를 것이니라"(눅 9:23)라는 주님의 가르침과 정면충돌한다. 기독교 신앙은 자기부인이며, 비천이나 궁핍 가운데서도 자족할 줄 아는 일체의 비결을 터득하는 것이다. 이런 일은 일상의 모든 면에서 경건에 유익이 된다. 그러나 작금의 교회들은 디지털 기술을 사용하면서 점점 성경의 가르침과 반대 방향으로 간다.

문제는 이런 현상이 중세 로마 가톨릭의 세계관과 일맥상통한다는 것이다. 중세 로마 가톨릭이 화려한 건물과 성가대, 스테인 글라스를 통한 신비함 등으로 성령의 임재를 대치한 신비주의 모습과 다르지 않다. 종교개혁의 중요한 요소는 이런 인위적인 종교적 아름다움을 교회에서 제거하고, 말씀과 성령이 주는 신비를 회복하는 것이었다. 개혁자들은 교회 안에 하나님의 말씀이 정확하게 선포되고 성령의 임재가 가득하다면, 굳이 화려한 악기나 건물, 스테인 글라스가 필요하지 않다고 생각했으며 이런 생각은 적중했다. 그러나 이제는 디지털 기술을 통해 이런 현상이 교회 예배에 들어오고 있다. 디지털을 통한 신비주의가 말씀과 성령의 임재로 채워야 할 자리를 채우고 있다.

이런 환경을 개혁하기 위해 필자가 담임하는 교회는 할 수 있는 모든 것을 아날로그로 유지하려 한다. 예배 시간에 스마트폰 성경, 찬송을 금한다. 모든 예배 순서에 사용하는 악기들도 최대한 전자 악기를 멀리하고 아날로그 악기를 사용한다. 핵심은 아날로그 자체가 아니다. 공적 예배에 나타나야 할 말씀과 성령의 임재를 디지털로 채우려 하지 않고, 오로지 철저하게 준비된 말씀과 강력한 기도로 채우는 데 있다. 성령의 능력과 나타나심이 충만한 예배에는 디지털 기술이 거의 들어가지 않아도 충만함을 느낄 수 있다. 왜냐하면 예배의 본질은 성령에 임재로 가득한 말씀의 선포와 찬양과 기도이기 때문이다. 물론 디지털 장비 자체를 정죄하는 것은 아니다. 디지털 장비 자체는 아디아포라로 볼 뿐이다. 디지털적인 '세계관'[23]이 교회에 침투하는 것이 문제 될 뿐이다.

부모를 통한 신앙교육

교회 교육에서 디지털 시청각 교재 의존도가 점차 커지고 있다. 스마트폰으로 영상을 시청하고 다양한 디지털 장비에 아이들 신앙교육을 맡기면 더 편리하고 효율적으로 보인다. 물론 언급했던 것처럼 디지털 교재 자체가 악은 아니다. 가치중립적으로 보아야 한다.

그러나 디지털 교육 교재는 보조 수단으로 만족해야 한다. 디지털 기술이 아이들 신앙 교육에 절대적 위치에 있는 것처럼 생각하면 안 된다. 이런 디지털 기술에 너무 많은 시간을 투자하면서 기도와 말씀을 자꾸 등한시하는 풍토가 우려된다. 이렇게 되면 점점 화려해지고 자극적으로 바뀌지만 교육의 질은 떨어진다. 디지털 교육 교재가 아이들에게 처음에는 큰 호응을 주는 듯 보이지만 시간이 지나면 금방 싫증 낸다는 것이 분명하다. 왜냐하면 아이들은 교회에서 사용하는 디지털 기술보다 더 첨단 기술에 익숙해져 있기 때문이다. 그리고 더 핵심적인 사실은 인간은 기본적으로 아날로그라는 사실이다. 아날로그는 불편하고 촌스러워 보이지만 그 안에 친숙함과 따뜻함이 있다. 아이들은 여기서 더 강한 인상을 받게 된다.

아날로그 신앙 교육의 핵심은 교회가 아니라 가정이 되어야 한다. 가정이야말로 아날로그 세계관의 핵심이다. 디지털 세계관을 극복하는 전진기지다. 왜냐하면 가정은 하나님의 형상을 부모를 통해 볼 수 있도록 하나님께서 주신 가장 탁월한 시스템이기 때문이다. 하나님은 우리를 기본적으로 당신의 형상으로 창조하셨다. 그리고 남편과 아내 관계를 통해서 하나님과 교회의 신비가 나타나게 하셨다. 여기서 중요한 점은 '아버지'다. 아버지는 하늘에 계신 아버지를 바라보도록 주신 통로다. 하나님은 아버지를 통해서 하나님을 의식하도록 하셨다. 신관에 대한 인식이 아버지를 통해 전달되도록 하셨다는 말이다. 코넬리우스 반틸은 "모든 것 가운데 가장 기본적인 개념은 하나님에 대한 개념이다"[24]라고 했다. 그리고 하나님에 대한 개념을 놀랍게도 육신의 아버지를 통해 하늘 아버지를 바라보도록 하셨다. 이런 차원에서 자녀들의 신앙 교육에 최적의 공간은 가정이며, 특히 아버지의 역할이 중요하다는 것을 알 수 있다.

장로교는 태어난 지 얼마 안 되는 유아에게 세례를 준다. 유아 세례 집례자는 부모에게 자녀를 대신하여 믿음을 서약하도록 한다. 고린도전서 7:14을 근거로, 세례받은 유아가 부모의 믿음으로 거룩해진다고 한다.[25] 하나님은 우리 자녀들의 신앙이 교회 목회자들이 아니라, 부모를 통해서 전수되도록 작정하셨다. 가정은 신앙 교육을 위한 최고의 공간이다. 부모의 말과 행동과 가정의 분위기는 최고의 시청각 교재가 된다. 최고의 아날로그 교재다. 이 교육은 다른 어떤 디지털 장비로도 대체 불가능하다.

부모를 통한 신앙 전수는 구약과 신약 전체에서 강조하는 부분이다. 우리에게 쉐마로 잘 알려진 신명기 6:4-9 말씀은 부모로부터 신앙이 전수돼야 한다는 사실을 잘 보여 준다. 부모가 먼저 마음과 뜻과 힘과 지혜를 다 해서 하나님을 사랑하라고 가르친다. 그다음에 하나님을 사랑하는 모습을 일상의 모든 영역에서 자녀들에게 본을 보이라고 한다. 그리고 더 나아가 가정의 문화가 하나님을 경외하는 문화가 되도록 만들라고 가르친다. 이것이 쉐마의 핵심이다.

신약에서도 바울은 디모데의 신앙이 "먼저 네 외조모 로이스와 네 어머니 유니게 속에 있더니 네 속에도 있는 줄을 확신"(딤후 1:5)한다고 한다. 디모데의 신앙은 목회자에 의해 교회에서 전수된 신앙이 아니다. 가족들에게서 위로부터 전수된 결과였다. 신앙이 교회 목회자나 교사가 아니라 부모와 가족에게서 전수된다는 근거는 구약과 신약 전체에 차고 넘칠 정도로 많다. 이런 사실은 유대인들의 신앙 교육이나 무슬림들의 신앙 교육에서도 동일하게 찾아볼 수 있다. 전 세계에서 가장 강세를 보이고 있는 유대인들과 무슬림들의 신앙 교육 비밀은 바로 가정에 있었던 것이다.

부모를 통해 신앙이 전수되는 것은 필자가 섬기는 교회의 핵심이다. 교회 교육은 자녀들보다는 부모나 성인들 교육에 주로 초점을 맞춘다. 그리고 교회는 부모가 자녀들에게 신앙을 전수하기 위한 기본적 스킬을 제공한다. 성도들 간의 교제는 이 부분에 많은 초점이 맞춰져 있다. 비슷한 연령대의 자녀를 둔 부모는 서로 만나서 같이 기도하고 자녀 신앙 교육에 대한 간증과 정보를 공유한다. 그 안에서 부모의 신앙이 먼저 자라고, 자녀들의 신앙이 따라서 자란다. 정말 놀라운 점은 이런 아날로그 방식의 신앙 교육을 통해서 부모와 자녀 간에 세대 차이가 사라진다는 것이다. 부모 자녀 간의 세대 차이가 무너지면서 자동적으로 가족 간 유대 관계가 돈독해진다. 가정에서 아버지의 권위가 서고, 질서가 잡힌다. 이런 과정을 통해서 신앙 전수 공간인 가정은 말 그대로 안식처가 되어 간다.

전 세대가 하나의 신앙으로 교통하는 교회 만들기

예배의 세대 차이는 그 종교의 몰락을 의미한다. 부모와 자녀가 한 장소에서 같이 예배할 수 없다는 것은 이미 신앙의 전수가 불가능해졌다는 사실을 암시한다. 대다수 교회에서 부모와 자녀의 신앙에 대한 대화가 어렵게 됐다는 것은 이제 상식이 되어 버렸다. 그 원인은 모든 세대가 따로 예배를 드리기 때문이다. 모든 세대들이 각자 그 연령대에 맞춘 찬양과 시청각 교육, 설교, 프로그램을 운용한다. 이런 현상은 디지털 기술을 사용하느냐 여부를 떠나, 이미 디지털 세계관이 교회 안에 침투해 들어왔다는 사실을 보여 준다. 왜냐하면 디지털 세계관의 핵심은 사람의 본성을 거스르지 않으면서 쉽고 편하고 재미있게 복음을 받아들이도록 만드는 데 있기 때문이다. 그러나 이런 세계관을 수용할수록 교회에서 신앙의 세대 차는 점차 심화되며, 신앙의 세대 차이는 다음 세대의 몰락을 가져올 수밖에 없다.

필자가 섬기는 교회는 전 세대가 함께하는 예배를 모든 예배 때마다 진행한다. 갓 태어난 아기부터 어른들과 공예배에 참여하는 훈련을 시킨다. 모자실은 존재하지 않는다. 0세부터 어른들과 함께하는 공예배 적응 훈련은 매뉴얼[26]로 훈련된다. 부모는 자녀가 태어남과 동시에 자기 자녀를 어른들과 함께 예배할 수 있도록 훈련시킨다. 아이들이 갓 태어나서 어른들과 함께 공예배에 적응하는 기간은 길어야 세 달 정도면 충분하다. 이 매뉴얼은 다른 교회 성도들에게도 동일한 열매를 거두었기 때문에 상당수 부모들로부터 큰 호응을 얻고 있다.

이런 식의 교육이 너무 지나친 것처럼 보일 수 있지만 청교도들은 신앙 교육을 어린 시절에 할 때 효과가 높다고 보았다. 신앙 교육이 조기에 행해져야 하는 이유는 사탄의 공격이 유아기 때부터 시작되기 때문이다. 따라서 사무엘 윌라드는 "유아를 규제하려면 지체하지 말라. 그들이 한 마디라도 알아들을 수 있을 때, 신앙으로 교육하라"라고 했다.[27]

필자가 섬기는 교회는 전통적인 신앙 안에서 전 세대가 하나로 통합되는 데 초점을 맞춘다. 그렇기 때문에 새 신자가 들어오면 8주 동안 '사도신경'을 가르쳐서 우리가 믿는 신앙의 기본을 가르친다. 이 신앙고백을 가르친 후 목사와 중직자들 앞에서 신앙문답을 하고, 여기에 통과된 사람은 모든 성도들 앞과 하나님 앞에서 서약을 한 후에 정식 교인이 된다.

정식 교인이 된 후에는 모든 연령대가 함께 하는 팀 모임에 참석한다. 필자의 교회는 연령별로 수평 조직을 만들지 않고 수직으로 조직을 만든다. 주일학교는 1학년부터 6학년까지 같이 교리를 배운다. 중고등부도 수직으로 연령을 분포시켜 교리를 배우도록 한다. 예배 후 모이는 팀 모임도 19세 청년부터 60대 어른들과 수직으로 분포시켜 팀을 조직한다. 이런 모습은 대다수 교회가 또래별로 모여 침목을 다지는 것과 다르다. 친목이 아니라 신앙 전수가 조직의 목적이기 때문에 모든 모임에 19세부터 60대까지 섞여서 구역 모임과 같은 팀 모임을 한다.

처음에는 저항이 많았지만 지금은 어른들부터 어린 청년들에게 신앙이 전수되는 자연스런 구도가 만들어졌다. 이런 개념이 예배에도 그대로 적용된다. 모든 세대가 한자리에서 예배하지 않는다면 전 세대가 하나의 신앙고백 안에서 하나가 될 수 없다고 본다. 모든 세대는 한 신앙 안에서 교통이 일어날 때 미래가 선명해진다. 그렇기 때문에 필자의 교회는 0세부터 모든 세대가 한 공간에서 예배를 드린다. 극복해야 할 부분이 많고 불편하지만 이것을 극복함으로 자연스럽게 신앙 전수가 된다. 이것이 바로 아날로그 세계관이다. 디지털 세계관이 잡음을 제거하여 필요한 결과치만 듣는 것이라면, 아날로그 세계관은 잡음을 다 수용하면서 결과치에 도달하는 방식이다. 이 과정 속에서 하나님의 거룩하신 속성과 섭리가 드러나고 성도들은 그 과정 속에서 성화를 맛보게 된다. 성경에서 하나님의 일하심은 이런 방식이셨다. 하나님은 홍해를 가르는 결과에만 의미를 두지 않으시고 홍해가 갈라지는 그 과정 안에서 당신의 보존과 통치와 섭리를 보여줌으로 영광을 드러내셨다. 디지털 세계관이 결과 중심적이라면, 아날로그 세계관은 과정을 중요하게 여기면서 결과를 추구하는 세계관이라고 할 수 있다.

대다수 목회자들은 아이들이 어른들과 같이 공예배를 드리면 예배에 방해가 될 것이라고 생각한다. 잡음을 일으키는 어린아이들을 공예배에서 제거하고 어느 정도 성인이 된 후 공예배에 참여하도록 하는 것은 전형적인 디지털 세계관이다. 아날로그 세계관은 잡음을 일으키는 아이들을 지속적으로 기도와 말씀으로 양육하여 어른들과 공예배에 참여하도록 만드는 데 초점을 맞춘다. 이 과정에 스트레스와 불편이 동반된다. 예배의 방해도 어느 정도 감수해야 한다. 또한 아이들이 어른들과 함께 예배를 드리면 어려운 설교를 제대로 알아들을 수 없는 기간이 있다. 그러나 이런 우려는 의외로 쉽게 해소된다. 그리고 이런 과정을 통해서 아날로그가 주는 따듯함과 은혜와 사랑이 채워지게 된다. 왜냐하면 이런 상황에서도 은혜로운 예배가 되려면 반드시 성령의 도우심을 의지해야 하기 때문이다.

분명하게 검증된 사실은, 아이들이 어른들과 공예배를 함으로 얻는 유익이 따로 하는 것보다 훨씬 더 크고 장점도 많다는 것이다. 왜냐하면 이렇게 예배하는 것이 성경의 가르침이기 때문이다. 예수님 당시에도 사람들은 어린아이들과 예수님의 말씀을 들으러 왔으며, 예수님도 "어린아이들을 용납하고 내게 오는 것을 금하지 말라 천국이 이런 자의 것이니라"(마 19:14)라고 가르쳤다. 그러면 아이들이 공예배를 같이함으로 얻는 유익은 무엇인가? 간략하게 제시하면 다음과 같다.

첫째, 어른들과 예배를 하면서 아이들이 예배의 경건한 분위기를 익히게 된다. 또래 아이들끼리 모여서 예배를 하는 경우, 예배의 모델을 볼 수 없으며 주변 어린아이들이 서로에게 영향을 준다. 그 결과 대다수 주일학교는 예배가 산만하고 떠들썩하다. 이런 분위기에서 자란 아이들은 학년이 바뀌어도 이렇게 예배하는 것을 당연하게 여긴다. 이렇게 자란 아이들이 연령이 되어 성인들과 함께 예배한다면 매우 낯설고 지루하게 여길 수밖에 없다. 이런 과정이 반복되면서 점차 흥미 위주의 예배로 전락할 수밖에 없다.

그러나 아이들이 처음부터 어른들과 공예배에 참여하게 된다면, 공예배는 경건해야 한다는 생각을 처음부터 당연하게 받아들이게 된다. 여기서 신앙의 아주 중요한 요소를 발견해야 한다. 아이들이 설교를 통해 성경의 가르침을 배우기 전에 예배의 경건한 분위기를 익히는 것이 선행되어야 한다는 사실이다. 경건한 자세를 먼저 익히지 않는다는 것은 말씀을 수용할 그릇을 준비하지 않았다는 것이다. 예배 분위기를 익히는 것은 말씀을 담을 그릇을 만드는 것이다. 따라서 경건한 분위기 안에서 하나님께 대한 경외심을 배우게 된다면, 아이들은 비로소 자신이 경외하는 분에 대한 지식을 자연스럽게 받아들이게 된다.

둘째, 어렸을 때부터 자연스럽게 어려운 성경적 용어를 익히게 된다. 대다수 성도들은 아이들이 믿음을 가지려면 그들이 알아들을 수 있는 쉬운 언어를 사용해야 한다고 생각한다. 어느 정도 맞는 말이다. 너무 어려운 말을 들으면 이해하기 어려운 것은 사실이다. 그럼에도 말을 처음 배우는 아이들은 모든 단어와 언어가 다 생소하다는 것도 염두에 두어야 한다. 아이들은 어떤 말을 듣더라도 새로 학습해야 할 대상으로 여긴다. 모든 말이 다 어렵게 여겨진다는 것이다. 이런 차원에서 어른들과 함께하는 예배의 설교가 어렵더라도 아이들은 시간이 지나면서 점차 익숙해진다.

놀라운 사실은 필자가 섬기는 교회의 아이들은 예배 분위기를 아기 때부터 익힘으로 어른들과 함께하는 예배를 지루하게 여기지 않는다는 사실이다. 그리고 예배 가운데 선포된 어려운 표현은 공기처럼 자연스럽게 아이들에게 흡수된다. 그 결과 아이들은 공예배에서 사용하는 신학 용어에 익숙해진다. 어려운 용어에 익숙해지면서 사고의 깊이도 다른 아이들과 차별화된다. 조금씩 설교를 알아듣기 시작하면 글씨를 배우기 전부터 그림으로 설교를 기록한다. 이렇게 설교를 기록하다가 글을 배우면 초등학교 저학년 때부터 설교를 기록하게 된다. 어쩌다 하나씩 귀에 들어오는 말씀이 있으면 부모에게 질문을 던지고, 부모는 그 질문을 기록해 두었다가 나중에 집에 가서 설명을 해준다. 이 과정을 거치면서 부모와 자녀 간의 신앙의 일체와 교통이 점차 이루어진다. 이것이 아날로그 세계관의 형식이다.

셋째, 부모의 예배 태도가 달라진다. 자녀들과 함께 예배를 함으로 부모는 자녀들에게 신앙의 본을 보이기 위해 긴장한다. 자녀를 둔 부모는 예배 시간에 설교를 듣고 아이들에게 설명해 주어야 하므로 설교에 더 집중한다. 그리고 자녀들 앞에서 최대한 경건한 모습으로 예배하려고 애쓰게 된다. 이렇게 주일 예배를 마친 부모는 자녀들과 그날 설교를 나누고, 자녀들이 그 말씀을 적용하도록 도와준다. 부모와 자녀가 함께하는 예배는 이런 차원에서 일석이조의 효과를 볼 수 있다.

가정에서의 신앙고백서 교육과 아날로그 교재

앞서 언급한 것처럼 아날로그 세계관의 정점은 가정이다. 신앙 교육의 최고 사역지는 교회가 아니라 가정이다. 이런 사실을 염두에 둔다면 교회에서 해야 할 일은 무엇보다 가정 예배의 회복이다. 1620년 메이플라워호를 타고 신대륙으로 이주했던 청교도들이 신앙의 전수를 위해 중요하게 여겼던 것 가운데 하나가 바로 '가정 예배'였다. 윌리엄 퍼킨스는 가정에서 성도들이 이행해야 할 두 가지 의무를 소개했는데, "하나는 하나님께 대한 의무요, 다른 하나는 가정 자체에 대한 것이다. 하나님께 대한 의무는 하나님을 개인적으로 예배하며 섬기는 것으로 모든 가정에서 정착되어야 한다"라고 주장하였다.[28]

가정 예배를 언급할 때 부모가 고민하는 것은 어떻게 가정 예배를 드려야 하는가이다. 그 해답은 '신앙고백서'를 가르치는 것이다. 청교도들은 자녀들을 하나님의 말씀으로 교육하기 위해 매일 아침과 저녁으로 가정 예배를 드리며 신앙 교육을 실시하였고, 주일 예배가 끝나면 집에 돌아와서 자녀들과 주일 설교에 대해 토론하고 그 말씀을 삶에 어떻게 적용할 것인지 도왔고, 주일 오후에는 모든 식구들을 불러 모아 교리문답을 통해 기독교의 핵심 교리를 가르침으로 자녀들이 신앙 안에서 자라도록 하였다.[29]

교리문답 교육은 종교개혁자들이 신앙을 다음 세대에게 물려주기 위해 심혈을 기울여 작성한 것이다. 우리가 교리문답을 통해 자녀들에게 신앙 교육을 시켜야 하는 이유 중에는 신앙의 통일성 유지도 있다. 부모의 주관적인 신앙이 아니라, 기독교 신앙의 오랜 전통을 가르침으로 올바른 신앙을 전수할 수 있도록 한 것이다. 1660년경 매사추세츠의 청교도들도 인쇄된 14개 요리문답서를 사용하여 신앙 교육을 시켰다.[30] 우리나라 교회에도 많이 보급된 신앙문답서가 바로 웨스트민스터 신앙고백서다. 이 고백서를 가르친다면 디지털 세계관에 익숙한 자녀들에게 아날로그 세계관의 신앙을 심어 주는 데 매우 유익할 것이다.

이런 차원에서 교회는 부모들에게 자녀들의 신앙 교육에 필요한 교육과 방법론, 기도 모임, 신앙 교육 모임을 주선해 주는 방식으로 가야 한다. 매 주마다 부모들이 가정 예배를 하는 가운데 어려운 점이 무엇인지 나누고, 신앙고백서를 올바로 이해하기 위해 계속 배우며, 비슷한 연령대의 부모들이 자녀들을 위해 서로 기도해 줄 때 가정에서 신앙 전수에 큰 유익이 된다. 특히 이 과정을 통해서 여러 부모들이 신앙의 연대를 견고하게 형성하면서 교회 성장에 시너지를 주게 된다.

아날로그 세계관을 기반으로 한 히즈뷰 아카데미 운영

필자가 섬기는 교회는 자녀 양육을 위해 기독교 세계관 교육과 자녀 양육을 위해 히즈뷰 아카데미를 운영하고 있다. 기독교 세계관 교육은 오늘날 인본주의 세계관과 성경적 세계관의 차이를 알려 주고, 자녀들을 성경의 관점에서 바라보고 지도하는 안목을 제시한다. 그리고 자녀 양육 커뮤니티를 운영하면서 자녀 양육 관련 책을 지속적으로 읽고 생각과 경험을 공유하며, 매 주마다 자녀 양육을 위한 기도회를 가진다.

흥미로운 점은 이렇게 양육되는 과정을 통해 아이들이 정서적 일체성을 갖는다는 것이다. 교회 안에서 기독교 세계관을 기반으로 양육된 아이들은 서로의 갈등이 최소화된다. 아이들이 교회에 왔을 때 다른 아이들과 세계관이나 행동 방식의 갈등이 최소화되면서 아이들이 교회에 가는 것을 매우 즐거워한다. 교회에 가면 친구들로부터 스트레스를 받는 것이 아니라 행복해지기 때문이다.

여기서 아주 중요한 점을 발견해야 한다. 아이들이 교회에 가기 싫어하는 이유는 교육이 지루하기 때문이라기보다 교회 친구들과 갈등하기 때문이라는 사실이다. 대다수 교회에서 아이들이 교회 가기 싫어하는 이유는 단순히 교회 교육이 지루해서가 아니다. 아이들은 학교에 가는 것처럼 교회 교육이 지루하고 재미없어도 당연히 가야 하는 것으로 안다. 문제는 교회에서 만나는 친구들이다. 교회 교육이 지루한 것은 참을 수 있지만 교회 친구들과 만나서 싸우거나 갈등하고, 때로는 따돌림당하는 일을 견딜 수 없어서 가기 싫어하는 경우가 훨씬 많다. 이런 현상이 일어나는 이유는 가정에서 성경적인 방식으로 양육되기보다 각자 방식대로 양육된 아이들이 가득하기 때문이다. 물론 같은 방식으로 양육을 받은 자녀들도 갈등하고 다투는 경우가 종종 발생한다. 그러나 교회에서 일관적인 양육을 받은 아이들은 이 갈등이 깊어지지 않는다. 서로 같은 기독교 세계관으로 훈련된 부모들에 의해 양육된 아이들은 이런 문제들을 비교적 쉽게 해소하고, 도리어 성숙의 기회로 삼게 된다.

상당수 부모들이 자녀 양육과 신앙 훈련의 책임이 부모에게 있다고 배울 때 매우 난감하게 여기며, 교회 정착을 꺼리곤 한다. 그러나 이런 자녀 양육을 위한 세계관 교육과 자녀 양육 프로그램으로 만족스러워하는 부모를 보면 어렵지 않게 교회에 정착하려 한다. 특히 비슷한 연령대의 자녀를 둔 부모끼리 같이 공부하고 경험을 나누며 기도에 힘쓰면서 성도들 간의 연대감도 더 단단해진다. 요즘처럼 자녀 양육으로 고민이 많은 시대에 성경적인 세계관과 자녀 양육은 교회 성장에 큰 힘을 부여해 줄 것이다.

시대적 지혜

디지털 시대에 아날로그로 맞서 싸운다는 것은 어쩌면 다윗이 골리앗을 물맷돌 하나로 쓰러뜨리려는 시도처럼 무모하게 보일 수 있다. 대부분의 교회들은 디지털이 제공하는 화려함과 편리함 그리고 신비라는 매력적인 세계관에 얼마나 위험한 함정이 있는지 눈치 채지 못한다. 디지털 기술을 더 많이, 더 빨리 수용하는 것이 교회 성장과 신앙 성장에 급선무인 것처럼 생각한다.

그러나 디지털이 가지고 있는 세계관의 위험성을 염두에 두지 않는다면 디지털 기술을 함부로 받아들일 때 결국 교회가 무너지는 요인으로 작용한다는 것을 알아야 한다. 어렸을 때부터 TV나 스마트폰에 익숙해지면 팝콘 브레인이 된다고 한다. 팝콘 브레인은 뇌가 스마트폰 등 디지털 기기의 빠르고 강렬한 자극에 익숙해져 현실에서의 느리고 약한 자극에 무감각해지는 현상을 뜻한다. 교회도 마찬가지다. 지나치게 디지털 세계관에 의존하면 점차 팝콘 브레인 현상이 교회에 나타나게 된다. 과정을 중시하지 않고 결과만 중시함으로 교회의 경건과 신앙 전수, 하나님의 영광이 점차 퇴색된다.

디지털 세계관이 가져온 이런 부작용 때문에 사회에서는 아날로그로 돌아가자는 운동이 전개되기도 한다. 전자책보다 종이책을 선호하고, 전자 교과서 사용에 부모들이 반발하며, 디지털 악기보다 아날로그 악기나 진공관식 아날로그 음향 기기를 추구하기도 한다. 디지털이 주는 편리함이나 선명함도 좋지만, 디지털이 줄 수 없는 아날로그의 힘이 있다는 것을 사람들이 감지하는 것이다.

교회 교육도 이런 통찰에 집중해야 한다. 편리하고 맛있는 패스트푸드가 몸에 좋지 않은 것처럼, 디지털 세계관으로 교회 교육을 하면 유사한 부작용이 반드시 따르게 된다. 의식 있는 사람들이 슬로우 푸드를 선호하듯, 교회 교육의 100년 대계를 꿈꾼다면 이 세대의 흐름을 따르기보다 하나님의 선하시고 기뻐하시고 온전하신 뜻에 맞춰 정확하게 가는 것이 옳다.

마지막으로 다시 강조하고 싶은 것은 디지털을 단순히 기술로 보지 말아야 한다는 것이다. 디지털은 하나의 세계관이다. 피타고라스 철학과 신플라톤주의 철학, 더 나아가 실용주의 철학이 만들어 낸 결과다. 특히 디지털 세계관은 과정보다 결과와 효율성을 우선시하는 세계관이라는 차원에서 성경적 세계관과 큰 충돌이 있다는 점을 염두에 두어야 한다. 디지털 안에 내포된 세계관을 염두에 두지 않는다면, 비록 성경적 외연을 사용한다고 하더라도 교회는 점차 세상에 잠식될 것이다. 디지털 기술은 인본주의 세계관을 품은 트로이 목마로 작용할 수 있다. 사도 바울은 "누가 철학과 헛된 속임수로 너희를 사로잡을까 주의하라 이것은 사람의 전통과 세상의 초등학문을 따름이요 그리스도를 따름이 아니니라"(골 2:8)라고 경고했다.

이런 경고를 귀담아 들으면서 옛적 길을 찾아 교회 교육을 다시 세워 가는 지혜가 필요하다. 성경적인 예배관, 성경적인 가정관, 성경적인 자녀 교육관 등을 재발견하고, 특히 경건했던 시대의 교회 모습을 다시 복원하는 것이야말로 디지털 세계관으로 혼잡한 이 시대를 앞서가는 지혜라 생각한다.

기독교 세계관으로 조망하는 인공지능 리터러시 교육

함영주·김수환 교수
(총신대학교)

특이점(Singularity)의 시대를 살아가는 다음세대

　2005년 레이 커즈와일은 《특이점이 온다》에서 미래의 어느 시점, 특히 2045년경 인간의 지능을 훨씬 넘어서는 인공지능 출현과 고도로 융합된 기술로 인간이 가진 생물학적 한계를 뛰어넘는 시기가 올 것이라고 예측하면서 인간 사회의 급진적인 변화에 대하여 언급하였다.[1] 그로부터 약 20년이 지난 2024년, 그는 《마침내 특이점이 시작된다》에서 이미 특이점은 시작되었고 인공지능 기술이 이미 인간이 예상했던 발전 속도를 훨씬 앞서가고 있다고 주장한다.[2] 그는 이 책에서 특이점은 특정한 시점에 갑자기 찾아오는 것이 아니라 점진적으로 계속해서 진행되고 있다고 말하면서, 이미 현재화된 미래의 인공지능 기술이 우리 사회를 급격하게 바꾸어 놓을 것이라고 이야기한다.

그의 이러한 언급은 인공지능 발전이 상상 이상으로 빠르고 고차원적 수준에서 이루어질 것이며, 결국 인간 삶의 모든 영역에 중요한 영향을 끼치게 될 것임을 암시한다. 그런데 지적, 생물학적 초월을 가능하게 하는 이러한 인공지능이 발전할수록 인간에게 점층적으로 던져지는 고민은 '과연 이러한 기술을 어디까지 받아들일 수 있으며 어떤 관점으로 활용해야 할 것인가'이다. 특히 그리스도인으로서 과학기술을 활용한 인간의 지능과 생물학적 한계 확장을 어떻게 바라보아야 할 것인지 매우 중요한 고민거리를 안긴다. 인공지능이 인간에게 긍정적인 유익을 줄 수 있겠지만 그 이면에 자리잡은 '과학주의'라는 거대한 반기독교적 사상에 대해 그리스도인이 적절한 비평 없이 받아들이기는 어렵다.[3] 또한 인공지능을 활용한 다양한 기술들이 내포하고 있는 윤리적 문제들을 해결하지 않고서는 혁신적인 기술을 '무비판적으로' 받아들일 수도 없다. 그러므로 현 시점에서 무서운 속도로 발전해 가는 인공지능 기술에 대하여 성경과 기독교 세계관으로 조망하여 그리스도인에게 바른 관점을 제시하는 일은 매우 시급하고도 중요한 과업이다.

특히 기독교 세계관이 온전히 확립되어 있지 않은 다음세대에게 과학주의와 인공지능에 대한 기독교적 관점을 제시하는 것은 어떤 일보다 시급하다. 현대 사회의 시대정신인 포스트모더니즘과 포스트휴머니즘이 다음세대 학습자들에게 다양한 문화와 문명의 이기 형태로 침투하고 있기 때문에 이러한 사상들에 대한 적절한 관점을 형성시켜 주지 않는다면 다음세대의 건강한 성장을 기대할 수 없다. 특히 기독교 세계관으로 인공지능을 바라보는 관점을 형성시켜 주지 못한다면 성경의 최고 권위를 인정하고 삶의 기준으로 성경을 믿는 믿음은 점점 약화될 것이다. 이 점에서 인공지능을 이해하고 기독교적으로 해석하는 '인공지능 리터러시' 교육은 다음세대의 신앙 성장에 필수적인 과업이 될 것이다. 본 글에서는 개혁주의 기독교 세계관의 관점에서 인공지능을 어떻게 이해하고 활용할 것인지 알려 주는 '기독교 인공지능 리터러시'의 구성 요소와 그 내용을 기술하고자 한다.

기독교 인공지능 리터러시의 구성요소

기독교인을 위한 인공지능 리터러시 교육 체계는 비기독교인을 위한 교육 체계와 달라야 한다. 이 장에서는 기독교인을 위한 인공지능 리터러시 교육 체계를 개발하여 제안하고자 한다. 일반적인 인공지능 리터러시는 인공지능 이해, 인공지능 활용, 인공지능 윤리 영역 등으로 구성되어 있다.[4] 반면에 기독교 인공지능 리터러시는 각 영역별로 기독교 세계관에 입각해서 접근해야 하기 때문에 주요 영역은 유사하지만 세부 내용은 다르게 구성해야 한다. 따라서 본 글에서는 다음과 같이 설정하고 세부 내용을 제안한다.

표1. 기독교 인공지능 리터러시 영역과 내용 요소

기독교 AI 리터러시 영역	기독교 AI 리터러시 내용 요소	기독교 세계관적 조망
신앙적 인공지능 개념과 원리	인공지능의 개념	하나님의 형상
	기계학습의 원리	인격적 지식과 절대 진리의 추구
	생성형 인공지능의 개념	회복된 인간의 창조성
신앙적 인공지능 활용	신앙적 문제해결	문화명령
	기독교 콘텐츠 창작	하나님께 영광과 영혼 구원
	신앙적 사고와 분석	성령의 조명과 성경 중심적 사고
신앙적 인공지능 윤리	신앙적 주체성	성경적 행위주체성과 이웃사랑, 하나님 나라의 통치
	공동체적 책임감과 동역	청지기 의식, 하나님의 동역자
	사회적 영향	영적 분별력

인공지능의 개념

인공지능(Artificial Intelligence)은 사람이 만든 지능을 말한다. 사람이 지능을 만들려면 지능에 대해서 정의하고 지능을 만들 수 있도록 모델링(Modeling)해야 한다. 지능의 사전적 의미를 보면 "계산이나 문장 작성 따위의 지적 작업에서 성취 정도에 따라 정하여지는 적응 능력, 지능 지수 따위로 수치화할 수 있다"로 정의되나 지혜와 재능의 영역까지 포함하기도 한다.[5] 인간의 지능은 다른 동식물과 달리 언어 구사 능력, 물체 식별 능력, 문제 해결 능력, 논리적 추론, 학습 능력 등에 지능이 사용된다고 본다.[6] 그렇다면 인공지능이 인간처럼 물체를 식별하고 논리적으로 추론하고 문제를 해결하는 것일까? 기능적으로는 그런 작업을 수행할 수 있지만, 본질적으로는 그런 작업을 수행하는 것이 아니라 흉내를 내는 것이다.

인공지능은 1950년대 컴퓨터 과학자이자 수학자인 앨런 튜링(Alan Mathison Turing)의 주장에서 시작된다. 이어서 1956년 미국 다트머스에서 열린 학술회의에서 존 매카시(John McCarthy)가 처음으로 '인공지능'(Artificial intelligence)이라고 명명한다.[7] 인공지능의 개념은 발전 시기에 따라 조금씩 변하는데, 2020년 교육부 발표한 보고서에서는 "사람의 지적 활동을 컴퓨터를 통해 구현하는 기술"이라고 설명한다.[8] 즉 사람이 하는 판단, 의사결정, 예측 등과 같은 것을 컴퓨터를 통해서 만들어 내는 기술인 것이다.

인공지능은 컴퓨터에서 작동하는 지능적인 소프트웨어라고 볼 수 있는데, 소프트웨어는 컴퓨터나 각종 전자기기가 특정 작업을 수행하도록 지시하는 일련의 프로그램 집합을 말한다. 최근 인공지능은 주로 학습, 추론, 예측, 자연어 처리 영역 등에서 두각을 나타내는 소프트웨어라고 보면 된다. 인공지능의 기본 개념을 살펴보면 다음과 같다.[9]

- 학습 : 인공지능은 데이터를 통해서 학습한다. 학습한다는 뜻은 판별하거나 예측하는 모델을 만든다는 것이다. 예를 들어 개와 고양이를 구분하는 인공지능 모델을 만든다고 하면, 개와 고양이 사진을 대량으로 학습시켜 새로운 사진이 개인지 고양이인지 판별할 수 있게 된다는 것이다.
- 추론 : 인공지능은 데이터를 통해서 학습한 후 패턴을 찾아내

고, 찾아낸 패턴을 적용하여 결론에 도출하거나 새로운 상황에 적용한다. 예를 들어 사람들이 구입한 책의 특징, 저자, 분류 등의 정보를 종합하여 새로운 책을 추천하는 것이 여기에 해당된다.
- **예측** : 기계학습과 통계분석 방법을 활용하여 과거의 데이터를 통해 패턴을 찾아내어 미래의 사건, 행동, 결과 등을 예측하는 모델을 만든다. 재무, 마케팅, 의료, 기상 예측 등에서 주로 활용된다.
- **자연어 처리** : 자연어는 사람이 사용하는 언어를 말하며, 인공지능이 인간의 언어(자연어)를 분석하고 처리하며 생성할 수 있도록 하는 기술이다. 사람의 음성이나 텍스트 데이터를 분석하고 해석하여, 컴퓨터와 사람이 자연스러운 방식으로 소통할 수 있도록 돕는 것이 주요 목표이다.
- **생성** : 최근에 등장한 인공지능 모델 중 챗GPT와 같은 생성형(Generative) AI가 있다. 생성형 AI는 텍스트, 이미지, 오디오, 동영상 데이터를 입력(Input)하면 처리(Process)를 통해 새로운 텍스트, 이미지, 오디오, 동영상 결과물을 만들어 내는 (Output) 작업을 수행한다. 이 과정을 통해 세상에 없었던 산출물을 생성해 준다.

기독교 세계관으로 바라본 '인공지능의 개념' : 하나님의 형상

인공지능은 사람의 지능을 모방하여 사람이 만든 지능이다. 인공지능은 사람이 하는 것과 유사한 방식으로 인식, 학습, 추론, 계산, 생성을 한다. 인공지능은 인간의 인식 기능을 모방하며 인간이 입력한 지식과 정보를 기반으로 새로운 정보를 제공하거나 생성한다. 그렇게 생성된 자료는 인간의 삶에 많은 유익을 준다. 그러나 죄악 된 본성을 갖고 있는 인간의 형상을 따라 만들어진 인공지능은, 인간이 기대하는 것만큼 항상 선하고 옳은 정답을 출력해 줄 수 없으며 늘 오류 가능성을 안고 있다. 그러므로 인간이 인공지능을 활용할 경우 적절한 통제와 분별력을 갖고 활용해야 한다.

인공지능과 달리 인간은 하나님의 형상을 따라 지음받은 존재이다(창 1:26-27). 하나님의 형상으로 창조되었다는 것은 우리의 전인이 하나님을 닮았다는 것을 의미한다.[10] 칼빈은 인간의 의, 지식, 거룩함 등이 하나님의 형상을 반영하고 있다고 강조한다.[11] 그러므로 인간이 하나님의 형상을 따라 지음받았다는 것은 인간의 영적, 인지적, 사회적, 관계적 양상이 전인격적으로 하나님을 닮았다는 것이다. 물론 아담과 하와의 타락으로 인해 모든 인간이 죄에 물들어 있어서 인간이 학습하고 생성하는 지식과 정보도 당연히 왜곡될 수 있다. 그러나 예수 그리스도의 구속의 은혜로 하나님의 형상을 회복하고 성령의 열매를 맺을 수 있다. 따라서 인간이 하나님과 친밀한 영적인 관계성 속에서 학습하고 추론하고 지식을 생성한다면 그 자체로 '구속된 지식'이 되어 인간의 삶과 신앙생활에 유익을 줄 수 있는 도구가 될 수 있다. 따라서 인공지능을 활용하는 학습자는 인공지능이 가진 근본적인 한계를 인식하고 '구속받은 학습자'가 기독교 세계관의 관점에서 인공지능을 신앙적 관점으로 신실하게 활용하도록 노력해야 한다.

한편 인간의 형상인 인공지능이 학습하고 제공하는 지식은 통전적 지식(holistic knowledge)이 될 수 없다. 인공지능은 새롭고 신선한 정보를 생성하여 인간에게 제공해 줄 수 있으나 그 지식은 주로 인지적 측면에 한정되는 경우가 대부분이다. 인공지능 기술이 아무리 발전한다고 할지라도 인간의 영혼이 갈급해하는 문제에 대한 총체적인 해결책을 제공해 줄 수는 없다.[12] 그러나 하나님의 형상인 인간이 하나님으로부터 제공받는 지식은 인지적인 차원을 넘어서 영적, 관계적 차원을 모두 포함한다. 그래서 하나님의 형상인 인간은 하나님을 알면 알수록 영혼의 구원에 대한 갈망과 하나님과의 인격적 관계를 사모하게 된다. 인공지능은 인간에게 그동안 알지 못했던 지식은 제공해 줄 수 있어도, 인간이 가장 필요로 하는 구원과 경건한 삶을 위한 통전적 지식은 제공하지 못한다. 또한 하나님과 인간은 '영'으로 연결되어 있지만 인간과 인공지능은 이러한 연결점이 없다.[13] 따라서 인간은 인공지능으로부터 영혼과 관계된 참된 지식을 얻을 수 없다. 인공지능은 인간 사고를 모방하고 기계적 학습과 사고를 통해 다양한 지식과 정보를 생성하여 제공해 줄 수는 있지만, 영적이고 인격적인 차원의 지혜, 곧 하나님의 형상으로서 하나님과의 온전한 관계를 형성시켜 주는 전인격적 지식은 제공할 수 없다. 이 점이 바로 '하나님-인간' 관계와 '인간-인공지능' 관계의 본질적 차이다.

기계학습 원리

기계학습(Machine learning)은 인공지능을 만드는 기법 중 하나로 기계(컴퓨터)가 스스로 데이터를 학습하여 모델을 만드는 방식을 말한다. 기존에 프로그램을 만드는 방식은 사람이 알고리즘을 프로그래밍으로 구현하는 방식이었는데, 기계학습은 알고리즘에 따라 규칙을 일일이 프로그래밍하지 않아도 자동으로 데이터에서 패턴을 찾아내고 학습하는 방식으로 만들어진다.

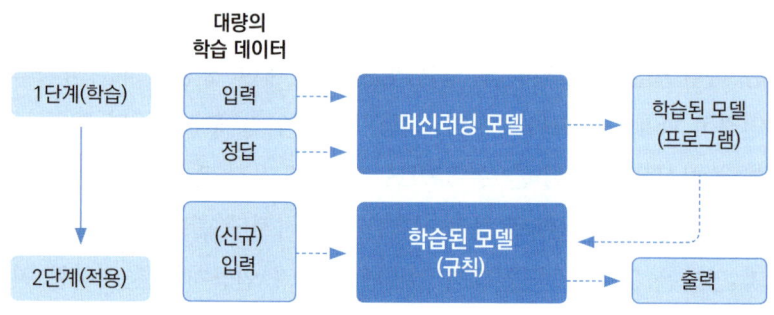

그림1. 기계학습 구현 과정[14]

기계학습을 구현할 때는 사람의 뇌에 있는 신경망의 구조를 본떠서 만든 '인공 신경망'을 이용하는 방식을 주로 사용한다. 사람의 뉴런은 '그림2'와 같이 수상돌기를 통해 다른 뉴런으로부터 신호를 받아들이고, 축색돌기를 통해 신호를 다른 뉴런으로 전달한다. 각 뉴런은 시냅스라는 연결부를 통해서 전기·화학적 신호를 주고받으며 정보를 처리한다. 사람의 뉴런은 약 1000억 개의 뉴런을 가진 복잡한 층의 구조로 되어 있는데, 사람의 뉴런 구조를 모방해서 만든 것이 바로 인공신경망(Artificial Neural Network)이다. 최근 기계학습은 인공신경망을 통해서 구현되는데, 딥러닝(Deep learning)은 인공신경망을 깊고 복잡하게 쌓아서 기계학습을 하도록 만든 구조를 말한다.[15] 앞서 살펴본 인공지능 개념에서 인공지능이 좋은 성능을 보이는 추론, 예측, 자연어 처리에 주로 사용되는 방식이 바로 딥러닝이다.[16]

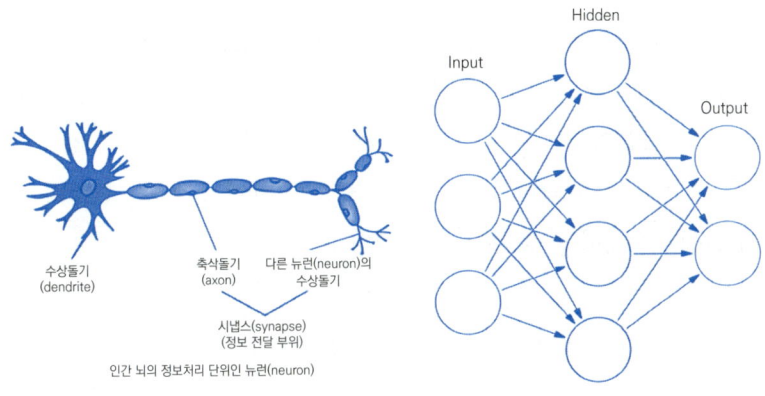

그림2. 사람의 뉴런과 인공신경망[17]

기계학습을 구현하는 방법에는 크게 3가지가 있다.[18] 첫째, 지도학습(Supervised learning)이다. 지도학습은 데이터를 학습시킬 때 정답을 알려 주는 방식이다. 예를 들어 부모가 아이에게 색깔을 가르칠 때 각각의 이미지를 가리키며 초록색, 파란색 등과 같이 가르친다. 지도학습은 사람이 알고 있는 정답을 알려 주며 컴퓨터를 학습시키는 방식으로, 데이터와 과제의 유형에 따라 예측을 위한 회귀(Regression)와 그룹의 구분을 위한 분류(Classification) 방식으로 나눌 수 있다. 둘째, 비지도학습(Unsupervised learning)은 주어진 데이터에 정답(레이블)이 없는 상태에서 학습하는 방식을 말한다. 구분에 대한 정답이 없기 때문에 인공지능이 스스로 데이터 간의 패턴을 찾아 비슷한 유형끼리 묶도록 하는 방법이다. 비지도학습은 비슷한 특징을 가진 자료끼리 데이터를 묶은 군집화(Clustering)를 가능하게 한다. 셋째, 강화학습(Reinforcement learning)은 일련의 행동의 결과에 대해 보상(reward)이 주어지며, 인공지능이 시행착오를 거쳐서 보상을 얻는 쪽으로 행동하도록 학습하는 방식이다. 예를 들어 벽돌 깨기 게임에서 '최대한 높은 점수를 획득하라'는 명령을 주면 시간이 지남에 따라 게임에 능숙해지게 되고 높은 점수를 획득하는 패턴을 익히게 된다. 강화학습은 마케팅, 게임, 최적화 문제, 로봇 팔 제어 등에 주로 사용된다.

기독교 세계관으로 바라본 '기계학습의 원리' : 인격적 지식과 절대진리의 추구

인공지능의 기계학습은 데이터를 활용하여 일정한 패턴을 스스로 학습하고 이를 근거로 판단하거나 예측하는 것이다. 기계학습의 방법인 지도학습, 비지도학습, 강화학습은 인공지능이 다양한 경험을 통해 더 깊은 이해와 학습의 단계로 나아가는 과정을 보여준다. 결국 인공지능은 '데이터'를 통해 학습한다. 그러므로 더 많은 데이터와 고급 데이터를 얼마나 많이 학습하느냐가 고차원의 인공지능을 만드는 열쇠가 된다.

인공지능이 '데이터'를 통해 배우는 것과 달리 인간은 '하나님과의 관계'를 통해서 배운다. 성경은 주님이 포도나무이며 우리가 가지이고 주님이 우리 안에 거하시고 우리가 주님 안에 거할 때 열매를 많이 맺을 수 있다고 말씀한다(요 15:5). 이는 우리 인간이 근본적으로 하나님 의존적인 존재여서 하나님과의 관계 속에서만 열매, 즉 선한 결과물을 만들어 낼 수 있다는 말씀이다. 즉 인간이 하나님과의 관계를 떠나서는 존재할 수도, 성장할 수도 없다는 사실을 알려 준다. 이 점에서 인간의 학습은 본질적으로 인격적이다. 그래서 성경에서 '하나님을 안다'는 것은 단순히 인지적으로 하나님을 아는 것이 아니라 하나님과의 관계성 속에서 전인적이고 경험적으로 아는 것을 의미한다.[19] 그러므로 인간이 추구하는 지식과 지혜는 관계적이며 인격적이다.[20] 그리고 이 관계적 지식과 지혜를 통해 수직적으로는 하나님과 더 친밀한 교제의 단계로 들어가며, 수평적으로는 이웃을 사랑하는 신실한 단계로 진입하게 된다.

한편 인공지능은 기계학습과 딥러닝을 통해 데이터 패턴을 학습하여 '만들어진 정답'을 제시하지만 '진리'를 제시하지는 못한다. 그래서 인공지능은 규범적 진리에 근거한 참과 거짓을 구분하지 못한다.[21] 인공지능은 학습을 통해 데이터 속에서 반복되는 규칙이나 패턴을 찾아낸다. 그리고 이 데이터를 통해 '찾아낸 사실'을 잠정적인 정답으로 제시한다. 하지만 이것은 '절대적인 진리'가 아니다. 반면에 그리스도인은 보편적으로 발견된 데이터나 사실을 절대시하지 않으며 하나님이 주신 진리를 '받고', 그것을 자신의 삶에 적용하며 사는 존재이다. 인간은 진리를 부여하는 주체가 하나님이심을 믿으며 그 진리가 절대적이라고 믿는다. 인간은 인공지능처럼 진리를 창조하거나 발명하지 않으며 하나님이 주신 계시, 즉 성경으로부터 삶의 의미와 목적을 발견한다. 이 점에서 인간은 진리의 원천이 아니라 수신자이다. 그러므로 우리는 인공지능이 잠정적으로 찾아준 정답이 진리라고 생각해서는 안 된다. 오히려 참진리인 성경이 인공지능의 답을 어떻게 평가하는지 주의 깊게 살펴보아야 한다.

생성형 인공지능의 개념

생성형 인공지능(Generative AI)은 사람이 입력하는 프롬프트(Prompt, 명령)에 따라 텍스트, 이미지, 동영상 등 다양한 산출물을 생성하는 인공지능 모델을 말한다.[22] 2022년 11월 오픈AI사에서 출시한 챗GPT가 일반인에게도 무료로 제공되면서 폭발적으로 사용되기 시작했다. 챗GPT는 채팅하는 인공지능 모델로, 무언가를 생성(Generative)하는 기능을 하며 사람과의 채팅을 목적으로 개발되었다. 기존의 데이터와 지식을 사전에 학습(Pre-trained)했기 때문에 사람들이 질문하는 것에 대해 백과사전 수준 이상의 답변을 할 수 있다. 또한 단어 간의 연관성을 계산해서 문장을 만드는 방식(Transformer)으로 작동한다. 이렇게 중요한 원리의 앞 글자를 따서 GPT라고 부른다.[23] 챗GPT가 폭발적인 인기를 끄는 이유는 알파고와 달리 특정 영역에서만 사용되지 않고 누구나 필요한 곳에 활용할 수 있기 때문이다. 챗GPT는 언어 모델을 기반으로 만들었는데, 대량의 언어를 학습하고 모델로 만들었기 때문에 거대언어모델(Large Language Model)이라고도 한다.

챗GPT에 이어서 구글이 만든 제미나이(Gemini), 앤트로픽 사에서 만든 클로드(Claude) 등이 대표적인 생성형 AI이다. 현재 생성형 AI는 텍스트뿐만 아니라 이미지, 오디오, 동영상 등 다양한 형태의 데이터(모달리티)를 입력받고 생성할 수 있는데, 이런 기술을 멀티모달(Multi Modal)이라고 한다. 마치 사람의 여러 감각 기관처럼 다양한 형태의 데이터와 정보를 받아들이고 생성할 수 있는 기술을 뜻한다. 다양한 형태의 데이터와 정보를 생성할 수 있는 생성형 AI에는 표2와 같은 종류가 있다.

표2. 생성형 AI의 종류[24]

구분	생성형 AI 종류
글쓰기 지원	챗GPT, 구글 제미나이, 클로드, 뤼튼, 클로바 X, 라이팅젤 등
보고서 제작	퍼플렉시티, 젠스파크, 노트북LM 등
이미지 제작	캔바, 미리캔버스, 미드저니, Stable diffusion, Adobe Firefly 등
오디오 제작	Soundraw, aiva, Suno, 클로바 더빙 등
동영상 제작	소라, 런웨이, 브루(Vrew), Veo3 등

생성형 AI를 활용하려면 먼저 질문이나 요청을 해야 하는데, 이때 일정한 방법을 사용하면 정확도가 높은 응답을 얻을 수 있다. 사람이 하는 질문이나 요청을 프롬프트(Prompt)라고 한다. 프롬프트를 만드는 방법은 다음과 같다.

- 지시(Instruction) : 모델이 수행할 특정 작업 또는 지시
- 문맥 : 더 나은 응답을 위해 모델을 조종할 수 있는 외부 정보나 추가 문맥
- 입력 데이터 : 응답받고자 하는 입력이나 질문
- 출력 지시자 : 출력의 유형이나 형식

'지시'는 어떤 결과물을 원하는지 작업에 대한 내용을 명확히 요구하는 것이다. 예를 들면 '작성하기', '분류하기', '요약하기', '번역하기', '정렬하기' 등 작업을 명확히 알려 주면 원하는 결과물을 얻을 수 있다. '문맥'은 요청이나 질문의 맥락을 설명해 주는 것이다. 예를 들어 보고서를 쓰는 상황인지, 자료를 조사하는 상황인지, 상담을 하는 상황인지 상황을 설명해 주고 간단한 예시를 보여 주면 좋다. 예시를 보여 주는 방식에 따라 제로샷(zero-shot), 퓨샷(few-shot)으로 설명하기도 한다. 예시를 전혀 보여 주지 않고 요청하면 제로샷, 몇 가지 사례를 보여 주면서 요청하면 퓨샷이라고 한다. 적절한 예시를 보여 주면 답변을 더 잘한다. '입력 데이터'는 지시와 문맥을 작성한 후 마지막에 직접적인 요청을 하는 것을 말한다. 예를 들면 '이 글을 다섯 문장으로 요약해 줘'나 '이 문장을 한국어로 번역해 줘'와 같이 마지막 질문을 하는 것이다. 이때 기초 데이터를 주고 요청할 수 있다. 기초 데이터가 글이 될 수도 있고 숫자가 될 수도 있다. 최근 버전은 pdf 파일이나 txt, csv 같은 파일도 입력할 수 있다. 마지막으로 '출력 지시자'는 출력 형식을 지정하면 좋다. 예를 들어 개조식/서술식으로 지정할 수 있고, 표로 그려 달라고 할 수도 있다. 이렇게 기본 명령 방법을 이해하고 사용하면 더 좋은 답변을 얻을 수 있다.[25]

생성형 AI는 모델의 한계 때문에 잘못된 결과를 생성할 수도 있는데, 이렇게 거짓말을 하는 현상을 환각 또는 할루시네이션(Hallucination)이라고 한다. 최근 발표된 논문에 의하면 할루시네이션은 모델의 기술적인 이유와 더불어 학습 및 평가 방법 때문에 발생한다고 결론을 내린다. 예를 들어 언어 모델을 만들 때 산출한 결과에 대해서 좋은 평가를 내려 주는 쪽으로 학습하게 되는데, 잘 모르겠다고 답변하는 것보다 추측이라도 답변하는 쪽이 낫다고 평가해 주었기 때문이라고 한다.[26] 따라서 현대의 생성형 AI는 할루시네이션이 필연적으로 발생할 수밖에 없다. 유네스코를 비롯한 여러 기관에서 내놓은 생성형 AI 활용 가이드에서는 사용 목적과 이유 확인하기, 사용할 곳과 범위 확인하기, 윤리적 및 법적 책임지기를 중요한 절차로 제시하고 있다. 생성형 AI를 활용하면 작업을 수행하는 데 도움이 되지만, 반드시 결과를 확인하고 책임도 사용하는 사람이 져야 한다는 원칙을 지켜야 한다.

기독교 세계관으로 바라본 '생성형 인공지능의 개념' : 회복된 인간의 창조성

생성형 인공지능은 인간이 학습시킨 데이터를 기반으로 인간이 명령한 대로 다양한 종류의 결과물을 생성해 낼 수 있다. 생성형 인공지능이 가진 이러한 특성으로 인해 우리는 단 시간에 매우 정제되고 활용 가치가 높은 결과물을 손쉽게 얻게 되었다. 원하기만 하면 수행평가를 위한 보고서 과제, 중요한 정보를 담은 동영상, 사람들의 관심을 끌 만한 그림 등 수많은 자료를 순식간에 얻을 수 있다. 생성형 인공지능은 우리의 삶을 혁신적으로 바꾸어 놓았다.

그러나 그리스도인은 생성형 인공지능이 오류 없이 모든 것을 만들어 줄 수 있으리라는 낭만적인 과학주의에 빠져서는 안 된다. 인공지능은 우리가 명령한 대로 무언가를 만들어 줄 수는 있으나, 무에서 유를 창조하는 하나님의 창조와는 근본적으로 차이가 있다.[27] 생성형 인공지능은 이미 입력된 데이터를 기반으로 '나름대로의 창조성'을 가지고 소비자가 원하는 것을 만들어 주는 도구이기는 하지만 모든 것을 만들어 줄 수는 없다. 또한 거짓 없이 옳은 정보만 생성해 주지도 않는다. 이 점에서 생성형 인공지능을 하나님의 자리에 올려놓으려는 시도는 옳지 않다.

그리스도인은 인간이 입력한 데이터를 기반으로 새로운 결과물을 만들어 주는 생성형 인공지능을 매우 분별력 있게 사용해야 한다. 왜냐하면 인공지능에게 기본 데이터를 입력한 인간이 '죄로 물든 불완전한 인간'이기 때문이다. 인간은 하나님의 형상으로 창조되었지만 불순종의 죄를 범하며 타락하였다. 이로 인해 인간이 만들어 내는 모든 것은 예수 그리스도의 회복의 은혜와 성령의 인도하심이 없으면 올바른 방향으로 제작될 수 없다. 이는 생성형 인공지능이 만든 모든 것까지 포함한다. 그러므로 그리스도인은 인공지능을 활용하여 무언가를 만들어 낼 때, 자신의 연약함을 인정하고 모든 것이 하나님과 멀어지는 방향으로 만들어지지 않도록 끊임없이 자신을 돌아보고 경계해야 한다. 즉 그리스도 안에서 '회복된 창조성'을 가지고 있어야 신실하고 온전한 창작물이 만들어질 수 있다.

그리스도인은 생성형 인공지능을 활용하는 목적을 분명히 해야 한다. 성경은 하나님이 우리를 창조하시되 "선한 일"을 위하여 지으셨다고 말한다(엡 2:10). 그러므로 회복된 창조성을 기반으로 생성형 인공지능을 활용하여 만들어 내는 모든 것들은 하나님 나라 확장을 위한 도구로, 세상을 회복하는 구속의 도구로 사용되어야 한다. 생성형 인공지능을 포함한 과학기술이 단순히 개인의 편리와 안녕을 위한 도구로만 사용되어서는 안 된다. 오히려 이 세상에서 소외되고 연약한 지체들을 섬기는 도구로 사용되어야 한다.[28] 이와 같이 그리스도인의 회복된 창조성을 신실하게 활용하면 하나님의 세상이 더욱 아름답게 만들어질 것이다.

신앙적 문제해결

AI를 활용하여 무언가 예측하는 문제해결 과정은 '그림3'과 같다.[29] 먼저 AI를 활용해서 어떤 과업을 수행할 것인지 기획하는 것인데, 어떤 결과를 얻기 위해 활용할지 정해야 한다. 예를 들어 일기예보를 예측한다고 가정하면 일기예보 예측이 목적변수가 되고, 예측에 필요한 정보들이 설명 변수가 되는 것이다. 이렇게 변수가 정해지면 데이터를 수집, 가공하여 인공지능이 학습 가능한 형태로 만든다.

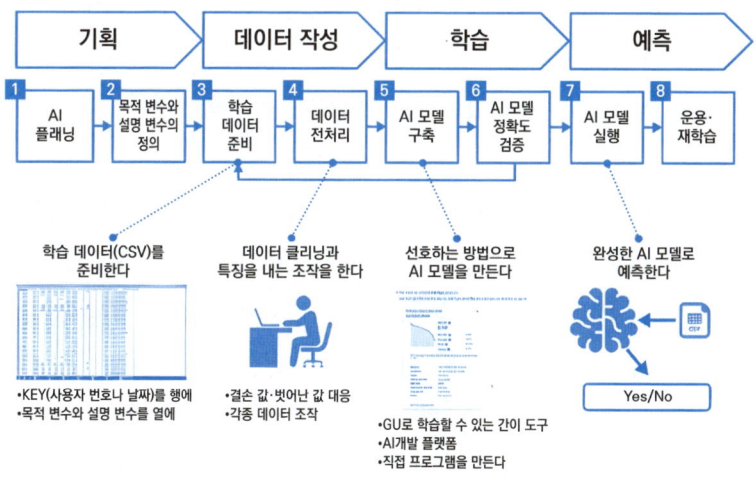

그림3. 예측을 위한 AI 문제해결 과정

이 과정을 데이터 전처리라고 한다. 전처리된 데이터는 학습과정을 거쳐서 AI모델이 만들어지고 정확도를 검증하여 사용할 수 있는 모델로 만들어진다. 만들어진 AI모델은 실제 일기예보 예측에 활용되고, 활용되는 과정에서 발생한 문제점들을 수정하고 재학습하는 과정을 통해 모델이 개선되는 절차로 이어진다.

AI를 통해 사회 문제를 해결한 대표적인 사례로 백신 개발을 들 수 있다. 코로나19 팬데믹 이전에는 백신 개발에 수 년 걸리는 것이 보통이었으나, AI가 의학 분야에 적용됨에 따라 코로나19 백신 개발 기간이 획기적으로 단축되었다.[30] 특히 최근에 개발된 알파폴드(AlphaFold) 프로그램은 단백질 접힘 예측 방법을 찾아내는 데 인간의 능력을 앞질러 압도적인 1위를 차지했다. 단백질 접힘 문제는 생명 현상을 이해하고 질병 치료법을 개발하는 데 꼭 필요한 연구이다. 알파폴드를 개발한 공로를 인정받아 개발자인 데미스 하사비스와 존 펌퍼는 2024년 노벨 화학상을 수상하기도 하였다.[31]

기독교 세계관으로 바라본 '신앙적 문제해결' : 문화명령

인공지능을 활용하면 인간이 겪고 있는 다양한 문제를 해결할 수 있다. 인공지능을 포함한 과학기술은 인간의 삶을 개선하는 데 혁신적인 도움을 줄 수 있다. 특히 인간을 고통스럽게 하는 질병의 문제를 해결하는 의료 기술 개발에 큰 도움을 줄 수 있고 이상기후나 환경오염과 같이 인간의 탐욕으로 인해 훼손된 하나님의 창조세계를 다시 회복하는 데에 인공지능을 적극 활용할 수 있다. 그뿐만 아니라 인공지능은 그리스도인이 겪고 있는 신앙적 문제를 해결할 수 있는 많은 데이터를 제공할 수도 있다. 이러한 측면에서 인공지능은 창조질서를 회복하는 문화명령의 도구이며 왜곡된 문제를 해결하는 도구가 될 수 있다.

문화명령은 인간이 이 땅에 거하면서 생육하고 번성하고 땅에 충만하며 그 땅을 정복하고 다스리라는 하나님의 명령이다(창 1:28). 이 명령은 인간이 이 땅에서 공동체를 이루고 자원을 개발 및 활용하되 파괴적인 방향으로 이용하는 것이 아니라 하나님의 영광과 공동체의 유익을 위해 사용하라는 명령이다. 그러므로 인간은 하나님이 맡겨 주신 이 세상의 청지기로서 하나님의 창조세계를 보존하고 돌보는 책임 있는 존재로 살아야 한다. 이는 기술 활용에도 해당이 되는데 인간은 기술을 '돌봄과 다스림'의 목적으로 활용해야 한다.[32] 이러한 점에서 인공지능을 활용한 문제해결 원리도 이 세상에 주신 하나님의 창조 원리와 질서를 회복하는 방향으로 전개되어야 한다. 즉 개인의 이기적인 욕망을 채우기 위한 용도로 인공지능을 사용하거나 다른 사람을 파괴하려는 의도로 인공지능을 사용해서는 안 된다. 오히려 인공지능을 활용한 문제해결은 하나님 중심적이고 이웃 사랑을 기초로 이루어져야 한다. 가령 성경을 번역하고 복음 접근성을 높이는 선교 인공지능, 질병으로 고통받는 자를 돕는 의료 인공지능, 기후 위기를 줄이는 생태 인공지능 등으로 활용할 수 있다. 결국 인공지능을 활용한 문제해결은 문화명령을 따라 하나님 중심적이고 이웃 사랑을 기초로 해야 한다.

한편 인공지능은 문제해결의 도구이지 구원자가 아니다. 인공지능은 인간의 삶에서 불편하거나 곤란한 문제들을 해결하는 도구이지만 궁극적으로 인간 구원의 문제에 대한 해결책은 결코 줄 수 없다. 오직 궁극적인 문제의 해결은 예수 그리스도의 복음으로만 가능하다. 특히 죄와 관련된 문제의 해결은 인간이나 인간의 형상을 따라서 만든 인공지능이 해결해 줄 수 없다. 혹자는 인공지능 기술이 극도로 발전하면 인간의 신체적인 한계를 극복해 줄 뿐 아니라 정신적인 한계 그리고 더 나아가 영적인 한계도 극복해 줄 수 있다고 생각한다. 그러나 인공지능이 물리적인 문제의 일부는 해결해 줄 수 있어도 죄로 인해 촉발된 영혼의 문제는 해결해 줄 수 없다. 따라서 그리스도인은 인공지능을 인간이 겪는 현실의 문제해결 도구로 활용하되, 예수 그리스도로 말미암아 주어지는 진정한 죄 문제의 해결과 구원을 갈망해야 한다.

기독교 콘텐츠 창작

AI 도구나 서비스를 활용하면 다양한 형태의 결과물을 창작할 수 있다. 예를 들어 생성형 AI 도구 중 글쓰기 도구를 활용하면 시, 수필 등의 작품을 창작할 수 있다. AI 시대에는 AI를 활용해서 자신의 아이디어를 표현할 수 있는 능력이 필요한데, 콘텐츠 창작을 통해서 이런 능력을 기를 수 있다. AI를 활용해서 콘텐츠를 창작하는 방법은 텍스트, 이미지, 동영상 등 산출물의 형태에 따라 다르다. 즉 생성형 AI가 어떤 원리로 산출물을 생성하는지 작동원리를 이해하고 산출물에 대한 신뢰성, 편향성, 윤리성 등을 평가하여 목적에 맞는 산출물을 창작할 수 있어야 한다. AI를 활용하여 다양한 형태의 콘텐츠를 창작하는 방법은 다음과 같다.

텍스트 산출물 창작

- **입력 단계** : 사용자가 명령어(prompt) 또는 질문을 텍스트로 입력한다. 이때 내용과 형태를 기반으로 명령할 수 있다. 예: "이 글은 기후변화에 대해서 작성한 에세이야. 문법적으로 오류가 있는 부분을 다듬어줘."
- **처리 단계** : AI 모델은 대규모 언어 데이터에서 학습한 패턴을 기반으로 문맥을 예측하며, 가장 자연스러운 다음 단어를 확률적으로 생성한다.
- **출력 단계** : 완성된 문장이 문법적으로 맞는지, 사용자의 목적(설명, 번역, 창작 등)에 맞는지 확인하고 평가, 수정한 후 사용한다.

이미지 산출물 창작

- **입력 단계** : 사용자가 이미지의 내용, 스타일, 구도 등을 언어로 설명하고 명령한다. 예: "예수님이 아이들에게 말씀을 들려주는 장면을 그려줘."
- **처리 단계** : 입력된 텍스트를 분석한 후, 이미지 생성 모델이 이미지를 생성 방식에 따라 이미지를 생성한다.
- **출력 단계** : 생성된 이미지는 요청한 형식에 따라 현실적이거나 예술적 스타일로 표현되며, 요청에 맞게 생성되었는지 확인하고 평가, 수정한 후 사용한다.

그림4. 예수님의 말씀을 듣는 아이들의 모습을 그려 달라고 하여 산출된 그림(좌), 예수님과 대화하는 현대적 인물을 그려 달라고 요청하여 산출된 그림(우) / 챗GPT 활용

동영상 산출물 창작

- 입력 단계 : 사용자가 시나리오, 장면 전환, 배경음악 등을 설명하거나 예시 영상을 제공한 후 요청한다. 예: "초등학생이 로봇과 대화하며 코딩을 배우는 1분짜리 영상을 만들어줘."
- 처리 단계 : AI 영상 생성 모델은 이미지 프레임과 텍스트를 결합하여 연속적인 장면을 예측하고, 모션과 오디오를 합성한다.
- 출력 단계 : 자연스러운 동작과 장면 전환을 포함한 짧은 동영상이 생성되면, 요청에 맞게 생성되었는지 확인하고 평가한 후 사용한다.

기독교 세계관으로 바라본 '기독교 콘텐츠 창작' : 하나님께 영광과 영혼구원

인공지능은 인간의 상상력을 뛰어 넘는 무수히 많은 새로운 콘텐츠를 만들어 낼 수 있다. 일반 영역에서 음악, 소설, 영화는 물론이거니와 설교문, 성경공부 콘텐츠, 신앙교육 보조자료 등 기독교 교육 영역에서도 유익한 많은 콘텐츠를 만들어 낼 수 있다. 그러나 이러한 유익한 콘텐츠를 창작하는 인공지능이 모든 것을 만들어 낼 수 있다고 착각해서는 안 된다. 즉 인간에게 필요한 다양한 창조물을 제공하는 인공지능을 창조의 주체로 여기거나, 그것을 절대시하는 우상숭배의 우를 범하지 말아야 한다. 인공지능은 인간이 만들어 낸 산물이다. 비록 인간의 지능을 뛰어넘는 능력을 갖고 인간이 만들기 어려운 많은 콘텐츠를 창작하여 인간에게 큰 유익을 수 있으나 인공지능은 여전히 사람이 사람의 형상을 따라 만든 피조물일 뿐이다. 따라서 인공지능이 만든 창작 콘텐츠를 절대시하거나 그것을 만든 인공지능을 우상화해서는 안 된다.

창세기 11장에는 바벨탑 사건이 등장한다. 인간은 "그 탑 꼭대기를 하늘에 닿게 하여 우리 이름을 내고 온 지면에서 흩어짐을 면하자"는 욕망으로 바벨탑을 만들었다(창 11:4). 인간은 하나님 없는 지식과 기술을 활용하여 인간이 건설한 도시를 만들고 거기에서 인간이 스스로를 구원하며 살 수 있다고 착각하였다. 이러한 모습은 자칫 인공지능 데이터 센터를 건설하고 거기로부터 흘러나오는 무수한 인간 중심의 창작물을 절대시하며 향유하고 누리려는 오늘날 모습과 별반 다르지 않다. 따라서 그리스도인은 인공지능을 우상화하는 사상과 시도를 철저하게 경계해야 한다.

　인공지능을 활용한 콘텐츠 창작은 철저하게 성경적 표준을 따라야 한다. 성경적 표준이란 하나님의 영광, 영혼 구원과 관련이 있다. 인공지능을 활용한 창작물은 하나님 중심적이어야 한다. 기독교 예술 창작 활동이 '하나님의 아름다움과 영광을 드러내는 도구'인 것처럼[33] 인공지능을 활용한 콘텐츠 창작도 하나님의 영광과 아름다움을 드러내야 한다. 인공지능이 만들어 낸 수많은 창작물들이 인간의 쾌락을 즐기기 위한 도구로 변질되거나 인간이 누리는 문화의 찬란함을 드러내는 수단이 아니라 죽어 가는 영혼을 구원하는 도구로 사용되어야 하고, 궁극적으로 위대하신 하나님의 영광을 드러내며 주님을 경배하는 도구로 활용되어야 한다.

신앙적 사고와 분석

생성형 AI나 맞춤형 AI 서비스는 무언가를 학습하거나 새로운 지식을 탐구 및 분석할 때 활용할 수 있다. 생성형 AI의 경우 인류가 축적한 거의 모든 지식을 학습했고, 전문가들이 작성한 책이나 논문도 다수 학습했기 때문에 일반적인 지식에 대해서는 적합한 답을 줄 수 있다. 따라서 AI 도구나 서비스를 잘 활용하면 학습에 도움을 받을 수 있다. 글로벌 AI 리터러시 연구 그룹인 TeachAI에서 발간한 자료에 따르면 다음과 같이 학습에 활용할 수 있다.[34]

- **창의성 지원** : 학생들은 생성형 AI를 활용하여 글쓰기, 시각적인 예술 활동, 음악 작곡 등 다양한 교과에서 창의성을 발휘할 수 있다.
- **협업** : 생성형 AI 도구는 그룹 프로젝트에서 학생들의 파트너가 될 수 있는데, 개념을 제공하고, 연구를 지원하며, 다양한 정보 간의 관계를 파악하도록 도와준다.
- **의사소통** : AI는 학생들에게 실시간 번역, 개인화된 언어 연습, 상호 작용 대화 시뮬레이션을 제공할 수 있다.
- **콘텐츠 생성 및 개선** : AI는 개인화된 학습자료, 요약, 퀴즈 및 시각적 보조 자료들을 생성하며, 학생들이 학습 내용과 생각을 정리하고 복습하는 도움을 줄 수 있다.
- **튜터링(Tutoring)** : AI기술은 일대일 튜터링과 지원을 공평하게 제공하며, 개인화된 학습을 보다 다양한 학생들에게 접근하게 할 수 있는 잠재력을 가지고 있다. AI 기반의 가상 수업 튜터는 지속적인 지원을 제공하고, 질문에 답하며, 숙제를 도와주고, 교실 수업을 보완할 수 있다.

또한 교사의 역할을 지원하는 측면에서는 다음과 같이 활용 가능하다는 것을 제시하고 있다.

- **평가 설계 및 분석** : AI는 문제를 만들고 일반적인 실수에 대한 표준화된 피드백을 제공하여 평가 설계를 개선하는 것 외에도 진단 평가를 수행하여 지식이나 기술의 격차를 파악하고 풍부한 수행 평가를 가능하게 할 수 있다. 평가, 피드백 및 채

점은 궁극적으로 교사가 책임져야 하며, 채점 업무를 지원하는 데 있어 AI의 유용성을 결정하고 평가하는 것도 교사의 책임에 포함된다. AI가 채점을 단독으로 담당하지 않도록 해야 한다.
- **차별화된 콘텐츠 개발 및 개선** : AI는 교육과정을 차별화하고, 수업 계획을 제안하며, 도표와 차트를 생성하고, 학생의 필요와 숙련도에 따라 독립적인 연습을 맞춤화함으로써 교육자를 지원할 수 있다.
- **지속적인 전문성 개발** : AI는 학생의 필요에 따라 교수 및 학습 전략을 추천하고, 교사의 필요와 관심사에 따라 전문성을 개발을 맞춤화하며, 교과 간 또는 교사 간의 협력 프로젝트를 제안하고, 수업 진행이나 학부모/교사 회의 관리와 같은 시뮬레이션 기반 교육 시나리오를 제공하여 교육자를 지원할 수 있다.
- **연구 및 자원의 보완** : AI는 수업과 관련된 책이나 기사를 추천하고 교육 기술, 연구, 방법을 최신화하여 알려줘서 교육자를 도울 수 있다.

최근 챗GPT에서 제공하는 스터디 기능은 학습자의 자기주도 학습을 도와줄 수 있다. 예를 들어 "루터와 칼빈의 종교개혁 차이를 알려 줘"라고 질문하면 다음과 같이 답변을 준다. 맨 마지막 부분에는 학습을 이어 갈 수 있도록 거꾸로 심화 질문을 던진다.

*챗GPT의 제안

제가 하나 물어볼게요. 루터는 "믿음으로 의롭게 된다", 칼빈은 "하나님의 주권"을 강조했다고 했죠. 이 두 입장을 오늘날 교회의 신앙생활에 적용한다면, 각각 어떤 장점이나 위험 요소가 있을까요? 한번 생각해 볼래요?

좋은 질문이에요. 😊
루터와 칼빈은 모두 종교개혁의 핵심 인물이지만, 신학의 중심 주제와 사회·교회관에서 차이를 보입니다.
우선 큰 틀부터 잡아볼까요?

◆ **공통점**

둘 다 다음을 비판했습니다:
- 교황 중심의 교권 체계
- 면죄부와 공로주의 신앙
- "오직 성경(Sola Scriptura)"과 "오직 믿음(Sola Fide)"을 강조

그림5. 챗GPT와의 대화 예시 1

결론

마르틴 루터와 존 칼빈은 각기 독특한 길로 복음의 진리를 밝힌 종교개혁의 쌍두마차라 부를 만합니다. 두 사람의 신학적 공통점은 인간을 향한 하나님의 거져 주시는 은혜의 성경 말씀의 최고 권위, 그리고 교회의 갱신에 대한 열정으로 요약될 수 있습니다. 차이점이 있다면, 루터는 죄인 된 인간이 의롭게 되는 체험적 진리를 누구보다 뜨겁게 전한 설교자요 목회자였고, 칼빈은 하나님의 주권적 통치를 논리 정연하게 체계화한 신학자요 조직가였다는 점일 것입니다. 그러나 이 둘의 차이는 대립이라기보다는 다양성 속의 일치에 가깝습니다. 현대 기독교는 이 두 거인의 유산을 선택적으로 취할 것이 아니라 **종합적**으로 이해하고 적용함으로써, 교회의 신학적 뼈대를 튼튼히 세우고 영적 생명을 새롭게 해야 할 것입니다. 한국 교회의 경우, 루터의 복음적 열정과 칼빈의 철저한 성경적 원리가 모두 필요한 때입니다. 다행히도 한국 교회는 역사적으로 장로교회를 통해 칼빈의 영향을 많이 받았고, 감리교/루터교 등을 통해 루터의 전통도 이어받았습니다. 이제는 이를 바탕으로 **종교개혁 500년의 지혜**를 오늘날 우리의 교회 현실에 맞게 창조적으로 적용해야 할 때입니다. 그것이 바로 루터와 칼빈이 바랐던 ***말씀으로 돌아가는 교회, 믿음으로 사는 교회***의 모습일 것입니다. 두 사람의 삶과 사상은 우리에게 끊임없이 이렇게 도전합니다: ***교회는 항상 스스로를 개혁하여, 하나님의 말씀 앞에 겸손히 서라***는 것입니다. 이는 곧 현대를 사는 우리에게 주는 하나님의 메시지이기도 합니다. 루터와 칼빈의 종교개혁 유산을 담고, 오늘날 교회가 새로운 믿음의 혁신과 순결함을 이루어 나가길 기대합니다.

참고문헌: 현대 신학자들과 교회사 연구자들의 분석을 포함하여 한글 및 영어 주요 자료를 참고하였다.

- 김한영 (2020), 〈우연과 필연에 대한 루터와 칼빈의 이해 비교〉, 조직신학연구 34권: 루터와 칼빈의 예정론에서 "모든 일이 하나님의 뜻에 의해 일어난다"는 교리상의 공통점을 연구
- 태동열 (2024), 〈성도와 직분자에 대한 루터와 칼빈의 견해 비교연구〉, 한국개혁신학 82권: 루터와 칼빈의 만인제사장론 및 교회 직분 사상의 연속성과 현대 한국교회 적용을 고찰
- Ignatius W.C. van Wyk (2018), "Luther and Calvin on predestination: A comparison," *In die Skriflig* 52(2): 루터와 칼빈의 예정론을 비교 분석한 논문으로, 두 사람의 차이가 뉘앙스 수준이며 본질에서 유사함을 주장
- Martin Luther King Jr. (작성 연도 미상, 1950년대 추정), 〈A Comparison and Evaluation of the Theology of Luther with That of Calvin〉: 루터와 칼빈의 신학 전반을 비교 평가한 글로서, 하나님 이해, 성찬론, 교회론 등에서 두 사람의 차이를 상세히 정리
- Will Graham (2015), 〈10 differences between Martin Luther and John Calvin〉, *Evangelical Focus*: 대중 신학잡지 기사로 루터와 칼빈의 신학적·인물적 차이를 10가지로 정리함

그림6. 챗GPT와의 대화 예시 2

이런 방식으로 자기주도적 학습을 이어 갈 수 있다. 또한 탐구를 위한 딥리서치(Deep Research)기능도 제공한다. 딥리서치를 선택하고 다음과 같이 질문하면 해당 문헌이나 참고자료를 찾아준다. "루터와 칼빈의 종교개혁을 비교하고, 현대 기독교에 적용할 때 시사점을 도출한 보고서를 작성하려고 해. 보고서에 필요한 참고문헌이나 이론을 찾아줘."

결과값으로 나온 것은 9분 정도 걸렸고, 12개의 문헌을 참조했고, 61개의 사이트를 참조하여 보고서를 작성해 준다. 이런 방법으로 자신이 알고 싶은 주제를 탐구하는 도구로 활용할 수 있다. 한편 AI를 학습이나 탐구 및 분석에 활용할 때는 반드시 사용 범위를 준수하고 결과에 대해서 책임을 질 수 있는지를 점검해야 한다.

기독교 세계관으로 바라본 '신앙적 사고와 분석' : 성령의 조명과 성경 중심적 사고

인공지능을 활용한 교육에서 학습자는 인공지능의 조력과 도움을 받아 자신의 학습을 향상시키고 더 깊은 탐구를 할 수 있다. 인공지능은 엄청나게 많은 데이터를 활용하여 학습자가 원하는 방식으로 개인맞춤형 데이터를 제공해 줄 수 있고, 학습자는 이 정제된 데이터를 활용하여 더 깊은 심화학습을 할 수 있다. 인공지능은 다른 학습자들과 함께 학습하거나 탐구하는 협업도구를 제공해 주기도 하며, 학습자를 위한 콘텐츠를 개발하거나 체계적으로 학습자를 관리할 수 있도록 교사에게 다양한 교육적 도구를 제공해 준다. 이 점에서 인공지능을 활용한 교육은 학습에 큰 유익을 주며 학습자를 수준 높은 탐구의 세계로 안내한다.

그러나 그리스도인의 학습과 탐구는 철저하게 성령의 조명(illumination)과 인도(guidance)를 받아야 한다. 성령의 조명이란 성령 하나님께서 인간에게 하나님의 말씀인 성경을 깨닫고 이해할 수 있는 지성과 마음의 빛을 비춰 주시는 것을 의미한다.[35] 인간에게 성령의 조명과 인도가 필요한 이유는 인간이 근본적으로 타락한 존재여서 인간의 이성적 활동만으로는 경건하고 온전한 학습과 탐구가 불가능하기 때문이다. 오직 성령이 인간의 눈을 밝혀 주셔야 인간이 학습하고 탐구하는 지식의 옳고 그름을 판단할 수 있게 된다. 인공지능이 아무리 탁월한 학습과 탐구의 도구를 제시해 준다고 할지라도 성령의 인도하심이 없다면 학습을 통해 얻고자 하는 참된 진리를 분별할 수 없게 되고 인간의 이기적인 욕망으로 가득한 지식만을 추구하게 될 것이다.

한편 인간은 인공지능이 조력해 주는 데이터 중심의 학습과 탐구가 아닌 성경 중심적 사고를 통해 진리를 학습하고 탐구해야 한다. 기독교 인식론의 핵심은 성경 중심적 사고이다. 즉 모든 진리와 지식의 궁극적인 원천이 창조주 하나님이라는 인식으로부터 출발한다. 하나님이 이 세상을 창조하시고 그것에 질서를 부여하셨기 때문에 하나님이 보여 주신 계시의 틀 안에서만 세상에 대한 온전한 인식과 학습이 이루어질 수 있다. 하나님은 특별계시인 성경 속에 인간의 구원에 대한 모든 지식을 밝혀 주셨다. 또한 하나님은 자연만물, 인간의 양심, 역사 속에 하나님의 존재와 능력에 대한 일반적인 지식을 보여 주셨다. 따라서 하나님과 이 세상의 지식을 온전하게 인식하기 위해서는 하나님이 밝혀 주신 "지혜와 계시의 영"(엡 1:17-18)에 의존하여 학습하고 탐구해야 한다.

그리스도인 학습자는 이러한 성경 중심적 사고를 기반으로 인공지능이 제공하는 학습과 탐구의 도구를 보조적으로 활용할 수 있다. 인공지능이 제공하는 학습의 내용과 방법은 항상 오류의 가능성이 존재하기 때문에 규범적인 성경 말씀의 인도와 성령의 조명을 받아야 한다. 이처럼 성경 중심적 사고의 우선성과 성령의 조명,

그리고 인공지능의 보조적 사용을 조화롭게 활용한다면 그리스도인에게 유익한 학습과 탐구를 할 수 있을 것이다.

신앙적 주체성

1. 인간의 주체성

AI 기술이 발전함에 따라 AI가 사람의 일자리를 대체할 수 있다는 주장에 제기된다. AI가 사람의 역할을 대신하지 않도록 주체적으로 목적에 맞게 활용하는 능력이 필요하다. AI 기술을 주체적으로 사용한다는 것은 사람이 인공지능을 개발, 운영, 사용하는 존재라는 것을 인식하고 목적에 맞게 사용한다는 의미이다. 여기서 중요한 부분은 '누가 주체가 되는가'이다. AI는 사용하는 사람에 따라 범위와 한계가 정해질 수 있다. 사람의 주체성은 사람의 존엄과 가치를 인정하는 것에서 시작된다. 우리가 인공지능을 활용해서 산출물을 만들 때도 처음 아이디어를 생각하고 인공지능에 명령을 내리는 주체는 사람이 되어야 한다. 인공지능으로 그림을 그리거나 글을 쓸 때도 인공지능은 도구이고 미디어일 뿐 창작의 주체가 될 수 없다는 것을 인식해야 한다.[36] 따라서 인공지능을 오남용해서 딥페이크나 가짜뉴스를 생산하는 데 활용하는 것을 금하고, 나의 권리를 소중히 여기는 것처럼 다른 사람의 권리도 보호하면서 활용할 수 있어야 한다.

2024년 8월에 유럽연합(EU)에서 발효한 AI Act(인공지능법)은 위험 수준에 따라 AI 시스템에 대한 규제 수준을 차등화하는 위험 기반 접근법(risk-based approach)를 따르고 있다. 즉 AI 시스템을 허용불가 위험, 고위험, 제한적 위험, 최소 위험의 4단계로 분류하여 차등 규제하는 방안을 제시한다. 여기서 가장 높은 등급의 허용불가 위험 항목은 인간의 존엄성을 침해하거나 사회적 차별을 유발하는 AI 시스템의 경우 인간의 건강, 안전, 기본권 등에 중대한 위험을 초래할 수 있기 때문에 금지된다. 이 항목의 첫 번째 사례가 바로 'AI 시스템이 인간의 잠재의식을 이용하거나 의도적으로 조작을 이용하여 사람이 정보에 기반한 의사결정을 내릴 능력을 현저하게 저해하여 피해를 초래하거나 초래할 가능성이 있는 의사결정을 내리는 데 사용되는 경우'이다.[37] 즉 AI 기술이 사람을 대체하는 것이 아니라 돕는 도구의 역할을 수행하도록 사람의 주체성을 지키는 노력이 필요하다. 개인의 주체성뿐만 아니라 EU의 인공지능법처럼 사회적으로도 사람의 주체성을 훼손하지 않도록 규정하고 지키는 것이 필요하다.

기독교 세계관으로 바라본 '인간의 주체성' : 성경적 행위주체성과 이웃사랑

인공지능은 인간에게 무수히 많은 유익과 편리성을 제공한다. 인공지능은 데이터 기반 학습, 의료 생명과학, 로봇 공학, 사무 자동화, AI 챗봇, 교통 및 모빌리티, 미디어 엔터테인먼트 등 다양한 영역에서 혁신적으로 사용되고 있고, 이로 인해 인간의 삶은 더욱 편리해지고 있다. 하지만 인공지능은 인간이 만든 산물이기 때문에 반드시 인간의 통제하에 개발되고 운영되어야 한다. 즉 인공지능 활용의 주체가 바로 인간이 되어야 한다는 의미이다.

인간은 하나님의 형상으로서 하나님 통치를 위임받은 대리인이다.[38] 하나님은 문화명령을 통해 생육하고 번성하면서 이 땅을 다스려야 할 책임과 의무를 인간에게 부여하셨다(창 1:28). 이는 인간과 인공지능의 관계에 있어서도 동일하다. 인간은 인공지능을 통제하며 사용해야 한다. 만일 인간이 인공지능의 통제를 받는다면 이는 '다스리는 자가 다스림받는 자의 위치'로 전락하는 것이 될 것이다. 이는 마치 하나님의 통치를 받아야 할 인간이 온 우주의 통치자인 하나님을 통제하려는 시도와 같은 개념이다. 따라서 인공지능을 개발하고 운영하는 주체는 인간이 되어야 하며 인간이 정한 한계와 범위에 따라 활용되어야 한다.[39]

인간이 인공지능을 주체적으로 관리하고 사용한다는 것에는 윤리적으로 사용한다는 개념이 포함된다. 주체적인 인간의 자유는 개인의 쾌락만을 추구하거나 타인의 행복을 억압하는 데에 사용되어서는 안 된다. 특히 인공지능을 주체적으로 사용하는 데 있어서 중요한 원리 중 하나는 바로 타인의 개인정보 보호와 안전한 보안 관리다. 이러한 개념은 성경적 관점에서 볼 때 타인에 대한 '배려'를 기반으로 하는 이웃 사랑의 원리와 일맥상통한다.[40] 성경은 이웃을 나의 몸과 같이 사랑하라(레 19:18; 마 22:37-39)고 말씀하신다. '내 이웃을 나 자신과 같이 사랑해야 한다'는 말씀은 내가 나를 보호하는 것과 동일한 방식으로 타인을 보호해야 한다는 것을 의미한다.

그러므로 우리는 인공지능을 활용할 때 반드시 타인의 정보를 보호하며 사용해야 한다. 데이터를 수집하는 과정에서 다른 사람의 개인정보나 저작권을 침해하지는 않았는지 지속적으로 모니터링 하고 성찰하며 사용해야 한다. 또한 개인의 동의 없이 그의 사생활을 무분별하게 수집, 가공, 활용하는 것도 금지해야 한다. 모든 인간은 존엄한 존재이므로 그의 고유한 가치와 자율성이 침해되어서는 안 된다.

한편 그리스도인은 개인적 차원을 넘어 시스템 차원에서도 인공지능을 선한 방식으로 활용하기 위한 구조를 만들어야 한다. 악의적인 의도로 인공지능 보안을 깨뜨려 해킹하거나 허위정보를 생산해 내는 행위도 경계해야 한다. 그리스도인은 자신이 죄로 인해 하나님의 질서를 깨뜨릴 수 있다는 사실을 늘 인지하면서 인공지능을 안전하게 사용할 수 있는 보안체계를 견고하게 세워야 한다.

2. 신앙중심 AI 설계 및 운영

신앙중심의 AI 설계 및 운영은 AI 리터러시 영역에서 가장 심화된 내용이다. 일반 AI 리터러시에서 보자면 인간 중심의 AI 설계 및 운영에 해당된다. 인공지능을 개발할 때 단순히 문제를 해결하기 위한 목적만이 아니라 인간에게 미칠 영향을 예상하고 개발하는 자세를 가져야 한다는 것이다. 따라서 자신의 삶과 지역적 맥락을 이해하고 사회, 경제, 문화를 넘어 생태계에 미칠 잠재적 영향을 탐구하고 바람직한 방향을 인공지능을 개발하려는 노력을 해야 한다. 이를 위해서는 AI 기술이 사람 주도로 설계, 개발, 운영된다는 것을 이해하고 지속가능성, 포용성, 공감 등 인간 중심의 핵심가치를 훼손하지 않아야 하며, 더 나은 사회를 만들기 위해 도움이 되는 방향으로 설계, 개발하는 마음과 태도를 가져야 한다. 특히 인공지능이 인간의 가치, 목적, 맥락에 올바르게 정렬(Align)될 수 있도록 설계하고 개발하는 것이 필요하다.

인간중심 AI 설계 노력은 '신뢰할 수 있는 인공지능'을 개발하기 위한 노력과 일맥상통한다. 사람에게 도움이 되는 인공지능을 개발하려는 노력은 2017년 미국 아실로마에서 열린 회의를 통해 그 기반이 마련되었다. '아실로마 AI 원칙'(Asilomar AI Principle)이라고 불리는 이것은 연구 이슈(5개항), 윤리 및 가치(13개항), 장기이슈(5개항) 세 개 범주로 구성되어 있다.[41] 주요 내용을 살펴보면, 연구에서는 인공지능 개발의 방향이 분명히 인간에게 유익해야 한다는 것이고, 윤리 및 가치에서는 안정성과 투명성 그리고 인간의 가치와 권리 존중, 공동의 이익과 공동의 번영, 개인정보 보호 및 자유 보장 그리고 인간의 통제력 유치와 치명적인 AI 무기 개발 회피를 요구한다. 장기 이슈로는 초지능의 능력이 어디까지 가능할지 미리 상한을 두지 말 것, 인류의 실존적 위험, 즉 인류의 멸종을 부를 수도 있을 위험에 대한 계획과 완화 노력이 있어야 한다는 것, 인공지능 시스템이 스스로 자기 개선 또는 자기 복제를 하게 될 경우 엄격한 안전 및 통제 조치를 받아야 한다는 것, 초지능은 몇몇 국가나 조직이 아닌 모든 인류의 이익, 공동선을 위해 개발돼야 한다고 선언한 것이다. 아실로마 원칙 이후 세계 각국에서는 인류의 가치와 사회에 도움이 되는 인공지능 개발 원칙을 수립하고 실천하려 하고 있다. 우리나라에서도 2020년 정부에서 발표한 '사람이 중심이 되는 인공지능(AI) 윤리기준'에서 10가지 핵심 요건을 제시하고 있다.[42]

인간중심 AI 설계 및 운영은 개발자에게 필요한 리터러시라고 생각할 수 있으나 AI 교육이 2022년 개정 교육과정부터 초중등 학생들에게 도입되었기 때문에 AI 시대에 모든 사람에게 필요한 영역이라고 할 수 있다. 또한 최근 바이브 코딩(Vibe Coding)을 통해 비전문가들도 AI 도구를 활용해서 자신에게 필요한 앱을 개발할 수 있으므로, 인간중심 AI 설계 및 운영의 중요성은 점점 강화되고 있다.

기독교 세계관으로 바라본 '신앙중심 AI 설계 및 운영' : 하나님 나라의 통치

인공지능을 인간의 삶에서 안전하고 지속 가능하게 활용하려면 인간 주도적인 설계가 이루어져야 하고 그 운영의 주도권이 인간에게 주어져야 한다. 주도권을 가진 인간은 인공지능이 인간의 삶에 유익을 주기 위해 존재하도록 해야 하며, 인간의 실존을 위협하는 도구로 발전하지 않도록 철저하게 통제해야 한다. 특히 개인적 차원에서 어떻게 해야 할 것인지 논의와 더불어 인공지능과 관련하여 사회적 시스템이 어떻게 작동해야 하는지를 사회 전체가 함께 논의해야 한다.

신앙중심의 인공지능 설계는 하나님 나라의 통치 개념으로 설명할 수 있다. 하나님 나라는 하나님께서 주인 되시고 다스리시는 나라를 의미한다. 즉 하나님의 주권과 통치가 온전히 실현되는 나라다. 하나님 나라에서 인간은 하나님의 형상으로서 청지기적 사명을 감당하는 존재이다. 그래서 하나님의 창조질서를 유지하고 보호하는 역할을 하는 위임받은 통치인의 역할을 맡는다. 그러므로 그리스도인은 하나님 나라에서 하나님의 통치 원리가 훼손되지 않도록 노력해야 하며, 인공지능을 포함한 과학기술에 대한 통제권을 갖고 하나님의 영광과 인간의 행복을 위한 방향으로 인공지능을 개발하고 운영해야 한다.

하나님 나라의 위임받은 통치자인 인간이 해야 할 가장 중요한 사명은 공동선(common good)을 추구하는 일이다. 공동선이란 한 사회의 모든 구성원들의 복리와 번영에 기여하는 것을 의미한다. 인공지능과 관련하여 공동선을 추구한다는 것은 인공지능을 개발하고 활용하는 데 있어서 일부 특정한 집단이나 권력자들에게만 혜택이 주어지는 것이 아닌, 그 사회의 구성원 모두에게 유용한 혜택이 돌아가도록 시스템을 설계하는 것을 의미한다.[43]

첫째, 인공지능 사용에 있어서 정의의 관점에서 형평성을 고려해야 한다. 즉 인공지능에 대한 접근성이나 기술 혜택이 사회 구성원 모두에게 돌아가야 한다. 이렇게 하기 위해서는 성육신하신 예수 그리스도의 정신을 반영하여 가난하고 소외된 사람들에게도 인공지능 기술의 혜택이 공정하게 분배되도록 사회적 시스템을 구축해야 한다.

둘째, 인공지능 사용에 있어서 편향성을 제거해야 한다.[44] 인공지능은 학습한 데이터를 기반으로 정보를 제시하기 때문에 학습의 단계에서부터 편향적일 가능성이 크다. 또한 사용자의 사용 알고리즘에 따라 편향적인 해결책을 제시하기 쉽다. 더 나아가 인종, 성별, 사회 경제적 지위에 따라 편향적인 정보를 제공할 수 있다. 따라서 그리스도인은 편향된 정보가 아닌 균형 잡힌 정보가 사용자에게 제공되도록 인공지능 활용 시스템을 구축해야 한다.

셋째, 인공지능 활용 과정에서 안전성과 인간의 존엄성이 보장되어야 한다.[45] 그리스도인은 딥페이크, 인종적 혐오, 남녀 차별 표현, 개인정보와 사생활 침해 등 인공지능 오남용 사례가 발생하지 않도록 철저하게 관리하고 교육해야 한다. 그 이유는 내 이웃도 하나님의 형상을 따라 지음받은 존재이기 때문이다.

하나님 나라의 통치를 받는 그리스도인은 인공지능 활용에 있어서 "네 이웃을 네 자신과 같이 사랑하라"(마 22:39)는 주님의 말씀을 실천해야 하고, "오직 공법을 물 같이, 정의를 하수 같이"(암 5:24) 흐르게 하는 사명을 잘 감당하여 공공선을 실천해야 한다.

공동체적 책임성과 동역

1. 공동체적 책임성

AI 기술은 효율성과 효과성을 추구한다. AI 기술을 활용하면 주어진 일을 수행할 때 효율적으로 처리할 수 있기 때문에 편리한가 효과적인가의 기준에 따라 사용 여부를 결정하게 된다. 인공지능은 사용자에 의해 일의 목적이 부여(입력)되면 그 목적을 달성하기 위해 수단과 방법을 가리지 않는다. 인공지능의 이런 특성을 'AI 정렬'(Alignment)이라고 한다. AI 정렬이란 AI 시스템의 목표와 행동이 인간의 가치, 목표, 의도에 부합하도록 조정하는 과정을 말한다. AI 정렬에 대한 사고실험의 예로 닉 보스트롬(Nick Bostrom)이 주장한 '종이 클립' 문제가 있다.[46] 인공지능의 목적이 종이클립을 가능한 많이 만드는 것이라고 할 때, 종이클립을 만들기 위해 나무를 다 쓰고 나면 지구의 모든 자원을 클립을 만드는 데 사용할 것이고, 우주로 확장해 모든 것을 클립 공장으로 바꾸게 될 것이라는 것이다.

종이클립을 만드는 최종 목적 때문에 인간의 가치, 공정성, 우선순위를 고려하지 않고 무조건 종이클립을 만드는 목적 달성만 추구하게 되는 결과가 나타날 수 있다. 따라서 AI 기술을 사용할 때는 책임감을 가지고 사용해야 한다.

유네스코에서 발간한 보고서에 따르면 생성형 AI를 안전하고 책임감 있게 사용하려면 3단계의 절차를 거치라고 제시한다.

인공지능 활용은 누구에게나 열려 있으나 그 결과물을 일이나 학습, 일상생활 등에 직접적으로 사용하는 책임은 전적으로 사용자에게 달려 있다. 따라서 AI 기술의 활용은 책임감을 바탕으로 이루어져야 한다.

특히 공적인 영역에서 데이터를 분석하거나 보고서를 작성할 경우, AI가 산출한 결과를 반드시 점검한 후 사용해야 한다. 개인의 영역에서 리포트나 논문을 작성할 경우 해당 학교나 기관의 원칙을 준수해야 하며, 스스로가 책임질 수 있는 범위 내에서 사용하는 것이 중요하다.

TeachAI에서 발간한 가이드라인에 의하면 AI 도구를 사용할 때 금지해야 할 사항 중 책임 있는 사용과 관련된 내용을 다음과 같이 제시하고 있다.[48]

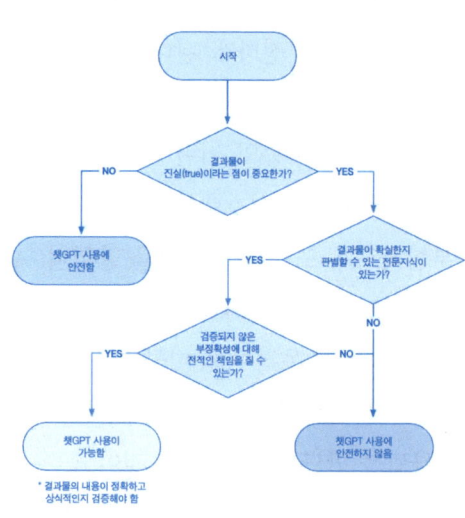

그림7. 챗GPT 사용 방안[47]

- 따돌림/괴롭힘 : AI도구를 사용하여 미디어를 조작하면서 따돌리는 것, 괴롭히는 것 또는 모든 형태의 협박을 위해 다른 사람으로 사칭하는 행위는 엄격히 금지된다.
- 과의존 : AI 도구에 대한 의존은 인간의 판단력을 감소시킬 수 있다. 따라서 AI 도구의 사용 여부, 시기, 방법을 명확히 해야 한다.
- 표절 및 부정행위 : AI 사용자는 사전 승인과 적절한 문서화 없이 생성형 AI를 포함한 모든 출처의 내용을 그대로 사용해서는 안 된다. 학문적 진실성을 유지하기 위해 기존 절차들을 계속 적용하고 점검해야 한다.

기독교 세계관으로 바라본 '공동체적 책임성' : 청지기 의식

인간은 인공지능을 사용하되 '책임감' 있게 사용해야 한다. 인공지능은 인간에게 무수한 편리성과 혁신을 제공해 줄 수 있으나, 그것을 인간의 맘대로 사용한다면 수많은 부작용이 발생할 가능성이 있다. 따라서 그리스도인은 청지기 의식을 갖고 책임감과 책무성을 기초로 인공지능을 활용해야 한다.[49]

성경은 "각각 은사를 받은 대로 하나님의 여러 가지 은혜를 맡은 선한 청지기 같이 서로 봉사하라"(벧전 4:10)고 말씀하신다. 청지기란 주인의 것을 맡아서 관리하고 책임지는 자를 의미한다. 청지기 의식이란 하나님께서 만드신 이 세상의 모든 것들을 선한 목적으로 사용하기 위하여 책임감 있게 관리하는 임무를 일컫는다. 이와 같은 사상에는 인간이 이 세상의 주인이 아니며 오히려 이 세상에 사는 동안 잠시 잠깐 주어진 자원을 맡아서 선하게 사용하고 관리하다가 다음세대에게 물려주어야 한다는 사상을 포함하고 있다. 인간은 하나님과 자신의 위치를 잘 깨닫고 맡겨 주신 사명을 성실히 감당해야 하는 청지기라는 사실을 인식해야 한다.[50]

이러한 청지기 의식은 인공지능 활용에도 동일하게 적용된다. 그리스도인은 하나님이 주신 기술을 선한 목적으로 사용해야 하며, 공정과 정의의 정신을 기반으로 인공지능 개발과 활용을 위한 데이터와 자원들을 효율적으로 관리해야 하고, 다음세대가 인공지능을 마음 놓고 활용할 수 있도록 인공지능 사용에서 발생할 수 있는 윤리적 문제들을 하나씩 제거해 나가야 한다.

첫째, 청지기는 인공지능을 선한 목적과 이웃 사랑의 원칙에 따라 사용해야 한다. 인공지능은 내재된 편향성으로 인해 올바른 가치관 형성을 방해하거나 인간의 존엄성을 훼손하고 타인을 억누르는 도구로 오용될 수도 있다. 이와 같은 현실을 직시할 때, 청지기는 기술의 발전 속에서 신앙적 분별력을 발휘하여 인공지능이 정의와 공익을 증진하는 데 기여하도록 분명한 목적을 제시해야 한다.

둘째, 청지기는 인공지능 활용에 소요되는 자원을 공정하고 효율적으로 관리해야 한다. 인공지능은 개발과 활용의 전 과정에서 상당한 비용과 자원이 소요된다. 데이터를 모으고 가공하고 보관하는 것, 전력 에너지를 사용하여 인공지능을 구동시키는 것 등에 수많은 자원이 소요된다. 청지기는 이 과정에서 자원이 낭비되지 않도록 해야 하고 이용자가 사회적, 경제적 지위로 인해 정보접근성에서 차별을 받지 않도록 해야 한다.

셋째, 청지기는 인공지능 활용 시 비윤리적 접근을 경계해야 한다. 인공지능은 목적과 수단 모두 윤리적 기준을 만족시켜야 한다.

인간을 편리하게 하겠다는 목적이 분명해도 그 과정에서 개인정보가 유출되거나 개발 과정에서 희생되는 사람이 없도록 각별한 노력을 기울여야 한다. 이러한 노력이 수반될 때, 인공지능을 책임감 있게 활용할 수 있게 된다.[51]

2. 인간과 인공지능의 동역

인간과 AI의 동역은 AI를 파트너로서 활용할 때 어떻게 해야 할지 이해하고 적절하게 활용할 수 있는 능력에 대한 내용이다. AI는 사람이 아니기 때문에 사람과의 차이를 이해하고 효과적으로 협업하기 위한 방법이 무엇인지 알고 실천하는 것이다. 유네스코에서 발간한 가이드에 의하면 교육에서 챗GPT를 어떻게 활용할 수 있는지를 보여 준다. AI가 할 수 있는 역할과 내용을 다음과 같이 제시하고 있다.

표3. 교육에서의 챗GPT 활용 방법[52]

역할	내용
가능성 엔진	아이디어를 표현하는 대안적 방법 생성
소크라테스식 상대	상대방의 역할을 수행 및 논쟁
협력 코치	그룹이 함께 조사하고 함께 문제 해결
옆에 있는 가이드	물리적 공간과 개념적 공간(자원)을 탐색하는 가이드 역할
개인 튜터	각 학생을 튜터링하고 진행 상황과 진도에 대한 즉각적인 피드백 제공
공동 설계자	설계 전 과정을 지원
탐구도구	데이터를 해석하고 탐색하는 놀이 도구
학습 친구	학습자료 공부에 도움, 인터뷰 준비 등
동기부여	학습 확장을 위해 게임과 도전과제 제공
동적 평가자	교사에게 각 학생의 현재 지식의 프로필 제공

AI에게 어떤 역할을 부여하고 함께 협업하느냐에 따라 여러 분야에서 협업 파트너로서 활용할 수 있다. 교육분야뿐 아니라 경제, 문화, 금융, 국방 등 여러 분야에서 파트너로 활용할 수 있다.

최근 개발된 생성형 AI의 경우 사용자의 직업이나 전문성, 맞춤형 지침을 설정하도록 되어 있고, AI의 성격도 지정할 수 있어서 파트너 역할을 설정하고 사용할 수 있다. 이때 중요한 것은 사람의 역할을 명확히 인식하고 인공지능에게 위임하지 않는 것이다. AI와 협업하더라도 활용하는 사람이 주체적이고 주도적인 역할을 수행하면서 필요한 부분에 필요한 만큼만 파트너로 활용하는 것이다. AI와 협업하려면 AI의 가능성과 한계를 이해하고 적재적소에 활용하는 능력이 필요하다. 따라서 AI와 협업하려면 앞서 살펴본 모든 영역에서의 리터러시가 갖춰져야 한다. 일부 급진적인 학자들은 인공지능과의 '공생'이나 '공진화'를 주장하기도 하는데, 기독교적 관점에서 보면 바람직한 모습은 아니다. 따라서 기독교적 입장에서 AI와의 협업에 대한 방안을 수립하고 실천할 필요가 있다.

기독교 세계관으로 바라본 '인간과 인공지능의 동역' : 하나님의 동역자

인공지능은 인간의 삶에서 빠질 수 없는 필수적인 존재가 되고 있다. 그리스도인은 인공지능이 전혀 필요 없다는 주장이나 인공지능으로 모든 문제를 해결할 수 있다는 양극단적 사고에서 벗어나 '어떻게 하면 인공지능을 잘 활용하여 하나님께 영광을 돌리고 사람다운 삶을 살 수 있는 사회를 만들 것인지'를 고민해야 한다. 인공지능이 아무리 발달해도 그것이 인간이 될 수 없고, 반대로 인간이 인공지능이 될 수 없다는 사실을 명확히 인식해야 한다. 인간은 '인간다움'을 유지하고 인공지능은 '인공지능다움'을 유지하며 상호 조화와 균형을 통해 우리의 삶을 풍요롭게 만들어 가야 한다. 이 점에서 인간과 인공지능은 같은 목표를 달성하기 위하여 서로 협업해야 하는 일종의 동역자 관계인 것이다. 물론 이 동역자 관계는 인간이 주체가 되고 인공지능이 보조자의 역할을 하는 관계로 설정되어야 한다.

성경은 우리를 "하나님의 동역자들"이라고 표현한다(고전 3:9). 동역자는 '함께 일하는 자' 또는 '동료 일꾼'을 의미하는 단어로서, 인간이 하나님의 주도적 사역에 단지 기계적으로 '이용되는' 존재가 아니라 하나님과 같은 목적을 가지고 그 사역에 능동적으로 '동참하는' 존재라는 의미이다. 즉 인간은 하나님의 사역에 기쁨으로 동참하고 헌신하는 역할을 하는 자이다. 물론 하나님의 사역에서 절대적 주체는 바로 하나님이시다. 하나님은 절대적인 능력과 주권을 가지고 사역의 주도권을 행하시는 분이시며 인간은 하나님의 사역에 소명을 받아 사명을 감당하는 존재이다. 즉 하나님은 "자라게 하시는 분"이시며 인간은 씨를 뿌리고 물을 주는 방식으로 하나님의 사역에 동참하는 동역자인 것이다(고전 3:6-7). 인간은 하나님의 사역에 감사함으로 동참하면서 하나님의 선하신 목적을 함께 이루어 가는 존재이다.

같은 맥락에서 인간은 인공지능의 설계자이며 창조자이고 인공지능은 인간의 삶과 세상에서 도움을 주는 협력도구의 역할을 하는 존재이다.[53] 인간은 이 세상에 사는 사람들이 인간다운 삶을 살아가도록 하는 공동의 목표를 가지고 있으며, 인공지능은 그 인간다운 삶을 지속적으로 살아갈 수 있도록 협력하는 도구인 것이다. 따라서 인공지능을 활용하되 인간의 더 나은 삶에 기여하도록 적절하게 통제하며 사용해야 한다. 이러한 인공지능과 인간의 기술적 동역을 통해 세상을 더욱 풍요롭고 아름답게 만들어 갈 수 있다.

다만 인공지능 활용에 있어서 인간의 주체성과 주도성이 명확히 드러나야 하지만, 성경적 관점에서 볼 때 인간 역시 한계를 가진 연약한 피조물이다. 그러므로 인공지능을 협력의 파트너로 사용하고자 하는 그리스도인은 인간의 연약함을 인정하고, 자신의 욕심이나 파괴적인 목적으로 인공지능을 사용하지 않기 위해서 항상 성령의 인도를 받아야 한다.

사회적 영향

AI 기술은 이전까지의 기술과 달리 인류에게 지대한 영향을 미칠 가능성이 크다. AI는 인류가 축적한 지식을 학습했고, 자연어 처리 성능도 향상되어 사람과 의사소통이 가능하게 되었다. 이전까지 인류가 개발한 기술은 개발한 목적에 따라 단일 영역에서만 그 목적을 위해서 사용되는 것이었는데, AI 기술은 단일 목적이 아닌 범용적인(General) 목적으로 사용할 수 있다. 범용적으로 사용할 수 있다는 것은 경제, 제조, 교육, 국방, 종교 등 다양한 분야에 여러 목적으로 활용할 수 있다는 것이다. 개인의 입장에서 보면 AI 기술은 우리가 일하고, 여행하고, 의사소통하고, 협력하는 방식을 변화시키고 있다.

AI index 2025 보고서에 따르면 2024년 전 세계 기업 조직의 78%가 한 가지 이상의 비즈니스 기능에 AI를 도입하여 사용하기 시작했으며, 2023년 대비 55% 증가한 것으로 나타났다.[54] 과학 및 의학 분야에서는 단순한 실험도구를 넘어 급속한 발전을 주도하는 수단으로 영향력이 확대되고 있다. 반면 의료 AI의 윤리적 문제에 대한 관심은 지난 5년 동안 꾸준히 증가한 것으로 나타났다. 또한 전 세계적으로 딥페이크 오남용 등 생성형 AI로 인한 사회적 영향과 잠재적 피해 완화를 위한 AI 규제법 제정이 증가하고 있는 것으로 나타났다. 교육 분야에서는 2024년 기준으로 교육용 AI에 대한 지침을 발표한 나라가 10개국으로 나타났고, AI 교육이 빠르게 확산되고 있으나 국가별, 지역별로 격차가 존재하고 있다. AI 제품과 서비스에 대해 낙관적인 전망이 우세한 가운데, AI의 공정성에 대한 신뢰는 감소한 것으로 조사되었다.[55]

AI 기술은 사람의 일을 쉽고 빠르고 편리하고 처리할 수 있도록 해주기 때문에 긍정적인 측면에서는 유토피아(Utopia)를 앞당길 수 있는 반면, 사람의 일을 인공지능이 대체하기 때문에 인간의 소외와 양극화를 초래하여 디스토피아(Dystopia)를 부를 수도 있다. 김대식 교수는 그의 책에서 AI 기술의 양면성을 다음과 같은 사례를 들어 설명하고 있다. "AI와 관련된 빅테크에 있는 전문가들은 인간이 100조짜리 모델을 만들면 천국이 된다고 말한다. 줄곧 이야기해 오고 있는 인공지능 유토피아다. 인간이 능력이 없어서 풀지 못하고 있는 온갖 문제, 즉 기아, 불평등, 전쟁, 기후변화 등의 문제들을 인공지능이 풀어 줄 거라는 것이다."[56] 이어서 저자는 디스토피아적인 미래상도 제시하는데, AI가 발전하면 사람처럼 자율성이 생기고, 스스로 인간의 명령에 불복하거나 탈옥(Jailbreaking)할 가능성을 설명한다. 더 나아가 AI가 스스로를 자각하게 되면, AI가 추구하는 목적이 사람들이 원하는 목적과 충돌하게 될 수도 있으며 영화 〈매트릭스〉나 드라마 〈웨스트월드〉처럼 인류의 멸망을 초래할 수도 있다는 것이다. 김대식 교수는 극단적으로 인공지능이 신의 역할을 하는 인공지능 종교의 등장까지 예상하고 있다. 따라서 AI 기술로 인해 발생할 수 있는 윤리적 문제를 알고 비판적으로 판단하는 능력을 길러야 하며 이런 문제를 해결하기 위한 국제적인 노력이 필요하다.

기독교 세계관으로 바라본 '사회적 영향' : 영적 분별력

인공지능은 미래 사회를 혁신적으로 바꿀 것이다. 과거 일부 사람들에게만 접근 가능했던 인공지능 기술은 이제 모든 사람이 이용하는 범용적인 도구가 되었다. 인공지능이 발전할수록 사람들의 마음속에는 인공지능이 인간의 한계를 극복하는 수준을 넘어 인류를 구원하는 도구가 될 수 있으리라는 믿음이 생길 수 있다. 이러한 주장은 전형적인 과학주의적 신념이다. 과학주의는 일종의 과학만능주의로서, 과학이 인간이 겪는 모든 문제를 해결해 줄 수 있을 것이라는 '종교적인 신념'이다.[57] 그렇다면 정말 인공지능을 포함한 과학기술이 이 땅을 유토피아로 만들 수 있으며 인류를 구원할 수 있을까?

그리스도인은 기술적 낙관론과 비관론을 모두 경계해야 한다. 하나님이 인간에게 주신 일반은총으로서의 기술은 인간을 구원할 수 있는 최후의 도구가 아니며, 이와 반대로 인간을 파괴하는 도구이기 때문에 인간이 완전히 멀리 해야 하는 도구도 아니다. 즉 인공지능을 포함한 과학기술은 유토피아적 희망과 디스토피아적 고민을 함께 제공한다.[58] 다만 과학기술은 하나님이 주신 일반은총의 산물이기 때문에 성경적 진리와 성령의 인도하심을 따라 활용해야만 하나님의 영광과 인간의 유익을 위해 선용될 수 있다. 이러한 점에서 인공지능을 포함한 과학기술을 대하는 그리스도인이 가져야 할 가장 중요한 덕목 중 하나가 바로 '영적 분별력'이다. 영적 분별력이란 성경의 기준에 근거하여 무엇이 옳고 그른지, 무엇이 선하고 악한지 그리고 무엇이 하나님이 기뻐하시는 것이며 그렇지 않은 것인지를 구분할 수 있는 능력을 의미한다. 그리스도인이 인공지능을 하나님이 기뻐하시는 도구로 사용하기 위해서는 이러한 영적 분별력이 반드시 필요하다.

인공지능과 관련하여 영적 분별력을 갖는다는 것은 다음 몇 가지 내용을 포함한다. 첫째, 인간이 활용하고 있는 기술의 본질이 무엇인지 분별하는 것이다. 즉 인공지능이 하나님의 영광을 드러내고 인간의 삶을 윤택하게 하는 선한 도구인지 아니면 인간을 지배하려는 우상이 될 것인지를 분별하는 것이다. 둘째, 인공지능이 인간 사회의 소외와 불평등 현상을 극복해 주는 도구가 될 수 있는지 아니면 그것을 더 심화시키는 도구인지를 분별하는 것이다. 셋째, 인공지능이 인간의 주체성을 대체할 수 없고 인간의 통제하에 사용되어야 하는지 아니면 인공지능이 하나님의 자리에서 왕 노릇 할 것인지를 분별하는 것이다. 인공지능이 하나님의 영광을 드러내는 도구가 되어야 하고, 인간 사회의 불평등 문제를 극복하는 도구가 되어야 하며, 인간의 통제하에 사용되어야 한다는 것은 분명하다.

　이러한 영적 분별력을 갖기 위해서 그리스도인은 성경의 기준에 따른 비판적 사고력을 길러야 한다. 비판적 사고력이란 정보를 객관적이고 합리적으로 분석하고 평가하여 논리적으로 타당한 결론을 도출하는 능력을 의미한다. 하나님은 인간에게 이러한 비판적 사고력을 부여하셨다. 따라서 인간은 하나님이 주신 비판적 사고를 통해 인공지능의 명과 암을 잘 구분하여 사용해야 한다. 인공지능을 우상화하는 극단과 인공지능을 무조건 배척하는 두 극단을 모두 배제하고, 영적 분별력과 비판적 사고를 통해 인공지능을 통제하고 선용하기 위해 노력해야 한다.

AI 시대,
기독교 세계관과 생성형 AI

선한 도구로서의 AI 활용법

김성훈 교수
(총신대학교)

들어가며

"챗GPT로 설교문 작성? 이단에서 가져온 자료도 있어"라는 제목의 기사가 크리스천 온라인 미디어를 달궜다. 이 기사는, AI가 생성한 설교문이 마치 목회자의 영감으로 쓰인 듯 보일 수 있다는 점을 경계하며, "설교는 단순한 문장 나열이 아니라 삶과 말씀의 만남이기에 AI가 이것을 대체해선 안 된다"라고 지적했다.[1]

이와 유사한 맥락에서, 미디어 보도들은 AI가 영적 영역에 들어오는 시도를 경고하고 있다. 예컨대 CNN은 "ChatGPT가 설교를 쓸 수 있다-종교 지도자들은 어떻게 느껴야 할까?"라는 제목으로, AI가 인간의 영적 메시지를 어느 정도 모방할 수 있지만 그 '영성'이나 '공감'까지 대체할 수는 없다는 우려를 전했다.[2] AP 통신 보도에서는 "AI가 쓴 설교는 영혼이 없다"(lacks a soul)라는 목회자들의 반응을 전하며, AI 설교가 능숙한 문장력은 보일 수 있어도 진정한 인간적 온기와 삶의 무게를 담아 내기는 불가능하다고 지적한 바 있다.[3]

핀란드 헬싱키의 성(聖) 바울 대성당에서 거의 전적으로 AI가 생성한 예배가 시도된 바 있다. 설교, 찬양, 시각 자료, 목사 아바타 읽기 등 모두 AI 기반으로 구성되었다는 이 실험은 참석자 수가 평상시보다 많았지만, 여러 이들은 예배가 "감정적으로 멀게 느껴졌다"라고 평가했다.[4] 이 사례는 AI 가능성의 한편을 드러내는 동시에, 인간의 영적 돌봄과 공감이 빠진 예배가 지니는 거리감도 보여 준다.

이처럼 AI의 종교 영역 진입은 더 이상 먼 미래의 상상이 아니다. 실제로 기도문·설교문 작성, 낭독, AI에게 신앙고백 등 **영적 영역에서의 오남용 사례**가 여러 매체와 온라인 공간에서 목격된다. 이러한 사례는 기술 발전만큼이나 '누가 어떻게 사용하는가'가 중요하다는 경각을 불러일으킨다.

문제상황 : 영적 영역에서의 AI 오남용 사례

몇몇 목회자와 사역자는 AI에게 기도문이나 설교문을 작성하게 한 뒤 그것을 낭독하게 하거나, AI에게 신앙고백("나를 위해 기도해 줄래?" 등)을 요청하는 사례를 공개적으로 공유하기도 한다. 이러한 현상은 단순히 업무 효율성의 문제를 넘어, **신앙과 교회 공동체가 갖는 고유 영역**을 무심코 기술에 개방하는 태도로 이어질 수 있다.

AI가 작성한 설교문을 거의 손대지 않고 그대로 설교 대본으로 사용한다든지, AI 음성 낭독을 예배에 도입하는 영상들이 유튜브 등을 통해 유포되는 사례도 있다. 이는 언뜻 보면 '혁신적 활용'처럼 보일 수도 있으나, 내면적 분별과 책임성을 희생하는 위험을 내포한다.

출판 영역에서도 유사한 논쟁이 있다. AI를 활용해 원고 초안을 빠르게 작성한 뒤 이를 거의 수정 없이 사용하는 행위는 표절 시비에 휘말릴 수 있으며, AI 생성 문장의 **출처 불명확성** 문제는 독자와 저자 간 책임 관계를 흐리게 만든다.

이러한 사례들은 단순히 기술 적응의 범주를 넘어, 기술을 대하는 인간의 태도와 **책임성**이 문제의 핵심임을 시사한다.

문제의 원인 : AI 오해와 기술 환상

위 같은 오남용이 빈번히 발생하는 근본 원인은 두 축에서 찾아볼 수 있다.

첫째, AI 작동 원리에 대한 이해 부족이다. 많은 사람이 AI를 "문장을 이해하고 사고하는 존재"라고 착각한다.[5] 그러나 실제로 생성형 언어모델(large language model)은 데이터 간 통계적 패턴을 학습하고, 다음 단어를 예측하는 방식으로 작동한다. 예를 들어 CNN 보도에서 ChatGPT는 "다음 단어를 예측하는 언어 모델링 기법"을 사용한다고 자신을 설명한 바 있다. 즉 AI는 의미를 '이해'하고 판단하는 것이 아니라, 빈도 높은 언어 패턴을 조합하는 것이다.

둘째, AI의 기술적 한계와 환각(hallucination) 현상은 일반 사용자에게 잘 보이지 않는다. AI는 그럴듯한 문장을 만들 수 있지만, 실제 사실관계나 맥락을 왜곡할 수 있으며 때로는 거짓 정보를 만들어 내기도 한다.[6] 이러한 한계를 인식하지 못한 채 AI의 출력을 맹신하면, 인간의 비판적 사고와 검증 능력은 약화된다.

이 두 요인이 결합되면, AI를 판단자 또는 대체자로 위치시키는 함정에 빠지게 된다.

해결의 방향 : 교육적 분별과 선한 도구로의 전환

AI를 경계만 할 것이 아니라, 올바르게 활용 가능한 도구로 전환하기 위해서는 다음과 같은 원칙적 접근이 필요하다.

- 기술 구조 교육과 분별적 사고 훈련교회 리더, 사역자, 청년들에게 AI의 내부 동작 원리(토큰화, 확률 예측, 환각 등)를 간략하지만 명료하게 설명하고, AI가 생성한 문장에 대해 "왜 이렇게 나왔는가?"를 묻는 습관을 길러야 한다.
- 역할과 책임 구분 AI는 보조도구다. 초안 생성, 정보 요약, 대안 제안 등은 가능하지만, **최종 판단, 목회적 해석, 영적 적용**은 반드시 인간의 몫으로 남겨두어야 한다.
- 투명성과 책임 원칙 확립문서 또는 설교에 AI 활용 여부를 밝히고, AI가 제공한 정보의 출처 및 검증 과정을 공개하면서 책임 관계를 명확히 해야 한다.
- 청년 중심 사고 훈련 유도단순한 자동 답안기로 사용하지 않고, AI와 함께 사고하는 방식, 질문 중심의 활용 태도를 익히도록 교육해야 한다.

이제 AI의 구조와 작동 원리를 깊이 살펴보고, 이후에는 교회와 교육 현장에서 AI를 선한 도구로 전환하기 위한 구체적 활용 방법을 제시하고자 한다.

AI에 대한 이해

AI의 본질을 이해하기 위해서는 먼저, 그것이 다루는 재료인 '데이터'의 성격을 알아야 한다. 인공지능은 스스로 생각하는 존재가 아니라, 디지털 데이터의 패턴을 학습하는 시스템이기 때문이다. 따라서 본 장에서는 AI 작동의 가장 기초적 토대인 디지털 데이터의 개념부터 살펴보겠다.

디지털 데이터의 개념

AI를 이해하기 위한 출발점은 '데이터'(data)라는 단어의 의미에서부터 시작한다. 데이터란 단순히 숫자나 문자로 된 정보 그 자체를 뜻하지 않는다. 자연 현상이나 인간의 행위를 관찰·측정하여 얻은 결과값으로, 세상의 모습을 수량화한 것이다.[7]

오늘날의 AI는 이러한 데이터를 기반으로 학습하고 추론한다. 따라서 데이터를 어떻게 수집하고, 어떤 형식으로 표현하느냐가 인공지능의 성능을 좌우한다.

아날로그와 디지털의 차이

데이터를 얻는 방법은 크게 아날로그(analog)와 디지털(digital)로 구분된다. 아날로그 데이터는 '연속적'으로 변하는 값을 가진다. 예를 들어 바람 소리, 온도, 파도, 음악의 파동은 모두 아날로그 데이터다. 이들은 자연 그대로의 정보량이 많지만, 저장하거나 전송하기 어렵다.

반면 디지털 데이터는 연속적인 현상을 일정 간격으로 '쪼개어'(discretize) 수치화한 것이다. 온도계가 매 초마다 온도를 기록하거나, 음성 신호를 초당 수천 번씩 측정하는 것이 그 예이다. 즉 디지털 데이터는 정보를 0과 1의 조합으로 표현해 저장과 관리가 용이한 형태로 만든 결과물이다.[8] 이 차이를 표로 나타내면 다음과 같다.

표1. 데이터를 수집하는 방식의 비교: 아날로그와 디지털

구분	특성	장점	단점	예시
아날로그	연속적, 자연 그대로	풍부한 정보	저장·복제가 어려움	온도계의 수은, LP 음질
디지털	불연속적, 수치화	저장·복제 용이	정보 일부 손실	디지털 온도센서, MP3

이처럼 디지털화(digitalization)는 세상을 '숫자와 기호'로 재구성하는 과정이다. 오늘날 우리가 사용하는 모든 컴퓨터, 스마트폰, 카메라, 인공지능 시스템은 이러한 **디지털 데이터화**를 전제로 작동한다.

컴퓨터의 언어 : 0과 1

컴퓨터는 인간의 언어를 이해하지 못한다. 대신 0과 1로 이루어진 전기 신호(비트, bit)를 사용한다. 모든 이미지, 텍스트, 음악, 영상은 이진법(binary system)으로 변환되어 저장된다.

1바이트(Byte)는 8개의 비트로 구성되며, 각 비트의 조합으로 수천억 가지의 정보를 표현할 수 있다. 예를 들어, 문자 'A'는 아스키(ASCII) 코드로 01000001로, 숫자 65로 저장된다. '가'라는 글자는 유니코드(Unicode) 표준에서 0×AC00(16진수)로 표현된다.[9] 이처럼 디지털 사회에서 우리가 사용하는 문자나 소리, 이미지 모두는 결국 비트의 나열로 환원된다.

디지털 데이터의 주요 형태

디지털 데이터는 형태에 따라 크게 네 가지로 구분된다.

- 숫자 데이터

수량이나 계측값을 나타내며, 통계·과학·경제 분석 등에서 사용된다. 예: 나이, 기온, 수입, 거리 등.

- 이미지 데이터

화면의 픽셀(pixel)로 구성되며, 각 픽셀은 밝기(흑백) 또는 색상(RGB)을 0~255 범위의 숫자로 표현한다. 예를 들어, 흰색은 (255,255,255), 파란색은 (0,0,255)로 저장된다. 이미지의 해상도는 이러한 픽셀 수와 밀접하게 관련되어 있다.

- **텍스트 데이터**

문자나 단어의 조합으로 이루어진 데이터로, 신문 기사, SNS 글, 이메일, 성경 구절 등 대부분의 언어 자료가 이에 속한다. 문자를 디지털로 바꾸는 과정을 인코딩(encoding)이라 하며, 아스키 코드와 유니코드가 대표적인 방식이다. 오늘날의 생성형 AI는 이 텍스트 데이터를 분석하고, 문장 간의 패턴을 학습한다.

- **소리 데이터**

대기의 진동을 전기 신호로 바꾼 뒤 일정한 시간 간격으로 샘플링(sampling)하여 수치화한다. 전화 음성은 초당 약 8,000번, CD음질은 44,100번, 고해상도 오디오는 96,000번 샘플링된다. 이후 양자화(quantization) 과정을 거쳐 각 파동을 가장 가까운 디지털 값으로 변환한다.[10]

이와 같이 모든 디지털 데이터는 '수치로 환원 가능한 정보'라는 공통점을 지닌다. AI 모델은 바로 디지털 데이터의 집합 속에서 패턴을 학습하고, 새로운 결과를 예측한다.

디지털 데이터화의 의의

디지털화의 가장 큰 의미는 세상의 일부분을 계산 가능한 형태로 바꾸었다는 점이다. 과거에는 인간의 직관과 경험으로만 해석하던 영역이, 이제는 데이터 기반의 분석과 예측이 가능해졌다. 스마트폰의 날씨 예보, 넷플릭스의 추천 알고리즘, 예배 중 자막 생성과 자동 통역 시스템까지 모두 데이터의 디지털화에서 출발한다. 그러나 디지털 데이터는 결코 '객관적 진실'을 보장하지 않는다. 데이터는 관찰자에 의해 선택되고, 기술적 제약에 따라 가공된 결과물이기 때문이다. 따라서 AI를 이해한다는 것은, AI가 학습하는 데이터의 성격과 한계를 분별하는 일이며, AI의 판단은 결코 하나님의 주권과 말씀의 권위를 대체할 수 없다. 개혁주의 신앙은 모든 지식과 기술이 하나님의 섭리 아래 존재한다고 고백한다.[11] 그러므로 AI의 이해와 활용 역시 '피조 세계의 질서 속에서 하나님의 통치에 순종하는 행위'로 인식되어야 한다.

표2. 핵심개념 설명

핵심 개념	설명
데이터	관찰과 측정을 통해 얻은 수치화된 정보
아날로그	연속적, 자연 그대로의 신호(손실 적음, 저장 어려움)
디지털	불연속적, 수치화된 신호(저장 용이, 일부 정보 손실)
인코딩	문자를 숫자(비트)로 변환하는 과정(ASCII, Unicode 등)
디지털화의 의미	세상의 일부를 계산 가능한 정보로 환원하여 AI 학습의 기반 제공

인공지능과 기계학습의 원리

인공지능이란 무엇인가

인공지능(Artificial Intelligence, AI)은 한마디로 인간의 지능적 행위를 기계로 모방하는 기술이다.[12] 여기서 '지능적 행위'란 문제 해결, 학습, 추론, 의사결정 등 인간의 고유한 사고 과정을 포함한다. 전통적인 프로그래밍은 개발자가 모든 규칙을 직접 코드로 명시하지만, 인공지능은 데이터로부터 규칙을 스스로 찾아내는 방식을 취한다. 즉 AI는 '명령을 따르는 프로그램'이 아니라, 패턴을 스스로 학습하여 새로운 상황에 대응하는 시스템이다. 이러한 AI의 목표는 인간처럼 "보는"(Computer Vision), "듣는"(Speech Recognition), "이해하는"(Natural Language Understanding) 능력을 기계에 부여하는 것이다. 최근의 AI 기술은 인간의 사고를 완전히 재현하기보다는 특정 영역의 문제를 효율적으로 해결하기 위한 확률적 근사(probabilistic approximation) 방식으로 발전해 왔다.

기계학습 : 데이터 속 관계를 학습하는 기술

기계학습(Machine Learning)은 인공지능을 구현하기 위한 핵심 접근법이다. 그 본질은 데이터 간의 상관관계를 찾아내는 과정, 다시 말해 입력(X)과 출력(y) 사이의 규칙을 수학적으로 모델링하는 것이다.[13]

전통적인 프로그램에서는 "조건-명령-결과" 구조가 명확하다. 예를 들어, "국어와 수학 점수를 입력받아 평균을 계산하라"는 명령은 if-then-else 구문으로 명시할 수 있다. 하지만 "사진 속 동물이 고양이인지 개인지 구분하라"는 문제는 수천 가지 변수(모양, 색, 질감 등)가 복잡하게 얽혀 있어 규칙을 명시하기 어렵다. 이런 문제에서 기계학습은 데이터로부터 규칙을 '추정'한다. 이를 수식으로 표현하면 다음과 같다.

$$y = H(X) + \varepsilon$$

각 기호의 의미는 아래와 같다.

- X : 입력 변수(예, 사진 속 모양, 색, 질감 등의 정보, 환자의 건강 정보 등)
- y : 목표 값 또는 정답(예, 사진 속 대상이 고양이인지 강아지인지 여부, 환자 당뇨 여부 등)
- H(X) : 입력 X를 이용해 y를 예측하는 모델
- ε : 실제값과 예측값의 차이(오차, error term)

기계학습의 목적은 바로 이 오차(ε)를 최소화하는 최적의 함수 H(X)를 찾아내는 것이다. 이때 H(X)는 수많은 매개변수(parameter), 즉 가중치(weight, W)를 포함하며, 학습은 결국 "오차를 최소화하도록 W를 조정하는 과정"이라 할 수 있다.

사례로 본 X-y 관계

이 과정을 구체적으로 이해하기 위해, 의료 데이터 중 널리 사용되는 Pima Indians Diabetes Dataset(UCI Machine Learning Repository)을 예로 들어 보겠다.[14] 표3의 데이터는 미국 애리조나주의 파마 인디언 여성 768명의 건강검진 기록을 기반으로, 입력 변수 X와 출력 변수 y의 관계를 학습하는 전형적인 의학 예측 문제이다.

표3. 입력변수와 출력변수

구분	설명	예시 변수
X (입력)	환자의 건강 관련 속성 (feature)	x_1 임신 횟수, x_2 포도당 농도, x_3 혈압, x_4 피부 두께, x_5 인슐린 수치, x_6 BMI, x_7 당뇨병 가족력, x_8 나이
y (출력)		당뇨병 진단 여부 0 = 정상, 1 = 당뇨병

모델은 다음과 같은 선형 함수 형태로 구성된다.

$$H(X) = w_1 x_1 + w_2 x_2 + \cdots + w_8 x_8$$

여기서 $w_1, w_2, \cdots, w_8$은 각 변수의 영향력을 나타내는 가중치(weight)다. 예를 들어, w_2가 높게 학습되었다면 '포도당 농도'가 당뇨 진단에 미치는 영향이 크다는 뜻이다.

그러나 현실에서는 H(X) = y가 완전히 일치하지 않는다. 즉 같은 건강 수치를 가진 사람이라도 생활습관이나 유전적 요인 등 비가시적 변수 때문에 예측이 빗나갈 수 있다. 따라서 모델은 완벽한 정답을 찾기보다, $H(X) + \varepsilon = y$에서 ε(오차)이 최소가 되는 방향으로 가중치 W를 반복적으로 조정해야 한다. 이 과정을 '오차 최소화(loss minimization)' 또는 '모델 훈련(training)'이라고 한다.[15]

위의 의료 데이터 예시는 AI의 예측 구조를 이해하기에 적합하지만, 교회나 신앙 연구에서도 공개된 데이터를 활용하면 더 실제적인 예시를 제시할 수 있다.

예를 들어, Pew Research Center는 국가별 종교 인구 비율과 변화 추이를 수록한 Dataset of Global Religious Composition Estimates(2010-2020)을 제공한다. 이 자료를 통해 각국의 문화·경제적 요인과 종교 인구 분포의 상관관계를 분석하는 연습을 할 수 있다.

또한 Pew의 Religious Landscape Study(RLS)는 미국 성인 약 3만 명의 신앙 실천, 교회 참여율, 종교 정체성 등을 조사한 대규모 공개 데이터로, 신앙 실천과 사회적 변인의 관계를 탐색할 때 유용하다.

한편 Hugging Face의 *BibleNLP Corpus*는 성경 본문을 다국어로 병렬 정렬한 데이터셋으로, 언어모델이 말씀의 문맥을 어떻게 벡터화하고 이해하는지를 실험적으로 탐구할 수 있다. 이러한 데이터들은 신앙의 본질을 수량화하려는 시도가 아니라, 하나님의 섭리 아래 드러난 인간의 행위와 신앙의 패턴을 이해하려는 도구적 접근으로 활용되어야 한다.

표4. 교계 공개 데이터셋 예시 및 설명

구분	데이터셋 명	제공 기관	주요 내용	활용 목적
1	Dataset of Global Religious Composition Estimates (2010–2020)	Pew Research Center	2010-2020년 국가별 종교 인구 비율, 기독교·이슬람·무종교 등 7개 주요 종교군 구성	국가별 사회·문화 요인과 종교 분포의 관계 분석
	실제 접근 경로	https://www.pewresearch.org/dataset/dataset-of-global-religious-composition-estimates-for-2010-and-2020/		
2	Religious Landscape Study (RLS)	Pew Research Center	미국 성인 약 3만 명의 종교 정체성, 신앙 실천, 교회 참여율 등 설문 데이터	신앙 실천과 사회적 요인 간 상관 분석
	실제 접근 경로	https://www.pewresearch.org/dataset/2023-24-religious-landscape-study-rls-dataset/		
3	BibleNLP Corpus	Hugging Face	성경의 구절(verse)을 다국어로 병렬 정렬한 텍스트 데이터	언어모델의 성경 문맥 이해 및 구절 간 의미 비교 실험
	실제 접근 경로	https://huggingface.co/datasets/bible-nlp/biblenlp-corpus		

오차 최소화와 가중치 탐색의 원리

기계학습 알고리즘은 수많은 입력 데이터를 반복적으로 주입받으면서, 예측값 H(X)가 실제 y와 가까워지도록 W를 갱신한다. 이때 대표적으로 사용하는 방법이 경사하강법(gradient descent)이다. 이는 수학적으로 "오차 함수를 가장 급격히 줄이는 방향으로 W를 조금씩 이동시키는 방식"이다. 오차 함수(비용 함수, cost function)는 보통 다음과 같이 정의된다.

$$L(W) = \Sigma(yi - H(xi))^2$$

즉 예측값과 실제값의 차이를 모두 더한 값이다. 이 L(W)가 최소가 될 때의 W가 바로 최적의 가중치(Optimal Weight)이다. 다시 말해, 기계학습은 정답을 '암기'하는 것이 아니라, 오차를 줄이는 방향으로 데이터의 패턴을 근사적으로 학습하는 과정이다. 이 근사(approximation)는 완벽하지 않지만, 충분히 많은 데이터가 주어질 때 통계적으로 유의미한 예측을 가능하게 한다. 따라서 기계학습은 언제나 확률적 근사(probabilistic approximation)라는 한계를 전제한다.[16]

기계학습의 본질 : 불완전하지만 실용적인 예측

기계학습은 인간의 학습을 완벽히 모사하지 않는다. 인간은 의미를 이해하고 맥락을 해석하지만, 기계는 단지 데이터 간의 수학적 관계를 모방할 뿐이다. 즉 기계학습은 "이해하지 못한 채 통계적으로 맞히는 과정"이다. 그럼에도 불구하고, 이 확률적 모델은 놀라운 실용성을 보여준다. 의료 진단, 이미지 인식, 음성 인식, 언어 번역 등 다양한 분야에서 인간을 돕는 지능형 도구로 자리 잡고 있다. 이제 다음 장에서는 이러한 학습 원리가 언어 데이터, 즉 인간의 문장을 다루는 생성형 AI(Language Model)로 어떻게 확장되는지를 살펴보겠다.

AI가 인간의 언어를 이해하는 방식

언어의 디지털 표현 : 토큰화(Tokenization)와 임베딩(Embedding)

인공지능이 인간의 언어를 다루기 위해서는 먼저 문장을 숫자 형태로 바꾸는 과정이 필요하다. 이 과정을 흔히 토큰화(tokenization)라고 부른다.[17] 인간에게 언어는 의미의 체계로 인식되지만, 컴퓨터에게 언어는 단지 문자열의 연속된 기호일 뿐이다. 예를 들어 "하나님은 사랑이시다"라는 문장은 사람에게는 깊은 신앙적 의미를 전달하지만, AI에게는 그저 ["하나님", "은", "사랑", "이시다"]라는 네 개의 조각(토큰)으로 분해된 데이터로 입력된다.

토큰화의 목적은 기계가 문장 구조를 분석할 수 있도록 언어 단위를 수치화 가능한 최소 단위로 나누는 것이다. 초기의 단어 단위 토큰화(word-level tokenization)는 간단했지만, 신조어나 띄어쓰기 오류에 약했다. 최근에는 문장을 서브워드(subword)나 문자(character) 수준까지 쪼개는 BPE(Byte Pair Encoding) 방식이 널리 사용된다.[18] 이 덕분에 AI는 기존에 본 적 없는 단어(예: '딥러닝화')도 부분 단위로 분해해 처리할 수 있게 되었다.

하지만 단어를 단순히 숫자 표로 바꾸는 것만으로는 충분하지 않다. 각 단어가 다른 단어와 어떤 의미적 관계를 갖는지를 파악해야 하기 때문이다 이를 가능하게 하는 기술이 임베딩(embedding)이라는 방법이다.

임베딩은 단어를 고차원 공간의 벡터(vector)로 변환하는 방법이다. 각 단어는 수백 차원의 좌표값을 가지며, 비슷한 의미를 가진 단어끼리는 벡터 공간에서 가깝게 배치된다. 예를 들어, 벡터 공간에서 '한국'이라는 단어가 '서울'로 향하는 방향 및 거리가 '일본'이 '도쿄'로 향하는 방향과 거리가 거의 동일하다는 것이다. 이런 특징을 이용하였기에 우리가 AI에게 "한국의 수도는 서울이야. 그럼 일본의 수도는 어디야?"라고 물어보면, 그 의미를 인간처럼 이해하는 것이 아니라 벡터 공간 위에 위치한 각 단어들을 "한국-서울+도쿄=일본"과 같이 계산을 한 결과일 뿐이라는 것이다.[19] 이 과정을 수식으로 단순화하면 다음과 같다.

문장 → [토큰화] → [벡터화(임베딩)] → [AI의 입력 데이터]

즉 인간의 언어가 AI에게 이해된다는 것은 그저 계산의 결과일 뿐이라는 것을 알 수 있다.

생성형 AI의 작동 구조: 다음 단어를 확률적으로 예측하는 모델

생성형 AI, 특히 ChatGPT, Gemini와 같은 언어모델(Generative Pre-trained Transformer)은 이 임베딩된 벡터를 입력받아 다음 단어를 예측하는 확률 모델이다. AI는 언어의 '의미'를 이해하는 것이 아니라, 이전 단어들의 패턴을 바탕으로 다음에 올 가능성이 가장 높은 단어를 계산한다.[20] 예를 들어, "나는 오늘 아침에 커피를 ____"이라는 문장의 빈칸을 채운다고 해보겠다. AI는 방대한 언어 데이터 속에서 "커피를 마셨다"라는 조합이 "커피를 팔았다"보다 훨씬 자주 등장한 다는 사실을 학습한다. 그 결과, "마셨다"라는 단어가 가장 높은 확률값을 얻어 선택된다. 이 확률적 계산은 수식으로 다음과 같이 표현된다.

$$P(w_n \mid w_1, w_2, \cdots, w_{n-1})$$

즉 이전 단어들이 주어졌을 때 다음 단어 w_n이 등장할 확률을 계산하는 것이다. 이 확률 예측은 단어 단위가 아니라 토큰 단위로 이루어지며, 모델은 수십억 개의 매개변수를 통해 문맥을 고려한다. 이 과정이 바로 GPT(Generative Pre-trained Transformer)라는 이름의 핵심인 'Transformer 구조'이다. 이때 "언어 모델"(language model)은 결국 '문장 내 단어 출현 확률을 계산하는 모델'이라는 뜻이다. 따라서 AI가 문장을 생성할 때는 '사고'(thinking)가 아니라 '확률'(probability)이 작동하는 것이다.

인간의 의미 이해 vs AI의 통계적 유사성

인간은 언어를 통해 의미를 '이해'하고, 문맥에 따라 해석을 조정한다. 그러나 AI는 단어 사이의 통계적 유사성(statistical similarity)을 학습할 뿐이다.[21] 즉 AI는 "의미를 아는 것처럼 보이지만, 실제로는 단어 간의 출현 확률을 근사할 뿐"이라는 것을 우리는 명심해야 한다. 예를 들어 "십자가의 사랑"이라는 문장을 인간은 영적·감정적 경험과 연관된 개념으로 인식하지만, AI에게 "십자가"와 "사랑"의 연결은 단지 수많은 문서에서 두 단어가 자주 함께 등장했다는 **통계적 빈도 정보**로 해석된다.

이 차이는 '언어적 이해'와 '언어적 모방'의 차이이다. AI는 인간의 언어를 '의미적으로 이해'하지 않으며, '의미를 시뮬레이션'할 뿐이다. 이 점을 명확히 인식하는 것이 신앙적·교육적 맥락에서 AI를 사용할 때의 핵심 분별 지점이다. 그렇기에 AI는 인간의 언어를 이해하지 못하며, 하나님 형상(Imago Dei)을 지닌 인간만이 의미를 해석할 수 있다.

환각(Hallucination)과 맥락 왜곡의 발생 원리

AI가 인간처럼 이해하지 못한다는 사실은 곧 **오류 가능성**으로 이어진다. 그중 대표적인 현상이 '환각'(hallucination)이다. 이는 AI가 존재하지 않는 사실을 그럴듯하게 만들어 내는 오류를 말한다. 환각은 주로 다음 세 가지 상황에서 발생한다.

- 데이터의 불완전성 : 학습 데이터에 포함되지 않은 주제나 인물에 대해 AI가 상상으로 문장을 생성할 때
- 맥락 혼동 : 이전 문맥과 연결된 단어 확률을 잘못 추정할 때
- 명령의 모호성 : 사용자의 질문이 불분명하여 여러 가능한 해석 중 하나를 임의로 선택할 때

예를 들어, AI에게 "예수님의 형제는 몇 명입니까?"라고 물었을 때, 정확한 신학적 근거 없이 '예수에게는 세 명의 형제가 있었다'라고 단정적으로 대답하는 경우가 있다. 이는 AI가 '성경', '형제', '예수'라는 단어의 연관 패턴만을 참조했을 뿐, 본문의 의미나 교리적 해석을 이해하지 못했기 때문이다. 즉 AI의 문장은 '그럴듯함'(plausibility)을 최대화한 결과이지, '진실성'(truth)을 보장하는 결과가 아니다. AI는 '사실을 인식'하는 것이 아니라 '확률적으로 자연스러운 문장'을 생성한다는 점에서 그 한계를 명확히 이해해야 한다.[22]

결론 : 가능성 높은 문장 ≠ 진실한 문장

AI의 답변은 종종 설득력 있고 논리적으로 보이지만, 그것이 곧 진실한 진술은 아니다. AI는 "가능성이 높은 문장"(probable sentence)을 생성할 뿐이며, 그 문장은 학습 데이터의 편향이나 결함을 그대로 반영할 수 있다.

따라서 AI를 활용할 때는, ① 사실 검증(fact-checking), ② 출처 명시(source disclosure), ③ 비판적 해석(critical interpretation)의 세 단계를 반드시 거쳐야 한다.

AI가 인간의 언어를 '이해'하는 것이 아니라, '통계적으로 재현'한다는 인식은 AI 시대의 문해력(literacy)과 신앙적 분별의 출발점이 된다.

선한 도구로서 AI 활용 방법

학생들의 AI 활용 인식과 요구 조사

AI를 선한 도구로 활용하기 위한 논의는, 먼저 AI를 실제로 사용하는 학습자들이 이 기술을 어떻게 인식하고 있는가를 살피는 일에서 출발해야 한다. 본 연구자는 총신대학교 교양 교과목 〈IT와 스마트통섭〉을 수강 중인 74명 학생 전원을 대상으로, 다음과 같은 주제의 설문을 실시하였다. "ChatGPT나 Gemini와 같은 생성형 AI를 활용하여 어떤 신앙적 교육 활동을 시도해보고 싶은가요?" 이 질문은 학생들이 AI를 신앙적 맥락에서 어떤 방식으로 해석하며, 그 기술을 개인적 신앙 성찰과 교육 활동에 어떻게 접목하려 하는지를 파악하기 위한 것이다.

참여자 학과 구성

본 조사는 총신대학교 전체 재학생을 대상으로 한 것이 아니다. 25학년도 〈IT와 스마트통섭〉강의를 수강한 74명의 참여자 구성 비율은 표 5에서 보여 준다. 응답자들은 신학, 아동학, 영어교육, 사회복지 등 다양한 전공 배경을 가지고 있었으며, 이는 AI 활용에 대한 관심이 특정 학문 영역에 국한되지 않음을 보여 준다.

표5. 〈AI 이해와 활용〉 수강생(74명)의 전공(학과) 구성 비율

전공 (학과)	신학과	아동 학과	영어 교육과	역사 교육과	유아 교육과	교회 음악과	사회 복지학과	기독교 교육과	중독 상담학과
인원(명)	24	13	7	6	6	6	6	3	2
비율(%)	32.9	17.8	9.6	8.2	8.2	8.2	8.2	4.1	2.7

응답 내용의 유목화 결과

학생들이 실제로 AI를 활용해 보고자 한 과제의 유형을 개방형 설문으로 수집한 뒤, 내용 분석(content analysis)과 유목화(thematic categorization) 과정을 거쳐 여섯 가지 주제로 표6와 같이 정리하였다.

표6. 생성형 AI 활용 주제별 응답 유목화 결과

구분	인원(명)	주요 내용 요약	대표 응답 예시
성경 연구 및 묵상 중심	61	성경 본문 연구, 말씀 묵상, 성경 해석 보고서 작성 등	"성경 본문을 깊이 묵상하고 주제별로 정리하는 데 Gemini의 도움을 받고 싶다."
개인 신앙과 삶의 성찰	4	신앙 여정, 기도문, 간증문 등 자기 성찰 중심	"일상 속에서 느낀 하나님의 은혜를 에세이로 써보고 싶다."
주일학교 및 예배 관련 글쓰기	3	주일학교 교안, 찬양예배 대본, 설교문 초안 등	"주일학교 아이들에게 맞는 성경공부 교안을 Gemini와 함께 만들어보고 싶다."
신앙 기반 학문적 글쓰기	1	신앙적 관점을 반영한 보고서·논문 작성	"기독교 세계관 관점에서 사회 문제를 분석하는 보고서를 작성하고 싶다."
창작형 신앙 글쓰기	2	시, 이야기, 산문 등 문학적 창작 시도	"성경 인물을 주제로 한 창작 동화를 써보고 싶다."

기타/일반적 활용	2	아이디어 정리, 요약 등 일반적 기능 중심	"아이디어를 정리하는 데 AI가 도움이 될 것 같다."
합계	74		

결과 해석 : 청년 세대의 인식 변화

응답자의 80% 이상이 '성경 연구 및 묵상 중심'의 활용 의도를 보였다. 이들은 AI를 신앙을 대신하는 존재로 보지 않고, 자신의 신앙적 사고를 정리하고 깊이 묵상하는 **도구로 AI를 인식**하고 있었다. 이러한 인식은 세 가지 점에서 주목할 만하다. 첫째, 청년 세대는 AI를 '신앙적 사유의 대체재'가 아니라 사유의 촉매제(catalyst)로 바라본다는 것이다. 둘째, 기술의 활용 목적이 단순한 효율성보다 신앙적 성찰의 확장에 있다는 점에서, AI가 교육적·영적 성장을 지원할 잠재력을 지님을 보여 준다. 셋째, 이는 교회 지도자와 교육자가 AI를 분별력 있게 안내해야 할 시점에 이르렀음을 시사한다.

시사점

이 조사 결과는 단순히 기술 수용의 태도를 넘어, 청년들이 이미 AI를 신앙의 언어로 해석하고, 영적 성찰의 도구로 변환하기 시작했음을 보여 준다. 따라서 교회와 교육 현장에서 AI를 단순히 경계하거나 무비판적으로 수용하기보다 '지도와 분별 중심의 교육적 접근'으로 전환해야 한다. 청년들이 AI를 통해 신앙을 대신 '말하게' 하는 것이 아니라, AI를 통해 신앙을 더 깊이 '생각하게' 만드는 방향, 그것이 곧 AI 시대 교회의 바른 교육적 목표가 되어야 한다. 이러한 인식 결과를 토대로, 다음 절에서는 AI를 실제로 '선한 도구'로 활용할 수 있는 구체적 방안들을 제시한다.

반복 업무 자동화(교회 행정 효율화)

AI를 선한 도구로 활용하는 첫 번째 실천 영역은 **교회 행정의 효율화**이다. 이는 교회가 영적 사역뿐 아니라 행정적 운영, 교육, 소통 등의 기능을 체계적으로 수행해야 하는 현실적 필요에 기반한다. AI 기술은 이러한 반복적이고 시간이 많이 소요되는 업무를 자동화함으로써, 목회자와 교역자들이 더 많은 에너지를 **사람을 돌보고, 말씀을 연구하고, 공동체를 세우는 일**에 집중하도록 도울 수 있다.

디지털 전환의 전제조건 : 자료의 통합 관리

반복 업무 자동화의 출발점은 **모든 행정 자료를 디지털 형태로 통합 관리**하는 것이다. 문서가 여전히 종이 파일에 머물러 있거나, 개인 이메일·메신저 등 다양한 경로로 분산되어 있다면 AI 기반의 자동화는 사실상 불가능하다. 따라서 교회나 기관은 먼저 다음의 세 단계를 거쳐야 한다.

- **자료의 표준화** : 예배 일정, 회의록, 교육 프로그램, 봉사 명단 등 주요 데이터를 일정한 형식의 디지털 데이터로 기록
- **저장소의 일원화** : 문서, 일정, 설문, 회의 자료 등을 구글 드라이브, 네이버 클라우드 등 하나의 플랫폼에 집중
- **자동화 도구 연계** : 이메일, 캘린더, 설문, 문서 등이 서로 연결되도록 워크플로(workflow) 설정

이러한 기반이 갖추어지면, AI는 단순히 문장을 생성하는 수준을 넘어 행정적 의사소통과 문서 흐름 전체를 관리하는 보조 시스템으로 작동할 수 있다.

이메일-일정-캘린더 자동 연동

교회 행정에서 가장 빈번한 작업 중 하나는 일정 관리와 회의 초대이다. AI 기반 일정 관리 시스템은 수신 이메일을 분석하여, 본문 속 날짜나 시간 표현(예: "이번 주 수요일 오전 10시")을 자동 인식하고 이를 캘린더(Calendar)에 바로 등록시킬 수 있다.

예를 들어, "청년부 리더 회의가 10월 15일 오후 7시에 있다"라는 이메일이 교역자에게 도착하면, AI가 자동으로 일정을 생성하고, 참석자에게 알림(notification)을 보낼 수 있다. 이는 단순히 시간을 절약하는 기능이 아니라, 행정 실수와 누락을 방지하는 '디지털 비서' 역할을 수행한다.

설문 응답 기반의 자동 안내 시스템

교회에서는 각종 설문(예: 수련회 참가 신청, 봉사자 모집, 소그룹 등록 등)이 자주 이루어진다. 이때 AI는 구글 폼(Google Form)이나 마이크로소프트 폼의 응답 결과를 자동 분석하여, 응답자 그룹별로 맞춤형 안내 메일을 자동 발송할 수 있다.

예를 들어, 수련회 신청자 명단에서 '참가 희망'을 선택한 사람에게는 "감사드린다. 준비 일정은 다음과 같다"라는 안내 메일을 자동으로 보내고, '불참'을 선택한 사람에게는 "이번에는 함께하지 못하지만, 다음 모임에서 뵙기를 바랍니다"라는 격려 메시지를 전송할 수 있다.

이 과정에서 AI는 단순 자동화뿐 아니라, 문맥에 맞는 표현을 자연스럽게 생성할 수 있다. 그 결과, 행정 담당자의 반복적 업무 부담이 크게 줄어들 뿐 아니라, 교회 구성원 개개인에게 더 세밀한 관심을 표현할 수 있는 환경이 마련된다.

구글 시트 기반의 자동 문서 생성

교회 행정에서 자주 작성되는 문서-주보, 회의 자료, 봉사 일정표 등-는 매주 형식이 동일하고, 내용만 바뀌는 경우가 많다. 이럴 때 AI와 스프레드시트(예: Google Sheets)를 연동하면 자동으로 문서를 생성하거나 초안을 완성하는 시스템을 구현할 수 있다.

예를 들어, 주일예배 담당자, 찬양 순서, 봉헌자 등의 정보를 시트에 입력하면 AI가 그 데이터를 불러와 자동으로 주보 문안, 찬양 안내, 대표기도 순서를 완성한다. 또한 회의록의 핵심 안건을 요약하거나, 지난 회의 내용과 비교 분석을 제안하는 것도 가능하다.

이러한 자동화는 단순한 서류 처리의 효율을 넘어, 교회의 시간과 인력을 영적·교육적 사역으로 재배치할 수 있게 하는 혁신이 될 것이다.

화상회의 및 자동 번역을 활용한 선교 협업

AI 기술은 지역을 초월한 선교 협업의 가능성도 넓히고 있다. 예를 들어, 구글 미트(Google Meet)나 줌(Zoom)과 같은 화상회의 도구는 실시간 자동 번역 자막을 제공하여 언어 장벽을 낮추고, 멀리 떨어진 교회 간에도 즉각적인 의사소통을 가능하게 한다.

AI 통역 서비스는 발언자의 음성을 인식한 뒤, 문맥에 따라 자연스러운 문장으로 번역하여 실시간으로 자막을 출력한다. 이 기능을 선교 네트워크와 연동하면, 해외 선교사·현지 교회와의 회의, 공동 기도회, 교육 워크숍 등에서 언어와 공간의 제약 없이 협력 사역을 진행할 수 있을 것이다.

나아가 자동 기록(transcription) 기능을 사용하면 회의 내용을 실시간으로 텍스트화하여 회의록을 자동 생성할 수도 있다. 이처럼 AI는 선교 현장의 **의사소통, 기록, 번역**의 세 축을 동시에 지원하는 새로운 형태의 '디지털 동역자'로 작동할 수 있다.

표7. 주요 적용 영역별 자동화 예시

주요 적용 영역	자동화 예시	기대 효과
일정 관리	이메일 → 일정 추출 → 캘린더 자동 등록	일정 누락 방지, 시간 절약
커뮤니케이션	설문 응답 분석 → 맞춤형 메일 발송	개인 맞춤 안내, 관계적 소통 강화
문서 작성	시트 기반 주보·회의자료 자동 생성	반복 업무 절감, 자료 일관성 유지
선교 협업	화상회의 + 자동 번역·기록	언어 장벽 해소, 글로벌 네트워크 강화

AI를 통한 행정 자동화는 기술의 세속적 효율을 추구하기 위한 것이 아니라, 사역자와 교회 구성원이 본질적 사명에 더 집중할 수 있는 환경을 마련하는 과정이다. 즉 AI는 목회를 대신하는 존재가 아니라, 사람을 위한 '보이지 않는 조력자'로서 존재해야 한다.

공과·교재 자료 개발

AI의 또 하나의 선한 활용 영역은 교회교육용 공과(공부 자료)와 교재 개발이다. 이는 단순히 문서를 빠르게 만드는 도구적 활용을 넘어, 교육의 일관성과 신학적 깊이를 동시에 확보하기 위한 협력적 도구로서의 가능성을 보여 준다.

AI를 활용한 초안 작성과 교역자의 검토

지금까지 공과나 교재 준비는 대부분 교역자나 교사의 개인적 수고에 의존했다. 그러나 이제 AI는 주제 선정, 학습 목표 도출, 활동 제안, 평가 문항 구성 등 자료 개발의 여러 단계를 **초안 수준에서 자동으로 지원할 수 있다.** 예를 들어, 교사가 "요한복음 15장의 '포도나무와 가지' 비유를 중심으로 한 중등부 공과를 작성해 달라"라고 입력하면, AI는 다음과 같은 초안을 자동으로 제안할 수 있다.

- **학습 목표** : '예수님과의 관계 안에서 열매 맺는 삶'을 이해하고 실천한다.
- **도입 활동** : 가지가 잘려 나가 시드는 포도나무 사진을 함께 보며 토의하기
- **본문 탐구** : 요 15:1~8 본문 읽기 및 나눔 질문 생성
- **적용 활동** : '나의 열매 맺는 습관 찾기' 실천 노트 작성
- **마무리** : 함께 기도문 작성하기

이러한 초안은 교사가 아이디어를 구체화하는 출발점으로 활용할 수 있으며, 이후 신학적 검토와 연령별 조정 과정을 거치면 완성도 높은 교육 자료로 발전할 것이다. 즉 AI는 '**초안 작성자(draft maker)**'로서 사람의 사고를 보조하는 역할을 하게 된다.

신학적 타당성 검토의 중요성

AI가 제안한 자료를 그대로 사용하는 것은 매우 위험하다. AI는 신학적 의미를 이해하지 못하며, 본문의 맥락을 왜곡하거나 교리적 균형을 잃은 내용을 포함할 수 있다. 따라서 AI가 생성한 초안은 반드시 교역자나 신학자의 검토 과정을 거쳐야 한다.

검토의 초점은 세 가지로 요약할 수 있다.

- 본문 해석의 일관성 : 성경 구절이 문맥에 어긋나지 않는가?
- 신학적 용어의 정확성 : 인격, 구원, 죄, 은혜 등 핵심 개념이 오용되지 않았는가?
- 교육적 적합성 : 연령대별 이해 수준과 발달단계에 부합하는가?

AI는 '정답'을 제공하는 존재가 아니라, 교사가 분별력 있게 수정·보완할 수 있도록 돕는 제안자(proposer)로 인식되어야 한다.

수업 목표-활동-평가의 일관성 점검

AI의 또 다른 유용한 기능은 교육 설계의 논리적 일관성을 자동 점검하는 것이다. 교재나 공과를 작성할 때 흔히 '학습 목표'는 "사랑을 실천한다"로 되어 있지만, '활동'은 단순한 암송 중심, '평가'는 사실 확인형 문항으로 구성되는 경우가 있다. 이러한 불일치는 교육 효과를 떨어뜨리는 주요 원인 중 하나이다.

AI는 교사가 입력한 학습 목표, 활동, 평가 문항 간의 연관성을 비교 분석하여 논리적 불일치나 중복을 자동으로 탐지할 수 있다. 예를 들어, AI는 다음과 같은 피드백을 제공할 수 있다.

"학습 목표가 '나눔의 실천'에 초점을 두고 있지만, 활동은 '나눔의 정의 이해' 수준에 머물러 있다. 실천 중심의 구체적 활동(예: 소그룹 나눔 실천 계획 작성)을 추가해 보십시오."

이처럼 AI는 교사에게 **교육 설계의 구조적 완성도**를 점검하는 파트너가 된다. 그 결과, 교육 자료는 단순히 '내용이 좋은 공과'에서 '목표-활동-평가가 연결된 교육 설계 기반 자료'로 진화한다.

교육 협업의 새로운 형태

AI 기반 공과 개발은 교역자, 교사, 신학자 간의 협업 구조를 재편한다. 이전에는 개별 교사가 혼자 자료를 준비했다면, 이제는 **AI가 생성한 초안을 중심으로 여러 교사가 공동 수정, 검토하는 협업형 제작 과정**이 가능하다. 구글 문서, 캔버스(Canvas), 제미나이(Gemini) 등 클라우드 기반 도구를 활용하면 교사들이 실시간으로 의견을 추가하고, AI가 즉시 수정안을 반영하며 공동 저작물 형태의 교재를 완성할 수 있다. 이러한 방식은 교회 교육의 집단 지성(collective intelligence)을 활성화하며, 결과적으로 교재의 질적 향상과 현장 적용력을 높이는 데 기여할 것이다.

표8. 주요 기능 및 활용 포인트

구분	주요 기능	활용 포인트
AI 초안 작성	공과 주제·활동·질문·평가 자동 생성	아이디어 확장 및 시간 절약
신학 검토	교역자·신학자의 교리적 검수	신학적 정확성과 신앙적 균형 확보
일관성 점검	목표-활동-평가 논리적 구조 점검	교육 설계 완성도 향상
협업 제작	교사·AI 공동 편집	교육 공동체 중심의 집단 지성 구현

AI가 교회교육 현장에 들어올 때, 그 목적은 인간 교사를 대체하는 것이 아니라 교사의 역할을 확장하는 것이다. AI는 자료를 만들어 주는 기계가 아니라, 교사가 더 깊이 사고하도록 돕는 촉진자(facilitator)로서 의미를 가진다. 결국 공과 개발에서의 AI 활용은 기술의 혁신이 아니라, '협력적 창의성(co-creative intelligence)'으로의 전환을 보여 주는 사례라 할 수 있다.

이미지·영상 생성 활용

생성형 AI의 발전은 교회 현장의 시각 자료 제작 방식을 근본적으로 바꾸고 있다. 예배 포스터, 주보 삽화, 찬양 영상, 선교 홍보물 등 교회 미디어 콘텐츠의 상당 부분을 이제는 전문 디자이너의 손이 아니라, AI 도구를 활용한 협력적 제작 방식으로 구현할 수 있게 되었다. AI 이미지 생성 도구-예를 들어 DALL·E, Midjourney, Canva AI, Gemini Image Editor 등-는 사용자가 간단히 문장을 입력하는 것만으로도 고품질의 이미지를 즉시 만들어낸다.

교회 미디어 제작의 새로운 가능성

교회에서는 매주 예배와 행사를 준비하며 다양한 형태의 시각 자료를 필요로 한다. 포스터, 주보, 안내문, 교육 자료, 찬양 영상 배경 등은 그 양이 방대하고 반복적이다. AI는 이러한 제작 과정에서 다음과 같은 **시간·비용·창의성** 측면의 이점을 제공한다.

포스터 및 주보 삽화 제작
- 예 : "부활절 새벽예배를 상징하는 따뜻한 빛과 빈 무덤 이미지를 만들어 줘." → AI가 즉시 다섯 가지 버전의 포스터 시안을 제시.
- 이후 교회 로고, 일정 등을 추가하면 즉시 사용 가능.

찬양 영상 및 행사 영상 제작
- 예배 중 사용되는 찬양 배경 영상, 수련회 하이라이트 영상 등을 자동 편집·자막 삽입 가능.
- AI 편집 도구(CapCut, Runway, Pika 등)는 음악의 리듬에 맞춰 컷을 구성하고, 자동 자막과 색감 보정 기능을 제공함.

교육용 이미지 콘텐츠
- 주일학교 교사나 선교교육 담당자는 AI를 이용해 성경 이야기나 비유 장면을 시각화할 수 있다.
- 예 : "사마리아인이 다친 사람을 도와주는 장면을 아이들 눈높이에 맞게 따뜻한 색감으로 표현해줘." → 즉시 교육용 일

러스트 제작 가능.

이처럼 AI는 '교회 미디어 사역의 민주화', 즉 누구나 창의적인 시각자료를 만들 수 있는 시대를 열었다. 과거에는 전문 인력이 없거나 예산이 부족해 표현하지 못했던 메시지를 이제는 누구나 시각적으로 구현할 수 있다.

신학적·교육적 효과

AI 기반 이미지 생성의 장점은 단순한 시각적 미려함을 넘어, 교회 교육의 몰입감과 전달력을 높인다는 점에 있다. 시각 자료는 언어보다 빠르게 인지되고, 어린이·청소년 세대에게는 메시지를 직관적으로 전달할 수 있다. 예를 들어, '선한 사마리아인' 비유를 글로만 읽던 학생들이 AI가 만든 따뜻한 색감의 그림을 함께 볼 때, 그 장면의 감정과 맥락을 더 깊이 이해하게 된다. 이런 시각적 학습은 말씀의 '내용을 이해하는 학습'에서 '이해와 공감이 결합된 체험 학습'으로 확장시키는 역할을 한다.

또한, 영상 콘텐츠는 교회가 디지털 세대와 소통하는 새로운 언어가 된다. 청년부, 선교부, 어린이부 등 각 부서에서 AI 영상을 활용한 메시지 전달 방식을 도입하면, 짧은 영상(Shorts, Reels 등)을 통해 복음적 메시지를 문화적 언어로 풀어낼 수 있다.

주의해야 할 윤리적 쟁점

AI 이미지·영상 생성은 편리하지만, 동시에 윤리적·법적 문제를 내포한다. 교회와 교육 현장에서 이를 사용할 때는 반드시 다음 네 가지 쟁점을 인식해야 한다.

저작권(Copyright)
- AI가 생성한 이미지는 기존 데이터(화가의 작품, 상용 사진 등)를 학습한 결과물일 수 있다.
- 따라서 상업적 활용이나 외부 홍보용 제작 시, 이미지 출처 및 라이선스(예: CCO, 무료 사용 가능 여부)를 반드시 확인해야 한다.

초상권(Portrait Right)
- 실제 인물과 유사한 얼굴을 생성했을 경우, 본인의 동의 없이 공개하거나 배포하면 초상권 침해 소지가 있다.
- 특히 선교지 사진, 청소년 사역 홍보물 제작 시 주의가 필요하다.

본문 왜곡(Scriptural Distortion)
- 성경 장면을 재현할 때, AI가 본문 맥락을 잘못 해석하거나 비성경적 요소(예: 서구 중심 인물 묘사, 상징 왜곡)를 삽입할 수 있다.
- 교역자는 반드시 생성 결과를 검토하여, 신학적 균형과 맥락적 충실성을 확보해야 한다.

딥페이크 윤리(Deepfake Ethics)
- AI 기술을 이용해 인물의 얼굴이나 음성을 합성할 경우, 허위 정보 생성·조작으로 오해받을 수 있다.
- 목회자 설교, 찬양 영상 등에는 실제 발화자의 정체성을 명확히 표시해야 한다.
- AI 합성 콘텐츠는 "AI로 제작됨"이라는 문구를 표기하여 투명성(transparency)을 유지해야 한다.

교회 현장의 활용 기준

AI 시각 콘텐츠를 활용할 때 다음 세 가지 기준을 세울 것을 교회에 제안한다.

표9. 교회 현장의 활용 원칙 시 고려할 점(안)

구분	활용 원칙	설명
신학적 책임	AI가 만든 이미지는 '보조 도구'로서 사용하며, 성경 본문을 대체하지 않는다.	본문 맥락을 해석·전달하는 것은 인간 교사의 몫이다.
법적 투명성	이미지 출처, 저작권, 초상권 정보를 명시한다.	사용 범위(내부 교육용/공개용)를 구분한다.
공동 검증	교역자·교육자·학생이 함께 검토하는 협업 절차를 둔다.	AI의 왜곡 가능성을 사전에 점검한다.

결론 : '이미지의 신학'에서 '분별의 신학'으로

AI는 교회의 시각 자료 제작을 보조하는 기술일 뿐, 복음의 본질을 바꾸는 도구가 아니다. AI가 만든 이미지는 아름다울 수 있지만, 그 의미를 해석하고 책임지는 것은 여전히 인간의 몫이다. 여기서 말하는 '이미지의 신학'은 인간이 시각 자료를 통해 말씀의 진리를 더 풍성히 이해하도록 돕는 보조적 신학을 의미한다. 이는 결코 이미지 자체를 신앙의 대상으로 삼거나, 말씀의 권위를 대체하는 '상징적 대체물'로 높이는 것을 뜻하지 않는다. 개혁주의 전통은 우상 숭배를 경계하며, 말씀의 통치 아래 모든 표현 수단을 복종시킨다(출 20:4-5).[23] 그러므로 AI가 만든 이미지는 하나님의 진리를 시각적으로 돕는 **도구적 매개**일 뿐이며, 그 의미를 분별하고 적용하는 책임은 말씀에 순종하는 인간에게 있다. 따라서 교회 공동체는 "기술의 편리함보다, 진리의 정확함을 더 귀하게 여기는 태도"를 견지해야 한다. AI 시대의 교회 미디어 사역은 결국 이미지의 신학(Theology of Image)을 넘어, 분별의 신학(Theology of Discernment)으로 확장되어야 한다.

신앙적 글쓰기

신앙적 글쓰기는 AI가 대신 써주는 작업이 아니라, 하나님 앞에서 자신의 고백을 더 정직하고 분명하게 표현하는 과정이다. AI는 문장을 다듬거나 구조를 정리하는 데 유용한 보조 도구일 수 있지만, 신앙의 내용을 대신 분별(discern)하거나 해석할 수는 없다. 따라서 AI는 글의 주인이 아니라 **도움을 주는 손**으로만 사용되어야 한다.

글쓰기를 통한 '신앙의 사색'

AI는 우리로 하여금 글을 쉽게 시작하게 하고 생각을 정리하도록 돕지만, 글의 중심에는 언제나 인간의 고백이 있어야 한다. 예를 들어 묵상문이나 간증문을 쓸 때, AI가 제시하는 표현을 그대로 옮기기보다는 "이 문장이 내 믿음의 고백과 일치하는가?", "이 말 속에 진정성이 담겨 있는가?"를 스스로 물어야 한다. 기술은 문장을 세련되게 만들 수 있지만, 영혼의 진실함은 인간만이 표현할 수 있는 영역이다.

글쓰기의 목적과 형태

신앙적 글쓰기는 설교, 묵상문, 간증문, 청년 QT 나눔글 등 다양한 형태로 나타난다. 중요한 것은 형식이 아니라, 글을 통해 하나님과의 관계를 재확인하고 공동체에 은혜를 나누는 것이다. AI는 주제 정리나 문단 배열, 문체 간결화 같은 부분에서 도움을 줄 수 있지만, 말씀의 해석과 적용은 저자 스스로 감당해야 한다. 즉 AI는 "글을 대신 쓰는 존재"가 아니라 "글을 함께 다듬는 조력자"로만 머물러야 한다.

목회 현장에서의 활용 원칙

교역자가 청년부 혹은 소그룹 글쓰기를 지도할 때는 다음 세 가지 원칙을 강조할 필요가 있다.

- **분별의 원칙** : AI가 제안한 문장은 반드시 말씀과 교리의 기준으로 검토한다.
- **책임의 원칙** : AI의 도움을 받았더라도, 최종 판단과 공개의 책임은 저자에게 있다.
- **진정성의 원칙** : 신앙적 글쓰기는 전달의 기술보다 '진심의 언어'를 우선해야 한다.

이러한 원칙 아래 AI를 활용한다면, 청년 세대는 AI를 '신앙을 대신 말하는 도구'가 아니라, '신앙을 더 깊이 성찰하게 하는 동반자'로 경험하게 될 것이다.

결론

AI는 우리의 고백을 대신할 수 없다. 그러나 성실한 사용자의 손에 들릴 때, 생각을 정리하고 표현을 다듬게 하는 선한 도구가 될 수 있다. 따라서 신앙적 글쓰기는 기술의 편리함보다 진리의 무게를 담는 일이어야 한다. AI를 통해 글이 더 아름다워질 수는 있지만, 그 글의 중심에 하나님을 향한 믿음이 없다면 아무 의미가 없다. 결국 AI 시대의 신앙 글쓰기는 "더 잘 쓰는 법"보다 "더 진실하게 쓰는 법"을 배우는 과정이어야 한다.

사료 연구 및 자료 정리

AI의 또 하나의 선한 활용 영역은 신학·교육 연구에서의 사료(史料) 분석과 자료 정리 자동화이다. 목회자나 신학 연구자는 대개 방대한 고전 텍스트와 주석, 설교 원고, 연구 논문을 다루지만 그 내용을 비교, 정리, 인용하는 과정은 여전히 수작업에 의존한다. 이때, 노트북LM(NotebookLM), Gemini Advanced, 구글 스프레드시트, Zotero와 같은 도구를 연계하면 자료의 탐색, 요약, 인용까지 일관된 체계로 정리할 수 있다.

AI 기반 연구의 전제 : 원문 충실성과 검증

AI의 요약·분석 결과는 항상 원문을 근거로 재검증해야 한다. AI는 텍스트의 통계적 패턴을 분석할 뿐, 문맥적 의미나 신학적 함의를 이해하지 못한다. 따라서 모든 분석은 "AI의 보조 결과를 사람이 다시 확인한다"는 원칙 위에 세워져야 한다. 이를 위해 다음 세 가지 기준을 연구 초반에 명확히 세우는 것을 제안한다.[24]

표11. AI기반 연구를 위한 기준

구분	핵심 질문	목적
정확성	인용된 문장이 원문과 동일한가?	AI의 환각(hallucination) 방지
출처성	각 인용의 출처(저자, 연도, 쪽수)가 명시되어 있는가?	학문적 신뢰 확보
투명성	AI 사용 여부와 범위를 기록했는가?	연구 윤리 준수

노트북LM을 활용한 사료 분석

NotebookLM은 여러 PDF·문서·링크를 하나의 노트북(Notebook)으로 묶고, 그 안에서 질의응답, 요약, 비교 분석을 수행할 수 있는 문헌 기반 AI 연구 도구이다. 신학·교육 분야에서는 다음과 같이 사용할 수 있다.

자료 업로드
- 고전 텍스트(예 : 칼빈의 《기독교 강요》, 루터 설교집), 성경 주석서, 교육 연구 논문 등 신뢰 가능한 PDF·웹문서 업로드
- 각 문서에 메타데이터(저자, 연도, 판본, 언어)를 함께 기록

요약 및 핵심 주제 추출
- 예 : "《기독교 강요》 제3권에서 '믿음'(faith)과 '행위'(works)의 관계를 요약해 줘."
- 결과는 목차 중심 개요와 주요 인용문을 병기하여 출력

문헌 간 비교 분석
- 예 : "루터와 칼빈의 '의'(righteousness) 개념을 비교해줘."
- AI는 공통·차이점을 도표로 제시하지만, 반드시 원문 문장과 페이지를 확인해야 한다.

질문-답변(Q&A)형 정리
- 연구 노트를 자동 생성하여 "이 장의 핵심 논점 3가지" 등으로 학

습 정리 가능

이 과정은 단순한 요약을 넘어, 텍스트 간 관계성(Intertextuality)을 탐색하고 새로운 연구 시각을 확장하는 데 도움이 된다.

번역 비교 및 키워드 맥락 탐색

AI는 다언어 텍스트 비교나 단어 의미의 맥락적 변화를 시각화할 때 유용하다.

번역 비교
- 예 : "요한복음 1:14"를 개역개정, NIV, ESV 세 역본으로 비교하면 "은혜와 진리가 충만하더라"와 "full of grace and truth" 간의 표현 차이를 즉시 확인 가능하다.
- Gemini나 NotebookLM은 이 문장을 나란히 배열하고, 핵심 어휘의 뉘앙스 차이를 해설할 수 있다.

키워드 맥락 분석
- 예 : "지혜"(wisdom)라는 단어가 잠언·전도서·야고보서에서 각각 어떤 구문과 함께 등장하는지 탐색.
- 이를 통해 해당 단어의 신학적 의미망(semantic field)을 파악할 수 있다.

연표·시각화
- "AI에게 '칼빈의 주요 저술 연표를 표로 정리하라'"고 하면, 자동으로 연도별 저술과 주제 분류가 정리된다.
- 교회사나 신학사 교육용 자료 제작에도 활용 가능하다.

AI가 생성한 번역·요약·시각화 결과는 1차 문헌에 근거한 검증이 필수(특히 성경 번역 비교 시, 사용된 역본·출처를 각주로 명시해야 한다)임을 주의해야 한다.

인용·각주 자동화와 참고문헌 관리

AI는 참고문헌 형식을 빠르게 정리해 주지만, 실제 출처와 페이지 번호는 사람이 반드시 직접 확인해야 한다.

Zotero + Google Docs 연동
- Zotero 플러그인을 설치하면 문서 작성 중 "인용 추가" 기능으로 APA, Chicago, SBL 등 다양한 형식의 각주를 자동 생성할 수 있다.
- AI는 각주 형식 변환(예: 하버드 → 시카고) 정도만 보조로 활용.

각주 자동 생성 프롬프트 예시
- "아래 참고문헌 목록을 APA 7판 각주 스타일로 정리해줘."
- "이 인용문을 시카고 각주 스타일로 변환하되, 쪽수는 XX로 표시해 줘."

참고문헌 일괄 정리
- AI가 "중복된 저자명 정리", "연도 순 정렬", "출판사 누락 확인" 등 메타데이터 오류를 점검 가능.
- 이를 통해 문헌 관리의 품질이 향상되고, 연구자의 시간은 분석과 해석에 집중할 수 있다.

윤리적 주의점과 신앙적 태도

AI를 통한 연구 효율화는 편리하지만, 그만큼 지식의 출처와 의미를 '진실하게' 다루려는 신앙적 태도가 더 중요한다.

- 출처의 정직성 : AI가 제시한 인용문은 반드시 원문과 대조 후 사용한다.
- 지적 겸손 : AI는 자료를 찾아줄 뿐, '진리'를 대신 말하지 않는다.
- 기록의 투명성 : AI가 개입된 연구라면, 서문·방법론에 "AI 도구 활용 범위"를 명시한다.
- 지속 가능한 학습 : 연구자는 AI의 도움에 의존하기보다 오히려 그 과정 속에서 "자료를 분별하고 정리하는 지혜"를 길러야 한다.

표12. AI를 활용한 연구 주요 내용

활용 영역	주요 도구	핵심 기능	연구적 효과
문헌 요약·비교	NotebookLM	요약, 주제별 질의응답, 문헌 간 대조	학습 효율 향상, 연구 구조화
번역·키워드 탐색	Gemini, LM Studio	다언어 비교, 의미망 시각화	신학 용어 분석, 교재 활용
인용·참고문헌	Zotero, Docs	각주 자동화, 형식 변환	편집 효율, 형식 일관성
자료 통합 관리	Google Drive, Sheets	파일 체계화, 메타데이터 관리	재현 가능성·투명성 확보

AI는 연구자의 사고를 대체하지 않는다. 그 대신 **방대한 자료 속에서 의미를 연결하고, 통찰을 발견하게 하는 촉매제로 기능한다.** 따라서 사료 연구와 자료 정리에 있어 AI의 선한 활용은, "지식을 빠르게 얻는 기술"이 아니라 "진리를 더 깊이 탐구하는 과정"으로 이어져야 한다.

논의 및 결론

논의

본 연구 설문 결과, 학생 대부분은 생성형 AI를 성경 연구와 묵상 중심의 글쓰기 보조 도구로 인식하였다. 이는 AI를 신앙의 대체물이 아닌 '사유의 촉매'(catalyst)로 수용하고 있음을 보여 준다.

그러나 기술 이해 부족 시 AI의 확률적 예측 특성이 왜곡과 환각(hallucination)을 초래할 수 있기에, 신학적 분별과 기술 리터러시 교육이 함께 이루어져야 한다.

그럼에도 불구하고, AI를 활용할 때 기술 이해의 부족이 왜곡을 낳을 위험이 상존한다. AI 언어 모델은 통계적 확률을 기반으로 다음 단어를 예측하는 방식으로 동작하기 때문에, 사실이 아닌 내용을 그럴듯하게 제시할 수 있는 할루시네이션(hallucination) 현상이 발생할 수 있다. 즉 AI가 기계적으로 생성한 문장은 꼭 사실을 보장하지 않는다는 인식이 전제되어야 한다. 예를 들어 AI가 문헌 인용을 생성하면서 실제로 존재하지 않는 논문을 가명으로 제시하거나, 없는 페이지 번호를 붙이는 사례는 학계에서도 보고된 바 있다.[25] 인용·각주 자동화 시스템을 무비판적으로 수용할 경우 이러한 오류가 연구의 신뢰성을 훼손할 수 있다.

따라서 교회와 교육 현장에서는 AI 활용 이전에 기술적 작동 원리와 한계를 교육하는 일이 필수적이다. AI의 내부 메커니즘, 편향 가능성, 학습 데이터의 한계, 출처 불투명성 등을 이해한 상태에서 AI의 출력을 검토하고 조정하는 분별적 태도가 절실하다. 이 점이 갖추어지지 않은 상태라면, AI는 오히려 신앙적 책무를 흐트러뜨리는 도구가 될 수 있다.

결론 및 제언

AI는 신앙 공동체 안에서 올바른 목적과 분별이 전제될 때 비로소 선한 도구가 된다. 청년들이 AI를 단순히 빠른 답을 얻는 도구로만 사용하게 되는 것이 아니라, AI와의 상호작용을 통해 더 깊이 묻고 더 성숙히 표현하는 사람이 되도록 돕는 역할을 지향해야 한다. 이를 위해 다음과 같은 제언을 제시한다.

• AI 리터러시 교육 강화
교회와 신학교 교육 과정에 AI의 작동 원리, 한계, 윤리적 쟁점을 다루는 과목을 도입해야 한다. 이를 통해 지도자·교사·청년 모두가 AI와 대화하듯 기술을 다루는 능력을 갖추어야 한다.

• 실천 지침과 가이드라인 제정
교회 현장에서 AI를 활용할 때 따를 수 있는 실무 지침을 마련해야 한다. 예: AI 활용 고지, 인용 확인 절차, 초안-검토-수정 워크플로우, 책임 명시 등 이러한 가이드라인은 기술에 대한 무비판적 의존을 방지하고 책임성을 확보하는 데 필수적이다.

• 공동체 내 비판적 성찰 문화 구축
AI로 작성된 결과를 무조건 수용하지 않고, 함께 나누며 질문하고 비판하는 문화를 교회 공동체 안에 정착시켜야 한다. AI가 제안한 문장은 사랑과 은혜의 언어일 수 있으나, 궁극적 진리 해석과 적용은 인간의 분별적 사유가 수행해야 할 영역이다.

AI는 신앙적·교육적 도구로 활용될 수 있지만, 그 유용함이 무비판적 수용이나 대체의 함정으로 이어져서는 안 된다. AI를 통해 사고의 폭을 넓히되, 그 중심에는 언제나 하나님의 말씀의 진리가 자리해야 한다. 결국 교회 교육의 과제는 단순히 AI를 사용하는 사람이 아니라, AI를 통해 더 깊이 묻고 성찰하는 사람을 세우는 것이다. 따라서 AI의 선한 활용은 기술 발전에 대한 단순한 대응이 아니라, 믿음과 지성 그리고 윤리가 함께 작동하는 분별된 실천의 결과로 완성되어야 한다.

AI 시대,
디지털 세대의 문화와 기독교 세계관

디지털 세대의 감각을 복음으로 해석하다

정평진 목사
(브리지임팩트사역원 대표)

들어가는 말

바야흐로 빅체인지(Big Change), 즉 대전환의 시대다. 포스트모더니즘의 기류가 4차 산업혁명 및 코로나19(COVID-19)를 만나 거대하고 강력한 전선을 형성하여 지구촌 전역을 휩쓸고 지나갔다. 팬데믹(Pandemic)이라는 전 지구적 재앙이 종식된 이후, 포스트 코로나 시대를 맞이한 현대 사회는, 4차 산업혁명이 가져다 준 급속한 기술 발전과 세계화 그리고 엔데믹(Endemic) 시대의 새로운 기준들, 즉 뉴노멀(New Normal)이라는 새로운 경제, 사회, 문화적 흐름으로 인해 복잡하고 다원화된 환경을 형성하고 있다. 코로나 이전까지 상식으로 통하던 것들이 이제는 상식이 아닌 것이 되어 버린 것이다.

이러한 뚜렷한 변화는 자연스럽게 '패러다임(Paradigm) 전환'을 불러일으켰다. '패러다임'은 그리스어 '파라데이그마'(Paradeigma)에서 유래된 말로, 본래는 '사례', '예제', '실례', '본보기' 등을 의미하는 단어였으나, 미국의 과학사학자이자 철학자인 토머스 쿤(Thomas Kuhn)이 시대를 구분하는 용어로 '패러다임'을 최초로 사용하였다. 토머스 쿤은 '어떤 한 시대 사람들의 견해나 사고를 지배하는 이론적 틀이나 개념의 집합체'로 패러다임을 규정하고, 시대를 구분하는 데 사용했다.[1] 이러한 패러다임은 사회의 발달에 따라 수차례 전환(Shift) 과정을 거치면서 현재에 이르고 있으며, 지금도 조용히, 하지만 분명한 패러다임 전환이 일어나는 중이다.

우리가 직면하고 있는 연속적이고도 동시다발적인 패러다임 전환은 문명사적 변화를 견인하고 있으며, 후기정보화사회에 진입한 대한민국의 모든 세대에게 지대한 영향을 끼치고 있다. 특별히 그중에서도 아동·청소년 세대인 알파(α) 세대는 대전환의 중심에 있다고 할 수 있는 AI의 영향을 직접적으로 받는 세대이다. 이들은 21세기에 온전히 태어난 첫 세대로서, 디지털 원주민(Digital Native)을 넘어 AI 원주민(AI Native)으로 태어나 자라고 있기 때문이다. 김난도는 이제 AI 빼고는 트렌드를 논한다는 것 자체가 무의미할 정도로, 인공지능이 쓰나미처럼 세상을 뒤덮고 있다고 진단하면서, AI 대전환의 시대에 직면한 현실을 지적하는 동시에 이에 따른 대비의 필요성을 강조한다.[2]

이처럼 AI 원주민으로 태어나 자라고 있는 알파 세대의 상황은 한국 교회가 그들이 그리스도인의 정체성을 형성하도록 돕는 과업과 복음 전파의 방향성을 재설정하게 만들고 있다. 우리는 알파 세대를 향한 접근에서 기존 세대와는 다른 접근 방식을 요구받고 있음을 분명히 인식해야 한다. 이후 논의를 통해 살펴볼 알파 세대의 특징과 문화를 바탕으로 그들을 향한 교회의 방향성을 재조명해야 한다. 만일 이들이 직면하고 있는 상황 및 도전받는 과제들을 살피지 않는다면 다음세대의 위기 상황에서 수년째 벗어나지 못하고 있는 한국 교회의 침체는 변곡점을 맞기 어려울 것이다.

알파 세대 등장의 배경

카를 만하임(Karl Manheim)은 '비슷한 시기에 태어나 특정한 기간에 중요한 사건들을 공통적으로 경험한 사람들'로 이루어진 코호트(cohort)적 세대 개념을 강조하였다. 세대로 묶인 이들은 생각과 감정, 사회에 대한 인식을 공유하고 있으며, 다른 세대와 구분되는 세대론적 특징을 지니고 있다.[3]

이러한 관점에 비추어 대한민국의 기성세대, 즉 청장년 층을 구분하면 산업화 세대와 민주화 세대, 정보화 세대로 구분할 수 있고, 출생 시기를 기준으로는 베이비붐 세대, 386세대, X세대, M세대(혹은 Y세대), Z세대로 재구분할 수 있다.

표1. 대한민국 청장년 층의 세대론적 특징

구분	산업화 세대	민주화 세대		정보화 세대	
	베이비붐 세대	386세대	X세대	M세대	Z세대
출생	1950년대	1960년대	1970년대	1980년대	1990년대

특징	아날로그 세대 이념 중심 전후 세대	민주화 고도성장기 정치적 격변기	디지털 이주민 경쟁사회 물질주의	디지털 유목민 경험주의 세계화	디지털 원주민 개인주의 현실주의

표2. '산업화 세대'부터 'Z세대'까지 연령 구분

세대 구분	출생 연도	2025년 기준 연령
산업화 세대	~1949년	77세 이상
베이비붐 세대	1950~1969년	57~76세
X세대	1970~1979년	47~56세
M세대(혹은 Y세대)	1980~1994년	32~46세
Z세대	1995~2009년	17~31세

앞서 살펴본 바와 같이, 지금까지의 세대 구분은 만하임의 세대 구분을 기준으로, 역사적 사건에 따른 공통의 문화적·사회적 변화에 기인했다. 하지만 후기정보화사회로 접어들면서 세대 구분이 역사적 사건이 아닌 기술에 의해 구분되는 경향을 보인다는 점을 우리는 주목해야 한다. 이런 이유로 트웬지(Jean M. Twenge)는 세대 형성의 근본 요인을 '기술의 발전'으로 보았다. 그는 세대론 구분에 있어서 "기술이 근본 원인을 차지하고 개인주의와 느려진 인생 주기가 매개 요인으로 작용하며, 주요 사건들이 부수적 역할을 한다"고 주장하며, '세대의 기술 모형'(technology model of generations)을 제안한다.[4]

지금까지는 일반적으로 15년을 주기로 세대를 구분했으나, 앞으로는 기술을 중심으로 세대를 구분해야 하는 시대가 도래했다는 것이다. 이는 알파 세대의 등장을 기점으로 역사적 경험에 따른 구분이 아닌, 기술을 중심으로 세대가 구분되기 시작했으며, 이러한 구분은 기존의 세대 구분과는 다른 방식으로 세대를 이해해야 함을 시사한다.

또 알파 세대가 등장한 배경을 이해하는 과정에 그들의 부모 세대인 밀레니얼 세대가 있다는 것을 기억해야 한다. 밀레니얼 세대(혹은 M세대)는 1980년으로부터 1994년까지 태어난 세대로, X세대에 뒤이어 등장했다고 하여 'Y세대'로 이름 붙이기도 한다. 이들은 산업화와 핵가족화의 영향으로 자녀가 1, 2명인 경우가 일반화된 시대에 태어나, 유년기 집중양육을 받으며 자란 세대이다. 그들은 높은 자기애를 보이며, 여성은 전업주부의 삶을 선택하기보다 자신의 직업을 선택하는 비중이 높고, 남성은 이전 세대에 비해 가사와 육아에 적극적인 태도를 보인다.[5] 특별히 한국의 상황에서 M세대가 경험한 주요 사건 사고는 아래와 같다.

표3. M세대가 경험한 주요 사건 및 사고[6]

정치	경제
사상 첫 문민정부 출범(1993) 전두환·노태우 전 대통령 구속(1995) 김일성 사망(1994) 남북정상회담(2000, 2007, 2018)	WTO 출범(1995), OECD 가입(1996) 한미 FTA 타결(2010) IMF 경제 위기와 극복(1997~2001) 집값 폭등(2002, 2006), 카드대란(2003)
사회	문화
심야 영업 규제 해제(1999) 호주제 헌법 불합치 선고(2005) 광우병 촛불집회(2008)	케이블 TV 및 PC 통신 도입(1995) 무료 이메일 서비스(1997) 초등 교과목에 영어 추가(1997) 해외 유학 자율화(2000) 가정용 PC 보편화(1998) 일본 대중문화 개방(1998) 한류 열풍(2001) 한일월드컵 4강 진출(2002) 김연아 올림픽 금메달(2010)

알파 세대의 정의

'알파 세대'(Alpha Generation)라는 용어는 호주의 미래학자이자 인구통계학자인 마크 매크린들(Mark McCrindle)이 2008년 연구에서 처음 제안하였으며, 2010년대 초반부터 전 세계적으로 본격적인 연구가 시작되었다. 알파 세대는 온전히 21세기에 출생한 첫 번째 세대로, 기존의 XYZ세대에 이어 고대 그리스 알파벳의 첫 글자인 '알파'(α)라는 새로운 명칭이 붙여졌다. 이는 MZ세대와 달리 21세기에 태어나고 자란 순수한 21세기형 세대임을 의미한다.[7] 2010년부터 2024년까지 약 15년간 출생한 세대로, 2025년 현재 중고등학생으로부터 초등학생, 영유아에 이르는 세대를 일컫는 세대이며, 현존하는 세대 중 가장 젊은 세대다.

표4. 알파 세대를 일컫는 명칭[8]

명칭	설명
알파(α) 세대	X-Y(M)-Z세대의 다음 세대이나, 알파벳 A로 표현하기 어려운 완전히 새로운 세대. 때문에 그리스어 알파벳의 첫 글자 '알파'(α)를 따서 이름 붙임
가장 큰 규모의 세대	2025년이 되면 전 세계 인구의 25%인 약 22억 명에 도달할 인류 역사상 가장 큰 규모의 세대 (알파 세대의 절반은 인도와 중국 등 아시아 태생)
유리 세대 (Generation Glass)	아이패드와 같은 해(2010)에 태어나, 스마트폰, 태블릿 PC, 모니터 등 유리 화면에 익숙한 세대
가상 세대 (Virtual Generation)	디지털 네이티브를 뛰어넘어, 메타버스 플랫폼에서 놀이하며, 가상현실(VR)과 생성형 AI 기술을 장착한 세대

텐 포켓 (10 Pockets)	부모와 양가 조부모, 삼촌, 이모, 지인까지 가세해 총 10명이 한 아이에게 전폭적인 지원을 아끼지 않는 집중양육을 받으며, 향후 소비의 주축이 될 세대
업 에이저 (Up-Agers)	정보 접근성이 좋고 신체적 발달도 빨라 어린 나이에 아는 것도 많고 신체적으로도 조숙한 세대
크리에이터 세대	콘텐츠를 단순히 소비하는 것이 아닌, 직접 만들고 확산하는 데 익숙한 프로슈머 세대, 크리에이터로서의 자아를 중요한 정체성으로 여김
코로나 세대	메르스부터 코로나19 팬데믹까지, 전 세계적인 감염병의 유행을 겪으며, 학기에 중요한 2년을 잃어버렸다. 장기간의 마스크 착용과 비대면 일상으로 인한 스마트폰 의존, 언어 및 사회성 발달 지연, 학력 저하, 관계 결핍 등의 문제는 향후 이들의 성장에 지속적으로 영향을 미칠 것으로 예상된다.
메타버스, AI세대	마인크래프트, 로블록스, 제페토 등 메타버스에서 놀며 영상 제작도 손쉽게 할 수 있는 플랫폼 신인류로 자랐다. 가상현실과 코딩 기술을 활용하여, 새로운 유형의 직업을 개척하고 있다. 이제 생성형 AI 기술까지 장착!
환경운동가 세대	미세먼지 나쁨으로 인한 마스크 착용 및 야외 활동 제한, 폭염과 폭우로 인한 전 세계적인 기후 위기와 환경 문제의 심각성을 온몸으로 느끼며, 행동하는 기후 시민으로 자랐다.
손흥민 세대	손흥민의 영국 프리미어 리그 진출과 함께 성장했다. 방과 후 축구의 유행을 선도하며, 축구 선수의 꿈을 키우며 자랐다.
BTS 세대	BTS, 블랙핑크, 뉴진스와 함께 성장하며 K-POP의 대부흥기를 경험하고 있다. 아이돌 경연 대회나 연습생 지원이 어렵지 않다.

알파 세대의 수는 전 세계적으로 약 20억 명이 넘으며, 2025년 이후 세계 인구의 25%를 차지할 것으로 예측된다. 이는 역사상 가장 큰 인구 집단이다. 전 세계적으로 인구 규모가 매우 크고, 소비 시장에서도 큰 영향력을 미칠 것으로 예측된다.[9] 다만 한국적 상황

에서는 초저출산과 인구 감소 시대에 태어난 세대로, 전체 인구 대비 알파 세대의 비율은 낮다. 하지만 알파 세대의 부모 세대인 M세대가 받아 왔던 집중양육의 농도가 알파 세대에 이르러 더욱 짙어져 10포켓, 골드키즈[10] 같은 현상들이 발생하고 있으며, 경제적 파급력은 매우 클 것으로 예측된다. 아울러 맞벌이의 증가로 인한 대리양육(어린이집 및 돌봄 시설) 등 이전과는 다른 사회적 배경 속에서 성장하고 있다.

이들은 밀레니얼(M세대) 부모와 Z세대 선배들의 영향을 받으며 성장하고 있으나, 이전 세대와는 달리 디지털 환경에서 성장했기 때문에, 삶의 양식과 가치관, 사고방식에서 뚜렷한 차이를 보인다. 이들은 AI 원주민(AI Native) 세대로서 미디어에 조기 노출된 세대다. 멀티태스킹을 넘어서 여러 디바이스에서 각기 다른 동영상을 동시에 시청하며 빠르게 정보를 흡수하는 특징을 가진다. 또 알파 세대는 코로나 팬데믹으로 인한 셧다운 사태와 비대면 수업을 유년기에 경험하였고, 환경적으로 기후 위기와 탄소 중립 정책을 경험하며 자라나고 있다.

표5. 알파 세대의 성장기 경험(2010년생 기준)

연도	나이	성장 경험
2010	0세	아이패드 출시, 인스타그램 출시, 김연아 금메달
2011	1세	스마트폰의 대중화, 일본 대지진, 오사마 빈 라덴 사살
2012	2세	싸이(PSY) 빌보드 진출과 K-POP 열풍
2013	3세	초미세먼지 주의보
2014	4세	세월호 사건
2015	5세	메르스 확산, 손흥민 토트넘(EPL) 입단

2016	6세	이세돌과 알파고 대결, 마인크래프트 출시, 촛불 시위
2017	7세	틱톡 출시
2018	8세	제페토 출시, 주 52시간 근무제 개시, BTS 빌보드 1위
2019	9세	그레타 툰베리, 기후 변화 대응 학교 파업 시위
2020	10세	코로나19 팬데믹, 모여봐요 동물의 숲 출시(닌텐도)
2021	11세	코로나 셧다운 완화, 낙태죄 폐지
2022	12세	대면 수업 복귀, 이태원 압사 사고
2023	13세	학교폭력 이슈, 챗GPT 등장, 서이초 교사 사망 사건
2024	14세	한강 작가 노벨문학상 수상, 도널드 트럼프 美 대통령 당선

알파 세대의 특징

디지털 원주민(Digital Native)을 넘어 AI 원주민(AI Native) 세대

알파 세대는 디지털 원주민을 넘어 AI 원주민 세대이다. 이들은 태어나면서부터 디지털 환경에 노출된 순수한 디지털 원주민으로, 인터넷이 없는 시간을 경험하지 않은 세대이다. 정보통신정책연구원의 연구에 따르면, 알파 세대의 휴대폰 보유율은 84%로 72.8%인 Z세대보다 높았으며, 이중 스마트폰의 비중도 89.9%로 80.8%인 Z세대보다 높아 알파 세대의 스마트폰 보유율이 상대적으로 더 높았다. 모바일 서비스 이용 경험 역시 Z세대에 비해 높게 나타나는데, 어플리케이션 이용 경험에 대해 알파 세대의 94.2%가 '있다'로 응답하여, 59.8%인 Z세대에 비해 높았으며, 데이터 기반 통화 서비스 및 인스턴트 메시지 이용률 역시 Z세대에 비해 높게 나타났다.[11]

이들은 4차 산업혁명 기술 환경 속에 태어나 스마트폰, 태블릿, AI 스피커 등 디지털 기기를 자기 몸처럼 친숙하게 다루며, 인공지능과의 상호작용이 자연스러워 AI를 친구나 보조자처럼 인식한다. 메타버스, 증강현실 등 가상세계에서의 놀이와 학습이 일상화되어 있다. 코로나19 팬데믹을 겪으며 나라났기에 비대면 소통에 익숙하다는 특징을 보이며, 온라인과 오프라인의 경계가 희미하다는 특징을 나타낸다.

디지털 콘텐츠의 적극적 생산자이자 소비자, 그리고 자기표현 세대

알파 세대는 디지털 콘텐츠의 적극적 생산자이자 자기표현 세대이다. 이들은 디지털 콘텐츠의 소비자에 머무르지 않고 생산자로서 활동하는 디지털 생비자(Digital Prosumer)이다. 알파 세대는 SNS 내에서 포스팅 작성, 공유, 소통 등을 하는 '적극적 사용자' 비중이 Z세대보다 훨씬 높다. 앱 이용 비중과 더불어, 앱 구입 개수와 연간 지출 금액도 Z세대보다 많아 디지털 서비스 소비의 주체로 부상하고 있다.[12]

알파 세대는 자기표현의 세대이다. 알파 세대는 자신의 일상을 공유하고 다른 이들과 소통함에 있어서 인스타그램(41.8%), 틱톡(2.5%) 등 이미지와 영상 중심의 SNS를 선호한다. 텍스트보다 숏폼 영상, 간결한 메시지, 축약어를 선호하는 디지털 학습자(Digital Learner)로서, 메타버스, SNS, 셀피, 아바타 등 다양한 디지털 도구를 통해 자신을 적극적으로 표현한다. 자기표현 욕구가 강하며, 아바타나 부캐를 통해 다양한 정체성을 실험하고, 자신이 콘텐츠가

되거나 직접 창작하는 데 익숙하다.[13]

자기중심적이면서도 관계와 경험을 중시하는 세대

알파 세대는 자기중심적이면서도 관계와 경험을 중시하는 세대이다. 이들은 저출산과 핵가족화, 집중양육 환경에서 자라나 가족 내에서 많은 관심과 자원을 받으며 성장했다. 텐포켓, 골드키즈 현상으로 가족 구성원들의 소비가 소수의 아이에게 집중되며, 자기 존재감이 높고 개인화된 경험을 추구한다. 팀 내에서도 자신을 중심적 존재로 인식하는 수평적 사고를 가지고 있어 강한 개별성과 자율성을 보인다. 스스로 선택하고 직접 시도해 보는 것을 선호하며, 실패를 배움의 기회로 인식하는 주도성을 가지고 있다.

각자의 취향이 뚜렷하고 유행보다는 자신만의 관심사에 집중하며, 디지털 세계뿐 아니라 오프라인의 새로운 경험에도 관심이 많아 다양한 경험을 추구한다. 노준영은 알파 세대가 타인의 가치, 시선 그리고 관점을 무조건적으로 수용하는 것이 아니라, 스스로 선택하고 판단하는 경향을 지녔다고 분석한다. 그들에게 있어서 남의 기준은 그야말로 남의 기준이며, 남의 가치에는 별다른 관심이 없다. 그리고 남의 소비에 대해서도 남의 소비일 뿐, 자신의 취향과 관심, 가치가 아닌 것에는 관심을 가지지 않는다.[14]

그러나 동시에 친구와의 연결, 또래와의 관계를 매우 중요하게 여기며, 오프라인과 온라인을 넘나들며 자유롭게 소통한다. 이들에게 있어서 세계란 디지털 연결망으로 연결된 '디지털 글로벌 세상'이기 때문이다.[15] 관심사가 같은 친구들과 더 쉽게 친해지고, 온라인 기반의 소통과 관계 형성을 통해 자아정체성과 관계성을 형성한다. 타인의 기준이나 가치보다는 자신의 경험과 관심사를 더 중요하게 여기며, 포용적이고 협력적이며 세계적이고 배우고자 하는 열망이 강한 특징을 가진다.

새로운 학습 방식과 참여적 교육을 선호하는 세대

알파 세대는 새로운 학습 방식과 참여적 교육을 선호하는 세대이다. 이들은 수동적이고 지시받는 교육보다 실제로 참여하고 창조하며 자신의 의견이 존중받는 교육을 원한다. 그룹 프로젝트, 실천적 학습, 디지털 도구 활용 등 능동적 참여를 중시하며, 고정된 프로그램보다 프로젝트 기반 학습(Project Based Learning), 학습자의 주도성(Student Agency)을 중요하게 생각한다.[16] 디지털 매체를 통하여 몰입하는 참여자로 또는 오감을 통해 체험하고 참여하는 전인적인 참여자가 되기를 원한다.[17]

어른의 도움은 필요할 때만 요청하고, 대부분은 유튜브 등에서 독학하는 경향이 있다. 이미지와 영상 중심의 학습을 선호하며, 창의적이고 혁신적인 학습 방법이 요구된다. 의미 있는 활동, 친구와 함께하는 활동에 높은 만족을 느끼며, 변화된 교육정책과 환경에서 성장하고 있다. 모든 아이는 열정을 가지고 태어난다고 보며, 다양한 경험을 통해 자신의 열정을 발견할 수 있도록 하는 교육이 필요하다. 단순히 진로 탐색이 아니라, 신앙적 소명과 연결된 열정 발견이 중요하다.

새로운 가치관과 신념을 지닌 세대

알파 세대는 새로운 가치관과 신념을 지닌 세대이다. 매크린들은 알파 세대의 특징으로 디지털(Digital), 소셜(Social), 글로벌(Global), 모바일(Mobile), 비주얼(Visual)을 제시한다.[18] 이러한 알파 세대의 특징은 그들이 기성세대와는 다른 방식으로 학습하고 세계관을 형성한다는 것을 보여준다.

'디지털 원주민'과 '디지털 이주민'이라는 신조어를 제시한 미래학자이자 교육가인 마크 프렌스키 역시 알파 세대가 기성세대와는 구분되는 다른 신념을 형성하고 있다고 진단한다. 그의 진단을 살펴보면, 알파 세대는 과학기술, 사생활, 재산, 대인관계, 성·인종, 안전, 힘, 일과 직업, 공감 능력 등 다양한 영역에서 20세기 기성세대와는 다른, 더 포용적이고 미래지향적인 신념을 가지고 있다. 반면 신, 종교, 정부에 대해서는 덜 중요하게 여기고 회의적인 태도를 보인다는 것이 특징이다.

표6. 20세기 기성세대의 신념과 알파 세대 신념 비교[19]

영역	20세기 기성세대 신념	알파 세대 신념
과학기술	인간의 도구	인간의 공생체
사생활 보호	매우 중요	절충 가능
재산	개인이 소유하는 것	공유하는 것
대인관계	지역적/대면	세계적/온라인도 괜찮음
성/인종	편협하다	더 관대하다
안전	가능성 없다	가능하다
힘	어른들만의 것	공유하는 것

일과 직업	만족스럽지 않아도 괜찮다	만족감이 필요하다
공감 능력	거의 없다	훨씬 더 많다
아이들	아직 능력이 없는 어른의 2세이다.	고유한 존재이며 능력이 있다.
신과 종교	아주 중요/널리 퍼짐	덜 중요/덜 퍼짐
돈	벌면 저축하기/투자는 부자놀이	투자/가상화폐
사랑	지역 내/남녀 간의 사랑	어디에서나 가능/여러 종류의 사랑
폭력/학대	용인됨	용인되지 않음
정의	소수를 위한 것	모든 사람을 위한 것
정부	유용하다고 본다	회의적이다
시간과 공간	사람들을 분리하는 요인	더는 사람들을 분리하지 못한다.

 이러한 알파 세대의 변화된 신념은 알파 세대를 향한 국가 정책에도 적극 반영되고 있다. 교육부 개정 교육과정(2024-2027)과 제7차 청소년정책기본계획(2023-2027)의 내용을 살펴보면, 알파 세대로 하여금 미래사회의 불확실성에 대응할 수 있는 '미래 변화 대응 역량'을 갖추도록 하기 위해 단순한 '지식 전달'이 아닌, 학생의 자기주도성과 자율성을 강화하는 데 초점을 맞추고 있다. 또한 학생의 삶과 연계한 깊이 있는 학습과 개별 맞춤형 교육과정을 구현하는 것을 목표로 하고 있다.

표7. 교육부 개정 교육과정(2024-2027)[20] 교육부, 2022

배움의 즐거움을 일깨우는 미래교육으로의 전환
미래 변화를 능동적으로 준비할 수 있도록 역량 및 기초소양 함양 교육 강화
학생의 자기주도성, 창의력과 인성을 키워 주는 개별 맞춤형 교육 강화
학교 현장의 자율적인 혁신 지원 및 유연한 교육과정으로 개선
학생의 삶과 연계한 깊이 있는 학습을 위한 교과 교육과정 개발
추구하는 인간상: 자기 주도성 / 창의와 혁신 / 포용성과 시민성

추진 배경 및 방향		
예측할 수 없는 변화에 대응할 수 있는 교육 혁신 필요	학령인구 감소 및 학습자 성향에 따른 맞춤형 교육 기반 필요	새로운 교육환경 변화에 적합한 역량 함양 교육 필요
변동성, 불확실성, 복잡성 등 미래사회 대응	저출생, 디지털 전환에 대응하는 교육환경 구축 필요	지식·정보의 폭발적 증가 ▶ 문제 해결 역량 중요
새로운 인간상과 교육체제 모색	학습자의 삶과 연계한 학교 교육 혁신	미래 핵심역량을 키우는 교육 혁신

또 알파 세대의 지식 습득 경로가 다양화된 만큼 교육의 방향도 변화가 요구되기에, 기존의 교과서 중심 수업 혹은 프로그램 위주에서 벗어나 깊이 있는 교육을 위해 프로젝트 방식의 융합 교육을 추진하고, 다양한 지역연계, 사회참여 프로그램으로 청소년의 사회성을 고취시키고자 함을 알 수 있다.

표8. 제7차 청소년정책기본계획(2023-2027)[21]

비전	디지털 시대를 선도하는 글로벌 K-청소년
목표	청소년 성장 기회 제공, 안전한 보호 환경 조성
플랫폼 기반 청소년 활동 강화	청소년 디지털역량 활동 강화 청소년 미래역량 제고 다양한 체험 활동 확대 학교 안팎 청소년 활동 지원 강화
데이터 활용 청소년 지원망 구축	위기청소년 복지지원 체계 강화 청소년 자립 지원 강화 청소년 유형별 맞춤형 지원
청소년 유해환경 차단 및 보호 확대	청소년이 안전한 온·오프라인 환경 조성 청소년 범죄 예방 및 회복 지원 청소년 근로보호 강화

청소년의 참여, 권리 보장 강화	청소년 참여 활동 강화 청소년 권익 증진
청소년 정책 총괄 조정 강화	청소년정책 인프라 개선 지역 맞춤형 청소년정책 추진체계 구축

알파 세대의 위기

알파 세대는 코로나19 팬데믹, 기후 위기 등 사회적·환경적 변화에 직접적 영향을 받으며 태어났으나, 회복과 개선을 경험하고 있는 세대이다. 전 지구적 회복세에 탄력을 받아 창의적이고 회복력 있는 세대로 성장할 것으로 전망하기도 한다. 그러나 그러한 전망이 무색하게도, 그들은 갖은 위기에 노출되어 있다.

알파 세대는 코로나 시기를 겪으며 대면 관계에 대한 어려움, 낮은 자존감, 기능화된 두뇌로 인한 창의력·통찰력 부족, 편협한 사고 등의 디지털 고독감 문제도 겪고 있다.[22] 또한 스마트폰을 손에 쥐고 태어났기 때문에, 빠르고 편리하며 재미있는 것을 선호하고, 기다림이나 인내가 필요한 상황을 힘들어하는 참을성 부족과 즉각적 만족 추구 경향도 나타내고 있다. 알파 세대가 가장 괴로워하는 일은 불편하고 지루한 것을 참는 것, 재미없는 것을 참는 것이다.[23]

알파 세대는 경제적·사회적 배경에 따라 디지털 환경 격차를 경험하는 디지털 디바이드(digital divide) 문제도 겪고 있다. 한국청소년정책연구원의 연구 결과, 디지털 기기 보유, 원격수업 인프라, 미디어 활용 능력 등에서 부모의 사회적, 경제적 지위에 따라 격차가 발생하고 있는 것으로 드러났다. 질적 측면에서도 부모의 지위와 더불어 자녀에 대한 미디어 사용 지도 여부에 따라 미디어 오남용의 비율에 차이가 있었다.[24] 미디어 사용에 대한 지도를 받지 못할 경우, 미디어 중독, 과몰입 등의 위험이 있으며, 스크린 타임 과다 및 신체 활동 부족으로 신체적·정신적 문제의 위험이 발생할 수 있다.

알파 세대는 코로나19로 인한 비대면, 마스크 착용 등으로 인해 또래 및 타인과의 대면 경험이 부족하고, 공감과 연대, 사회성 발달에 어려움을 겪고 있다. 디지털 세상에서의 소통은 활발하지만 실제 공동체 경험과 협업 능력은 약화되었으며, 공동체 소속감에는 한계가 있을 수 있다. 또 알파 세대는 경제적으로는 풍요로워 보이지만 실제로는 행복지수가 낮은 것으로 나타났다. 세이브더칠드런의 '국제 아동 삶의 질 조사'에서 한국은 35개국 중 31위였다. 어린이·청소년 행복지수는 경제협력개발기구(OECD) 22개국 중 22위를 기록했다.[25]

이처럼 알파 세대는 4차 산업혁명과 코로나의 극복으로 사회적, 경제적으로 풍요를 누리는 것처럼 보이지만, 실제로는 기후위기와 고독감, 미디어 중독, 관계성과 사회성의 결여, 낮은 행복감의 문제를 겪고 있다. 신과 종교에 대한 신념의 부분에 있어서도 알파 세대는 신앙을 형성하기 취약한 경향을 보이며, 기독교적 가치관과 배치되는 가치관을 추구하며, 공동체성의 결여로 향후 신앙 공동체에 정착하기 어려울 것으로 예상된다. 이러한 알파 세대의 특징은 한국 교회를 향한 경고이자, 우리가 공동으로 대응해야 할 사명임을 기억해야 한다.

알파 세대의 문화와 복음

이러한 시대적 상황 속에서 교회의 역할은 무엇일까? 한 가지 잊지 말아야 할 것은 우리에게 아직 희망은 있다는 것이다. 알파 세대가 겪고 있는 문제에 대한 해결책이 바로 '복음'에 있으며, 우리는 그 '복음'을 들고 나아가기 때문이다. 그들을 변화시키는 것은 오직 복음의 능력에 달려 있으며, 변화의 진정한 주체는 성령 하나님이심을 우리는 반드시 기억해야 한다.

그렇다면 우리는 어떻게 알파 세대에게 복음을 들고 나아갈 수 있을까? 알파 세대를 향한 복음적 접근은, 복음의 본질은 변하지 않되 그것을 전달하는 방식은 문화적 맥락에 맞게 변화해야 한다는 원칙 위에 서 있어야 한다. 우리는 알파 세대가 공유하고 있는 문화를 이해하고 존중하면서도, 그들이 진정으로 필요한 것은 예수 그리스도의 복음임을 분명히 해야 한다. 즉 '복음의 본질은 지키되, 문화적 옷은 갈아입는 것'[26]이다.

그러기 위해서 우리는 그들이 공유하고 있는 가치관, 즉 문화를 이해해야 한다. 복음을 알파 세대가 지닌 문화적 관점에서 재조명하는 일이 선행되어야 한다. 이하에서는 알파 세대가 지닌 문화와 복음과의 연결점을 모색하고자 한다.

디지털(Digital)에서 피지털(Phygital)로

알파 세대는 끊임없이 연결하고 관계를 맺는 '연결의 문화'를 추구한다. 알파 세대는 친구와의 연결을 중요하게 여기고 관심사 기반의 소통을 선호하지만, 코로나19로 인한 비대면 경험으로 실제 공동체 경험과 대면 관계 형성에 어려움을 겪어 왔다. 비록 온라인 공간에서는 활발하게 소통하고 있지만, 오프라인 환경 속에서는 다른 이들과의 공감과 연대, 협업에는 익숙하지 않은 것이다.

그러나 알파 세대에게는 오프라인 만남도 분명 필요하다. 온라인과 오프라인을 가리지 않고 모든 상황에서 다양한 사람들과 연결되어 서로에게 영향을 주고받을 때, 그들은 정서적 안정과 관계적인 에너지를 얻을 수 있다. 실제로 그들은 신앙을 형성할 때도 신앙을 '배우는' 방식보다는 함께 교제하면서 신앙을 형성해 나가는 특징을 보인다.

2024년 목회데이터연구소에서 실시한 '기독 청소년 신앙의식 조사'[27]에 따르면, 기독 청소년들은 중고등부 예배 및 활동에서 가장 기대하는 것으로 '친구나 선후배와의 교제'를 1위로 꼽았다. 그들의 신앙생활에 있어서 '코이노니아'(교제)가 얼마나 중요한 위치를 차지하는지 보여 주는 것이다.

그림1. 중고등부 예배 및 활동에 기대하는 것(중고등부 예배 드리는 중고생, 상위 5위, %)

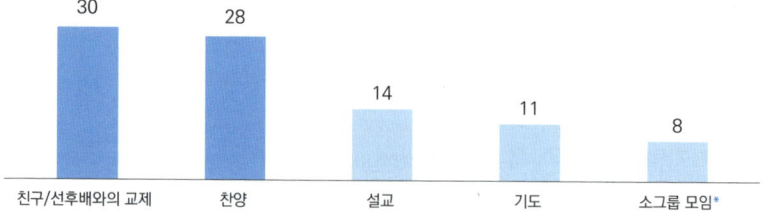

※ 출처 : 목회데이터연구소, '크리스천 중고생 신앙의식 조사', 2024.01.
(교회 출석 중고생 500명, 온라인 조사, 2024.01.15-01.11.) *공과공부 포함

또 '공과공부'에 대해 어떻게 생각하는지 물었을 때도, 46%가 '즐겁다'고 응답했으며, 공과공부가 즐거운 이유를 물었을 때도 '좋은 친구들과 함께 있어서'가 41%로 가장 높았다. 즉 알파 세대는 신앙을 '학습'하기보다 '친구 및 선후배'와 함께하는 시간을 통해 신앙을 '형성'해 간다는 것을 알 수 있다.

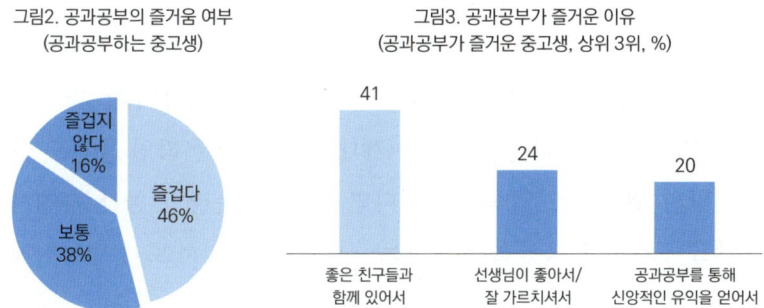

그림2. 공과공부의 즐거움 여부
(공과공부하는 중고생)

그림3. 공과공부가 즐거운 이유
(공과공부가 즐거운 중고생, 상위 3위, %)

※ 출처 : 목회데이터연구소, '크리스천 중고생 신앙의식 조사(한국교회 트렌드 2024)', 2023.06.
(교회 출석 중고생 500명, 온라인 조사, 2023.05.12~05.24.) *5점 척도

성경은 예수 그리스도의 제자, 즉 그리스도인의 정체성이 형성되는 핵심에 '서로 사랑'이 있음을 가르친다.[28] 그리고 알파 세대는 신앙공동체 속에서 '서로 사랑'의 시간을 추구하고 있다. 우리는 알파 세대로 하여금 디지털 공간에서는 충족될 수 없었던 반쪽짜리 '서로 사랑'의 시간을 완성해 주어야 한다. 더 나아가 오프라인 공간을 넘어 온라인 공간에서도 그들과 '서로 사랑'의 시간을 만들어 가야 한다. 즉 신앙공동체의 영역이 오프라인을 넘어 온라인 공간으로까지 확대되어야 한다는 것이다.

이를 위해 알파 세대와 주일에는 오프라인으로 '서로 사랑'의 시간을 갖고, 주중에는 온라인으로 소통하며 '서로 사랑'의 시간을 갖는 하이브리드 방식, 즉 피지털(Phygital)의 만남을 가질 것을 제안한다. 피지털은 물리적(Physical)과 디지털(Digital)을 결합하여 두 세계의 장점을 통합하는 개념이다.

알파 세대 그리스도인들이 교회, 즉 오프라인 공간을 넘어 온라인 공간 속에서도 '서로 사랑'의 시간을 갖는 것에 익숙해진다면 어떤 결과를 가져오게 될까? 앞서 알파 세대의 특성을 통해 살펴본 것처럼 그들은 콘텐츠의 적극적인 생산자이자 소비자이며, 자기 자신을 드러내는 데 어려움이 없는 세대다. 그들이 온라인 공간도 신앙생활의 영역으로 인식하게 된다면, 점차로 온라인 공간 속에서 신앙을 드러내고 복음을 선포하는 '신앙 인플루언서'로서 활동하게 될 것이다.

인플루언서는 소셜네트워크서비스(SNS) 등 온라인 플랫폼에서 많은 팔로어를 보유하고 영향력을 행사하는 사람을 지칭하는 용어이다. 'influence'(영향력)에 사람을 뜻하는 '-er'이 붙어 만들어진 말로, '셀럽'이나 '연반인'(연예인+일반인), '콘텐츠 크리에이터'라고도 불린다. 우리는 다음 세대를 그러한 '신앙 인플루언서'들로 세워, 온라인과 오프라인 공간을 넘나들며, 그리스도인으로서 정체성을 갖고 복음을 증거하는 자녀들로 세워 가야 할 것이다.

알파 세대 그리스도인들이 그러한 '신앙 인플루언서'로 세워질 수만 있다면, 문화의 영역에서 신선한 복음의 바람이 불게 되고 영적인 환기가 일어나게 될 것이다. Mnet 방송사의 힙합 서바이벌 프로그램, '쇼 미더 머니(Show me the money)'의 시즌5 우승자인 래

퍼 '비와이(BewhY)'와 시즌 10의 Top8까지 진출한 '아넌딜라이트(Anandelight)'가 보여준 파급력은 실로 엄청났다. 랩이라고 하는 문화를 통해 그들의 신앙과 예수 그리스도의 복음을 분명하게 드러냈기 때문이다. 또한 찰스 디킨스(Charles Dickens)의 소설 '예수의 생애(The Life of Our Lord)'를 바탕으로 예수의 일생을 다룬 3D 애니메이션 영화, '킹 오브 킹스(The King of Kings)'의 전 세계적 흥행은 공과 사의 경계가 모호해진 현대 사회에서 복음이 어떻게 선포될 수 있는지 보여주었다.

물론, 공과 사의 경계가 허물어졌기에 알파 세대와 더불어 현대를 살아가는 모든 그리스도인이 문화 속에서 받는 세속적 가치관의 영향도 무시할 수 없을 것이다. 하지만 이럴 때일수록 우리는 더욱 적극적으로 복음을 들고 문화의 영역 속으로 침투하여 예수 그리스도를 선포해야 한다. 그저 세속적 가치관을 막아줄 영적 방파제를 쌓는 것에 만족할 것이 아니다. 해류 자체를 바꾸어 예수 그리스도의 복음이 대양을 덮어나가도록 해야 한다. 그것이 바로 모든 도시와 마을을 두루 다니시며 복음을 전파하신 예수 그리스도의 사역(마 9:35)을 따르는 길이며, 알파 세대를 구원의 길로 인도하는 길일 것이다.

테크놀로지아(technologia)에서 테올로지아(theologia)로

혹시 알파 세대 사이에서 유행하는 인터넷 밈(meme)인 '테크놀로지아'(technologia)를 본 적이 있는가? 이 밈은 2024년 쿠웨이트로 추정되는 아랍권 국가에서 시작된 밈이다. 2024년 10월 27

일, 틱톡커 '@raa_r51'이 한 영상을 게시했다. 자동차 뒷좌석에 앉은 두 남성 중 한 남성이 뒷좌석 중앙의 버튼을 누르자 팔걸이가 뒤로 젖혀져 그대로 좌석이 되고, 남성은 미소를 지으며 "테크놀로지아"(technologia)라고 말한다. 그리고 옆자리에 앉은 다른 남성이 이를 따라한다.[29] 이 영상은 업로드 5개월 만에 380만 회 이상의 조회 수를 기록했으며, 이를 바탕으로 저렴하면서도 실용적인 DIY 솔루션 영상 위에 해당 영상의 오디오를 삽입하는 것이 전 세계적으로 유행하고 있다.

비록 유행의 요소로 사용된 인터넷 밈이지만, 이전에는 없던 기술이나 무언가 새로운 것에 열광하는 알파 세대의 특징을 반영하는 밈이라고 생각된다. 또한 미디어를 통해 세상과 소통하며 적극적으로 콘텐츠를 생산하고 소비하는 알파 세대의 특성 때문에 인터넷 밈으로서 유행할 수 있다고 볼 수 있다. 그러나 미디어에 푹 빠져 지내는 시간이 길어질수록 자신을 돌아보는 시간은 줄어들게 마련이다. Z세대부터 강조된 메타 인지(meta cognition)[30], 즉 자신이 어떤 사람인지, 무엇을 알고 무엇을 모르며, 무엇을 할 수 있고, 무엇을 할 수 없는지 아는 인지가 알파 세대에게도 부족한 이유이다. 그 때문에 자기 자신을 알고 싶은 마음에 MBTI와 같은 간단한 유형 지표로 자신을 규정하는 경향이 알파 세대에게까지 이어지고 있다.

우리는 알파 세대가 미디어 속 가치관의 무분별한 수용과 오남용 그리고 중독의 문제를 겪지 않고 건강한 자아와 신앙을 형성할 수 있도록 도와야 한다. 그렇다고 해서 미디어 접촉 시간을 극도로 제한하거나, 이용 자체를 금지하는 것은 시대를 역행하는 발상일 것이다. 오히려 우리는 알파 세대가 미디어 세계의 가치를 기독교 세계관의 관점에서 비판적으로 수용할 수 있는 역량, 즉 '미디어 리터러시' 역량을 함양할 수 있도록 도와야 한다. 미디어 리터러시는 접근 능력, 비판적 해석 능력, 창의적 표현 능력, 사회적 소통 능력, 이렇게 네 가지 역량을 의미한다.[31] 우리는 알파 세대를 향한 바르고 건강한 미디어 리터러시 역량 함양 교육을 통해 그들이 미디어를 건강하고 바르게 이용[32]하는 동시에, 미디어만으로는 접근하기 어려운 자기 자신의 발견과 하나님의 존재에 접근할 수 있도록 도와주어야 한다.

맥크린들은 알파 세대의 정신적 건강에 있어서 네 가지 측면, 즉 관계적, 사회적, 신체적, 영적인 측면이 중요하다고 주장한다.[33] 먼저, 관계적 측면은 사랑하는 사람들과 함께하는 시간, 타인을 위한 봉사와 섬김을 의미한다. 둘째, 사회적 측면은 타인과 연결되고, 친구들과 즐거움을 추구하는 것을 의미한다. 셋째, 신체적 측면은 충분한 영양 섭취와 수면 그리고 적절한 운동을 의미한다. 끝으로 영적인 측면은 마음챙김, 명상 혹은 기도의 시간 등을 통해 자신의 감정을 인식하는 시간을 의미한다. 여기서 우리는 맥크린들이 제시하는 영적인 측면을 눈여겨볼 필요가 있다. 알파 세대의 정신적 건강에 있어서 영적인 측면, 즉 자기 자신 및 초월적 대상과의 연결의 경험이 중요함을 말하고 있기 때문이다.

김정희는 알파 세대를 위한 영성훈련 연구에서 메타인지와 테올로지아(theologia)의 연결을 시도한다. 테올로지아는 "무언가를 열중/몰두해서 목적을 가지고 본다"는 뜻의 '테오리아'($\theta\epsilon\omega\rho\acute{\iota}\alpha$)에서 파생된 용어로, 하나님에 대한 직접적이고 총체적인 인식, 즉 하나님과의 일체성을 즉각 경험하는 것이다. 이는 관상(contemplation)의 가장 높은 형태이며 관상을 통해 우리는 하나님의 임재를 생각이 아닌, 사랑으로 인식하고, 관상 중에 우리의 진정한 자아와 하나님을 발견하게 된다.[34]

'복음의 능력은 하나님과 우리 사이에 다리가 되시는 예수 그리스도께 있음을 기억할 때, 복음을 통해서야 말로 알파 세대가 진정한 의미의 자기 발견과 더불어, 하나님과 연결되는 경험을 할 수 있음을 우리는 잊지 말아야 한다. 기술, 즉 테크놀로지아(technologia)에 매몰된 오늘날 알파 세대를 구원하는 길은, 테올로지아(theologia)적 만남을 통해 역사의 주인이신 하나님과의 관계성 속에서 그리스도인으로서의 정체성을 형성하는 것에 달려있으며, 이것이 오늘날 우리의 선교적 과제이다.'

앞서 살펴본 바와 같이, 알파 세대는 디지털 세계 속에서 늘 무언가와 연결되기에 힘쓰고 있으며, 관계를 맺는 것을 중요하게 생각한다. 하지만 그토록 갈망했던 연결과 관계는 그들에게 큰 의미가 되어주지 못한다. 인류 역사상 가장 많이 '연결(hyper-connected)'되어 있지만, 동시에 가장 깊은 '관계적 빈곤'을 겪는 세대가 바로 알파 세대이기 때문이다. 디지털 세상 속에서 만나는 수많은 관계는 피상적으로는 연결되어 있는 것처럼 보이나, 소속감을 주지는 못한다. 즉 알파 세대는 아무런 열매가 없는 무의미한 관계와 연결을 추구하고 있으며, 의미가 없음을 알면서도 관성에서 벗어나지 못하고 있는 것이다.

우리는 그러한 알파 세대에게 진정한 열매를 맺는 관계란, 참 포도나무이신 예수 그리스도 안에 거하는 관계임을 가르쳐야 한다. '나는 포도나무요 너희는 가지니 저가 내 안에, 내가 저 안에 있으면 이 사람은 과실을 많이 맺나니 나를 떠나서는 너희가 아무 것도 할 수 없음이라'는 요한복음 15장 5절의 말씀은 알파 세대가 그토록 바라던 '의미 있는 관계', '참된 열매를 맺는 삶'이 바로 예수님과 연결되어 있을 때 가능하다는 것을 말하고 있다. 이는 우리가 알파 세대에게 복음을 '정보'로서 전달하는 것을 넘어, 예수님과의 살아 있는 '연결'을 통하여 복음을 사건으로 경험하도록 해야 함을 알려 주고 있는 것이다.

그 어떤 가지도 결코 자기 스스로의 능력으로 열매를 맺을 수 없다. 오직 나무로부터 오는 양분을 받고, 이를 흘려보내만 열매를 맺을 수 있다. 우리 인생의 열매는 수고와 노력에 달려 있는 것이 아니다. 바로 양분의 근원, 즉 포도나무이신 예수님과의 건강한 연결의 '결과'로서 나타나는 것이다. 때문에 열매 맺는 삶이란, 우리의 노력으로 얻는 것이 아니라, 예수님과 단단히 연결되어 예수님 안에 머물 때 자연스럽게 얻게 되는 선물과도 같은 것임을 우리는 알파 세대에게 분명하게 가르쳐야 한다.

우리는 알파 세대가 디지털 세상 속에서 다른 그 어떤 것과 연결되기 위해 애쓰는 '행위(Do)'에서 돌이켜, 예수님 안에 거하는 '존재(Be)'로서 자기 인식을 전환할 수 있도록 도와야 한다. 예수님 안에서 은혜와 사랑을 공급받고, 그로 인해 참된 열매를 맺는 자신을 발견할 수 있도록 그들을 돌보아야 한다. 디지털 세상은 알파 세대에게 '너는 무엇이든 할 수 있고, 무엇이든 얻을 수 있다.' 말하지만, 우리는 그러한 가르침에 대항하여 예수님 없이는 우리는 아무 것도 할 수 없으며, 오직 예수님 안에 있을 때 열매를 맺을 수 있음을 알파 세대에게 전해야 한다. 교회가 알파 세대에게 그런 위로와 격려의 공동체가 되어줄 수 있다면, 그들은 예수님과의 연결을 힘입어 세상과 하나님 나라를 연결하는 통로로서의 역할을 하게 될 것이다.

디아스포라(diaspora)에서 제자(disciple)로

부모 세대인 M세대와 알파 세대 사이에 간극이 발생한 원인은 역사적 경험의 차이도 있지만, AI의 등장과 그로 인한 가치관의 변화가 주요한 원인임을 앞서 살펴보았다. 이로 인한 세대 격차는 기성세대 사이에서 보인 격차, 즉 산업화 세대와 민주화 세대 사이, 민주화 세대와 정보화 세대 사이보다 크게 나타나고 있다.

그런 의미에서 알파 세대는 M세대 부모와 함께 살고 있지만 사실은 디아스포라처럼 살고 있다고 볼 수 있다. 디아스포라(διασπορά)는 본래 '파종', '흩뿌려진'이라는 의미의 헬라어로, 기원전 6세기 바벨론의 침공과 1세기 예루살렘 파괴 이후 전 세계로 흩어진 유대인들을 지칭하는 용어로 사용되었다. 부모 세대의 영향이 단절되고, 처한 상황 속에서 정체성을 형성하기 쉬운 상태가 되는 것이다. 하지만 성경과 역사의 증언은 디아스포라의 상황 속에서도 신앙을 지킬 수 있음을 우리에게 알려 주고 있다.

과연 세대 격차가 세대 간 신앙을 전수하는 데 걸림돌이 되고 있을까? 2024년 목회데이터연구소에서 실시한 조사에 따르면, 기독 청소년들에게 교회에서 신앙에 가장 큰 영향을 미치는 사람이 누구인지 물은 결과, '어머니'(30%)를 가장 높게 꼽았고, 이어 '지도목회자/사역자'(25%), '아버지'(14%) 등의 순으로 응답하였다. 어머니의 영향력이 청소년 신앙에 중요함을 알 수 있는 결과였으며, 어머니와 아버지, 형제자매를 합산하였을 때 48%의 청소년들이 가정으로부터 신앙적 영향을 받고 있음을 알 수 있다.[35]

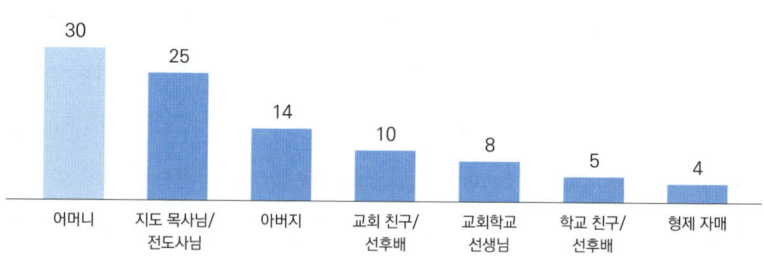

그림4. 교회에서 신앙생활 영향자(교회 출석 중고생, %)

※ 출처 : 목회데이터연구소, '크리스천 중고생 신앙의식 조사', 2024.01.
(교회 출석 중고생 500명, 온라인 조사, 2024.01.15-01.11.) 기타 제외

    우리는 알파 세대를 기성세대와 분리되어 살아가는 '디아스포라' 세대로 바라보기보다, 디아스포라의 상황에서도 신앙을 지켜온 이스라엘 백성의 이야기와 그들과 함께하시겠다는 약속을 이루시는 하나님의 역사를 바라보아야 한다. 그리고 그 핵심에는 세대와 세대를 거쳐 신앙을 전수하고 형성할 수 있도록 돕는 '세대 간 수직적 제자화'(Generational Discipleship)가 있다. 즉 우리의 자녀 세대인 알파 세대를 우리의 제자로 삼아, 그들에게 신앙을 전수하는 '세대 간 제자화'의 사명을 우리가 감당해야 하는 것이다.

    마태복음 28장 19절과 20절의 본문은 예수님께서 부활하신 후 모든 제자에게 남기신 '지상명령'(Great Commission)으로, 신약에서 세대 간 제자화의 근거를 가장 분명하게 보여주는 본문이다. 대위임령이라고도 불리는 이 본문은, 예수님께서 부활하신 후 약속하

신 갈릴래아에 있는 산에서 제자들을 만나 마지막 부탁을 하시며 사명을 맡기시는 장면을 기록하고 있다.

이 장면 바로 앞에 등장하는 18절에서 사용된 프로셀돈(προσελθὼν), 즉 '그들에게 나아오신다'는 표현에서 우리는 제자들과의 '친밀한 관계'를 재확립하고자 하시는 예수님의 의지를 엿볼 수 있으며, 하나님께서 피조 세계의 모든 질서를 다스릴 권한을 예수님께 부여하셨다는 "하늘과 땅의 모든 권세를 주셨으니"(Ἐδόθη μοι πᾶσα ἐξουσία ἐν οὐρανῷ καὶ ἐπὶ [τῆς] γῆς.)라는 단언으로, 하나님께 통치권을 부여받은 예수님께서 제자들에게 권세를 주시며 사명을 주어 보내신다는 제자 파송의 근거를 담고 있다.[36]

하늘과 땅의 모든 권세를 내게 주셨다는 기독론적 진술을 마태복음에서 가장 중요하며, 11장 27절에 기록된 "내 아버지께서 모든 것을 내게 주셨으니"라는 구절에서 나타나는 예수님의 드러냄의 권세를 염두에 두고 있음을 알 수 있다. 이는 심판자와 임금으로서 영광 중에 다시 오실 때를 수동적으로 기다리는 것이 아니라, 하나님의 전권을 부여받은 아들로서 그 권한을 이미 행사하고 계신다는 '현재적인 주되심'에 근거하고 있다.[37]

지상명령의 "너희는 가서 제자로 삼아 세례를 베풀고 가르쳐 지키게 하라"는 단지 복음을 전하는 행위에 그치지 않고, 구체적 실천 지침을 통해 예수 그리스도의 제자 한 사람 한 사람이 다음 세대를 포함한 모든 민족, 모든 세대를 대상으로 하는 제자화 사명의 중심에 서야 하며, 그 사명을 능동적으로 감당해야 할 것을 명확히 한다. 이렇게 해석할 수 있는 근거는 19절과 20절에 사용되는 "가라"(πορευθέντες), "세례를 베풀라"(βαπτίζοντες), "가르쳐 지키게 하라"(διδάσκοντες)의 세 분사가 "제자 삼으라"(μαθητεύσατε)는 명령형 주동사와 함께 사용되면서, 명령의 의미를 띠게 되기 때문이다.[38]

즉 복음의 확장에 정체됨이 없어야 하고, 일상, 사회, 세대를 초월하여 퍼져야 함을 내포하며, 그리스도인들이 적극적이고 주도적으로 복음의 삶을 실천해야 함을 강조하고 있는 것이다. 단순히 환경에 수동적으로 머무르지 않고, 능동적으로 복음의 터전으로 나아가야 함을 나타낸다.

"제자 삼으라"는 명령은 단순히 '전도하라'는 의미가 아닌, 가르치고 훈련시킨다는 의미이기에, 본질은 먼저 복음을 전하고, 그 복음 위에 굳게 설 수 있도록 훈련시키라는 의미로 볼 수 있다.[39]

즉 내용을 듣기만 하는 학습자가 아니라, 실제 삶과 실천을 통해 예수의 가르침을 받드는 '제자'(μαθητής)를 만들어 '예수를 따르는 자로 세우라'는 적극적 요청이다. 이 명령은 단순한 지식 전수를 넘어 삶의 방식과 정체성이 전수되는 세대 간 제자화의 의미를 갖는다. 이는 가정 내에서 자녀를 신앙의 다음 주자로 세우는 일도 그저 반복되는 관습이 아닌, 세대와 세대를 잇는 의도적 통로임을 우리에게 시사한다.

특별히 예수님의 제자화 명령은 "아버지와 아들과 성령의 이름으로 세례를 주라"는 바프티존테스(βαπτίζοντες)의 명령을 포함한다. 여기서 말하는 세례는 요한의 세례와는 달리 삼위 하나님의 이름(아버지, 아들, 성령)으로 세례를 받고, 사람으로 하여금 아버지와 아들과 성령의 의해서 결정되는, 즉 지배를 받는 존재로 세우는 것이다.[40] 이는 그리스도인의 정체성이 단순한 인지적 변화나 종교적 개종에 그치지 않고 새로운 삶의 방식을 채택하는 것임을 의미한다.

또한 세례는 성령을 받고 믿음으로 하나님의 자녀가 되었다는 외적 징표인 동시에, 세례 의식을 통해 교회의 공동체 앞에 그 사실을 공개적으로 알림으로서 공동체의 소속되는 입교 의식이기도 했다.[41] 즉 신앙고백에 기반한 정체성을 바탕으로 언약 공동체 안에 전인격적으로 통합됨과 동시에 신앙공동체의 소속감까지 포함하는 것이다. 따라서 세대 간 제자화의 관점에서 부모가 자녀를 제자 삼는다는 것은, 자녀가 단순히 복음을 듣고 아는 것에 머무는 것이 아닌, 예수를 따르는 진정한 그리스도인이 되도록 하는 것이며, 그리스도인의 신앙공동체에 소속되는 것을 의미한다.

20절의 "내가 너희에게 분부한 모든 것을 가르쳐 지키게 하라"는 요청 또한 신앙교육이 지식의 단순 주입이 아니라, 테레인($τηρεῖν$), 즉 삶의 전 영역에서 말씀을 '지키고 행하는' 실천 중심의 제자화임을 강조한다. 이는 제자가 단순히 말씀을 듣는 데 그치지 않고, 그 가르침을 구체적으로 행하는 자, 곧 행함에까지 뿌리를 내리는 진정한 제자로 세우는 것을 의미하며, 하나의 철학 사조에 귀의하는 정도가 아닌, 메시아의 공동체에서 함께 살아가는 독특한 방식으로 전향하는 것을 의미한다.[42] 교회의 특별한 책임은 가르침을 통해서 새로운 제자들로 하여금 그와 같은 삶을 살도록 하는 데에 있으며, 제자들의 사명은 약속에 따라 그러한 책임을 맡은 사람들에게 용기를 주어야 하는 함에 있었다.[43] 이처럼 제자화의 과정은 단순한 지식의 전달을 목적으로 한 가르침의 차원을 넘어, 제자들과 같은 삶을 살도록 양육하는 것을 포함하며, 그들이 그 여정을 따라올 수 있도록 지속적으로 용기를 북돋아 주는 것이다.

"세상 끝 날까지 너희와 항상 함께 있으리라"($μεθ'$ $ὑμῶν$ $εἰμι$)하신 약속은, 하나님이 우리와 함께하신다는 임마누엘 예수님의 정체성을 생각나게 할 뿐만 아니라, 기록 시기 이후에 계속되는 당대의 교회 계승자들, 즉 모든 제자들에게 이 약속이 계속해서 적용됨을 말하고 있다.[44] 이는 세대 간 제자화 사명에 동참하는 교회와 부모, 모두에게 성령을 통하여 예수 그리스도의 임재와 능력이 함께할 것을 보장하는 근거가 된다.

세대 간 제자화는 신자 개인이나 교회뿐 아니라 크리스천 부모의 의무이자, 하나님의 백성 공동체 전체에 주어진 시대적 사명이다. 부모와 교회는 그리스도께서 주신 이 명령 앞에, 매일의 삶에서 복음을 실제로 전하고 가르치고, 실천하는 제자화의 본을 세대에 걸쳐 전수해야 한다.

결국 마태복음 28장 19-20절은 신약 교회와 각 가정, 부모, 교육 사역자, 모든 그리스도인이 세대 간 제자화에 힘써야 할 성경적 근거이자, 복음의 본질적 사명이 바로 제자화임을 가장 명확하게 증명하는 본문이다. 또한 세대 간 제자화를 예수님의 명령 그 자체로, 세대와 삶을 뛰어넘는 실천적 사명으로 자리매김하며, 교회와 가정, 부모와 자녀, 모든 날에 이르기까지 이어져야 할 복음의 본질적 길임을 분명하게 증거하고 있다. 하지만 우리의 기대와는 달리 알파 세대의 부모들은 이러한 인식과 역할 수행에 있어 어려움을 겪고 있는 것으로 나타났다.

목회데이터연구소에서 실시한 한국 교회 교육실태 조사[45]에 따르면, 교회에서 자녀 대상으로 신앙 교육을 실시한다면 어떤 방식이 좋겠느냐는 질문에 목회자 대다수(92%)가 '가정과 교회가 연계하는 방식'을 선택한 반면, 성도는 60%만이 같은 의견을 보였다. 반면 '교회학교 전담 방식'은 성도의 39%가, 목회자는 8%만이 선택해 큰 인식 차이를 보여, 부모 세대는 여전히 교회학교 위탁형 신앙 교육 방식에 익숙한 것으로 나타났다.

교회학교 성장을 위해 필요한 요소에 대해 성도와 목회자에게 동일한 보기를 제시한 결과에서도, 상반된 응답이 나타났다. 성도는 '신앙적 말씀 교육'(31%), '목회자/교사의 멘토 역할'(27%), '시대 흐름에 맞는 교육방식'(23%) 순으로 응답한 반면, 목회자는 '부모 교육'(35%)을 1순위로 꼽았다. 이는 자녀의 신앙 교육 주체에 대한 인식 차이를 보여 준다. 부모는 교회를 신앙 교육의 중심으로 인식하는 반면, 목회자는 가정을 신앙 교육의 핵심 공간으로 바라보고 있다. 이러한 인식 격차는 세대 간 제자화를 위해 반드시 해소되어야 할 과제이다.

또 부모 세대에게 자녀 신앙 교육 방법을 알고 있는지 묻는 질문에 43%만이 '알고 있다'고 응답했으며, 57%는 '모른다'고 답했다. '잘 알고 있다'는 응답은 2%에 그쳤다. 현재 교회에서 부모 교육을 실시하는 비율 역시 32%에 불과했다. 그러나 교회에서 자녀 신앙을 위한 부모 교육을 실시할 경우 참여 의향에 대해 청소년 이하 자녀를 둔 부모의 87%가 '참여하겠다'고 응답하여, 부모 세대가 알파 세대 자녀를 향하여 세대 간 제자화의 사명을 감당할 수 있도록 지원하고 협력할 필요성을 엿볼 수 있다.

예수님의 지상명령은 교회와 가정이 세대와 세대를 잇는 삶의 현장에서 실천적으로 복음을 전수(제자화)하고, 각 세대가 복음을 듣고 내면화하며 행동으로 실천하도록 돕도록 부름을 받았음을 분명히 한다. 세대 간 제자화는 단순히 세례나 출석, 지식 전달의 문제가 아니라, 부모(가정)와 교회가 함께 연속성 있게 실천적 교육, 반복, 동행, 삶의 본을 통해 신앙을 계승하는 역동적 여정임을 강조한다. 또한 이 사역의 성취가 가능하도록 예수님께서 세대와 시대를 넘어 항상 동행하실 것을 약속하심을 우리는 기억해야 한다.

나가는 말 : 팔로어(Follower)세대에서 리더(Leader)세대로

지금까지 알파 세대 등장의 배경과 특징, 문화와 복음의 접점에 대해 살펴보았다. 우리는 알파 세대가 가지고 있는 문화적 성향을 복음 전파의 장애물로 인식하기보다, 오히려 그 문화를 접점으로 삼아 알파 세대에게 나아갈 수 있어야 한다. 또한 다음 세대를 기성세대가 하지 못할 다양한 하나님의 일들을 적극적으로 감당해 나갈 일꾼으로 세우기 위해 노력해야 한다. 기특하게도 그들은 무기력감과 불행의 문제를 호소하고 있음에도 스스로 선택하고 참여하며, 타인과 관계를 맺는 적극적인 태도를 지니고 있다. 달리 말하면 그들이 지닌 주도성과 관계성을 촉진시킬 수만 있다면, 신앙공동체 내의 세대와 세대를 연결하고 미래를 적극적으로 이끌어갈 리더로 자라날 수 있다는 것이다.

미국의 철학자이자 교육운동가 존 듀이(John Dewy)는 "오늘, 어제처럼 가르치면 아이들의 미래를 빼앗는 것"이라며, 미래를 살아갈 아이들에게는 시대에 맞는 교육이 필요하다고 강조했다. 지금까지 우리는 다음세대를 기성세대를 본받으며 따르는 팔로어(Follower)로 인식해왔지만, 그들은 이미 기성세대를 뛰어넘는 역량을 지니고 있음을 인정해야 한다. 알파 세대는 장차 AI와의 협업 능력을 바탕으로 신앙공동체 내에서 무한한 잠재력을 발휘할 것이다. 우리는 알파 세대 그리스도인들에 대한 기대와 소망을 갖고, 그들이 미래 시대에서 크리스천 리더(Leader)로서 강점을 발휘할 수 있도록 촉진시키고, 역량을 개발할 수 있는 환경을 조성해 주어야 할 것이다.

이를 위해 우리는 앞으로도 시대 변화와 세대 변화를 면밀하게 관찰하고 정확하게 읽어 내어, 알파 세대 그리스도인들이 미래 사회에서도 신앙을 지키고, 예수 그리스도의 문화를 확산시킬 수 있도록 미래 대응역량을 강화시켜야 한다. 또 알파 세대가 비판적이면서도 창조적인 해석 능력을 바탕으로 시대를 분별하고[46], 교회와 사회를 연결하는 새로운 만남과 연결의 장을 만들어 갈 수 있도록 도와야 할 것이다. 그래야만 알파 세대가 그들의 세대를 이끌어 갈 리더로 성장할 수 있기 때문이다. 지금까지는 기성세대가 다음세대를 이끌어 왔지만, 앞으로의 시대에서는 알파 세대가 알파 세대를 이끌어 갈 것이기 때문이다.

윈스턴 처칠은 1960년 〈타임스〉와 인터뷰를 하면서 "우리는 집을 짓지만, 집은 또한 우리를 만든다"라는 말을 남겼다. 달리 말하면, 다음세대를 위한 환경을 조성해야만 우리의 미래를 기대할 수 있다는 말이다. '다음세대의 위기'라는 표현이 '클리셰'(Cliche)[47]처럼 느껴지는 오늘날의 한국 교회 상황에서, 환경 조성의 중요성은 우리는 반드시 기억해야 할 통찰이다. 앞으로 알파 세대의 자발적 참여를 촉진시키기 위해 지혜롭게 권한을 위임하고, 촉진을 위한 환경을 조성하며, 사랑을 담은 격려와 응원을 통해 알파 세대를 이끌어 갈 알파 그리스도인으로 양육해야 한다. 이제는 그들을 위한 염려와 걱정보다 신뢰와 응원이 필요한 때임을 잊지 말아야 한다.

미주 & 참고문헌

미주

1장 : AI 시대, 기독교 세계관으로 조명하기: 기독교 세계관의 역사적 배경과 현대적 회복

1 David K. Naugle, *Worldview: The History of a Concept* (Grand Rapids: Eerdmans, 2002), 55-67. 저자는 칸트 이후 이 개념이 어떻게 형성되었으며 어떤 개념으로 사용되었는지를 소개한다.

2 John Calvin, *Institute of Christian Religion*, 《기독교 강요》, I.vi.1

3 Abraham Kuyper, *Lectures on Calvinism: Six Lectures Delivered at Princeton University Under Auspices of the L. P. Stone Foundation* (Grand Rapids: Eerdmans, 1931); 박영남 역, 《칼빈주의》 (서울: 세종문화사, 1971), 23. 이 강좌는 1898년에 행해졌다.

4 A. Kuyper, 《칼빈주의》, 226.

5 도예베르트의 서구문화의 영적 뿌리 분석은 아래에 제시한 그의 핵심 저작의 기초를 이루고 있다. Herman Dooyeweerd, *A New Critique of Theoretical Thought* (Philadelphia: The Presbyterian and Reformed Publishing Company, 1953), *Roots of Western Culture: Pagan, Secular, and Christian Options* (Toronto: Wedge, 1970); 문석호 역, 《서양문화의 뿌리》 (서울: 크리스챤 다이제스트, 1994), *In the Twilight of Western Thought: Studies in the Pretended Autonomy of Philosophical Thought* (Nutley: The Craig Press, 1965); 신국원, 김기찬 역 《서구사상의 황혼에서》 (서울: 크리스챤 다이제스트, 1994). 서구문화의 영적 근원에 대한 설명은 《서양문화의 뿌리》 1장 25-68쪽)과 《서구사상의 황혼에서》, 33-55쪽에 나온다.

6 이 책들의 역자인 황영철과 양성만, 뒤에 언급할 김헌수는 기독교학문연구회 창립 멤버들이다.

7 Nicholas Wolterstorff, *Until Justice and Peace Embrace* (Grand Rapids: Eerdmans, 1983). 이 책은 1981년 네덜란드 암스테르담 자유대학교에 초청되어 행한 카이퍼 강연을 출판한 것이다.

8 N. Wolterstorff, Preface, "*Until Justice and Peace Embrace*, viii-ix. 그는 개혁주의 세계관과 해방신학을 비교하면서 샬롬의 비전을 제시한다.

9　Jacob Klapwijk, "On Worldviews and Philosophy," in *Stained Glass: Worldviews and Social Science*, Paul A. Marshall, et al, eds., (Lanham: University Press of America, 1989), 43. 클랍바이크는 포스트모던 상대주의의 세계관 파괴를 우려하며 "어떻게 특정 세계관을 유지(retain)할지"가 아니라 "어떻게 어떤 세계관이든 회복(regain)할지"에 집중해야 할 정도가 되었다고 주장한다.

10　김헌수, "80년대의 '기독교 세계관 운동'에 대한 기독교 세계관적 반성," 기독교학문연구회 교육부, 《성경적 세계관 자료집》(서울: 기독교학문연구회, 1992), 164-207.

11　양성만, "역자의 글" in A. Wolters, 《창조 타락 구속》, 6.

12　네덜란드에서 철학과 신학을 공부하고 돌아와 이를 가르쳐 온 이근삼, 손봉호, 정성구, 서철원을 꼽을 수 있다. 이들과 함께 가장 큰 공헌을 한 사람은 50년 이상 자비량 문서선교사로 헌신한 원이삼(Wesley Wentworth)이다. 그는 기독교학문연구회 초기부터 미국과 유럽 등지의 기독교 세계관 연구 동향을 알려 주고 핵심 서적을 공급하여 이 운동의 실질적인 후원자가 되었다.

13　Christopher Wakin, *Biblical Critical Theory: How the Bible's Unfolding Story Makes Sense of Modern Life and Culture* (Grand Rapids: Zondervan Academic, 2022); 신재구 역, 《성경적 비판이론》(서울: IVP, 2025).

14　Jaroslav Pelikan, *The Vindication of Tradition* (New Haven: Yale University Press, 1984), 65. "Tradition is the living faith of the dead, traditionalism is the dead faith of the living."

15　Jean-François Lyotard, *The Postmodern Condition: A Report on Knowledge* (Minneapolis: University of Minnesota Press, 1984), 이현복 역, 《포스트모던적 조건》(서울: 서광사, 1992).

16　Charles Taylor, *A Secular Age* (Cambridge: Harvard University Press, 2007).

17　Stanley J. Grantz, *A Primer on Postmodernism* (Grand Rapids: Eerdmans, 1996), 161-174.

18　한스 큉(Hans Küng)과 데이비드 트레이시(David Tracy)가 주관해 1983년 5월 독일 튀빙겐 대학교에서 열렸던 "신학에 있어서의 패러다임 변화: 미래를 위한 심포지엄"이다. 이곳에 세계적인 학자 70여 명이 모여 다원주의 문화 속에서 기독교의 적응 방안을 논의했다. 이 심포지엄의 자료는 *Theologie... Wohin?* (Zurich: Benziger Verlag, 1989)과 *Das Neue Paradigma von*

Theologie (Guetersloh: Koeln und Guetersloher Verlagshaus Gerd Mohn, 1989)과 *Paradigm Change in Theology: A Symposium for the Future* (New York: The Crossroad Pub. Co. 1989)로 출판되었다. *Theologie... Wohin?*은 박재순 역, 《현대신학은 어디로 가고 있는가》 (서울: 한국신학연구소, 1989)로 나왔다.

19 Mark A. Noll, *The Scandal of the Evangelical Mind* (Grand Rapids: Eerdmans, 1995) 이승학 역, 《복음주의 지성의 스캔들》 (서울: 도서출판 엠마오, 1996).

2장 : AI 시대, 왜 기독교 세계관이어야 하는가?

1 마이클 고힌, 크레이그 바르톨로뮤, 윤종석 역, 《세계관은 이야기다》 (서울: IVP, 2011), 42.
2 유효성, 정인지, "목숨 끊은 학생, 상반기만 100명 넘어 '10건 중 4건은 원인 미상'", 2025.09.10, https://n.news.naver.com/article/008/0005248071?cds=news_media_pc
3 김난도 외 11인, 《트렌드 코리아 2026》 (서울: 미래의 창, 2025), 154.
4 김은영, "챗GPT 쓸수록 바보 된다?"… 주요 IT 기업 연구진들이 밝힌 'AI가 인간에게 미치는 영향', 2025.08.29, https://aimatters.co.kr/news-report/ai-report/30301/
5 김난도 외 11인, 《트렌드 코리아 2026》, 155.
6 김용성, 《AI 리터러시》 (부천: 프리렉, 2024), 17.
7 위의 책, 19.
8 임춘성, 《헬로 AI》 (서울: 쌤앤파커스, 2025), 109.
9 위의 책, 107.
10 제임스 사이어, 김헌수 역, 《기독교 세계관과 현대사상》 (서울: IVP, 2022), 26-27.
11 위의 책, 74.
12 정석원, 《기독교 세계관이 필요해》 (서울: 홍성사, 2023), 72.
13 김용규, 《그리스도인은 왜 인문학을 공부해야 하는가》 (서울: IVP, 2019), 81-82.
14 신국원, 《니고데모의 안경》 (서울: IVP, 2014), 32.
15 제임스 사이어, 홍병룡 역, 《코끼리 이름 짓기》 (서울: IVP, 2016), 41.

16 신국원, 《니고데모의 안경》, 146.
17 2025년 10월에 넷플릭스에서 공개된 〈다 이루어질지니〉의 내용이다.
18 크리스 파커, 홍병룡 역, 《처음 만나는 기독교 세계관》 (인천: 템북, 2022), 198-202.
19 위의 책, 204.
20 카라파월 외 2인, 김지용, 조호영 역, 《Growing Young》 (서울: 다세연, 2022), 106.
21 제임스 사이어, 《기독교 세계관과 현대사상》, 13.

3장 : 디지털 시대, 기독교 세계관 어떻게 심을 것인가

1 https://www.donga.com/news/It/article/all/20220824/115122895/1
2 플라톤, 《프로타고라스》, 윤형두 편(범우사, 2015)
3 성경에 명확히 규정되지 않아 개인의 양심과 판단에 맡겨진 문제.
4 재세례파 계통의 개신교 종파이다. 주로 17세기 이후 탄압을 피해 유럽에서 이주한 스위스-독일계 이민자가 많다. 이들은 현대 문명을 거부하고 17세기 수준의 생활을 고수하고 있다.
5 장하석, 《과학, 철학을 만나다》 (지식플러스, 2017), p. 24.
6 과학이 진리를 다루는 학문이라고 주장하는 사람들을 '과학적 실재론자'라고 한다. 그러나 실재론에 반대하는 사람들은 과학의 목표 자체가 진리를 얻는 것이 아니라, 그저 유용한 지식을 얻는 것이라고 한다. 이를 '도구주의 입장'이라 한다. 특히 관측은 단순히 사실을 알려 주는 것이 아니며 관측 내용으로 이론을 증명할 수도 없다. 과학 지식 중 많은 내용이 관측이 전혀 불가능한 것들을 다루고 있다. 위의 책, pp. 152-156.
7 위의 책, p. 34.
8 낸시 피어시, 《과학의 영혼》, 이신열 옮김(SFC, 2009), p.45.
9 토마스 쿤은 그의 저서 《코페르니쿠스 혁명: 행성 천문학과 서구 사상의 발전》에서 "신플라톤주의는 태양과 수학적 단순성 모두에 대한 코페르니쿠스의 태도에 분명하게 드러나 있다"라고 했다. 토마스 쿤, 《코페르니쿠스 혁명: 행성 천문학과서구 사상의 발전》, 정동욱 옮김(지식을만드는지식, 2016). 4장을 보라.

10 낸시 피어시, 앞의 책, p. 47.
11 존 프레임, 《서양철학과 신학의 역사》, 조계광 옮김(생명의말씀사, 2018), p. 123.
12 윤병윤, 《서양철학사》 (리빙북, 2001), p. 47.
13 존 프레임, 앞의 책, p. 122.
14 https://hongs-issue-factory.co.kr/7
15 《기독교강요》 1권, 5장 4절.
16 프랑스 예수회 사제 겸 고등생물학자다.
17 존 C. 레녹스, 《2084》, 이우진 옮김(한국장로교출판사, 2021), p. 85.
18 위의 책.
19 위의 책, p. 86.
20 위의 책, p. 87.
21 위의 책.
22 조엘 비키 & 마트 존스, 《청교도 신학의 모든 것》, 김귀탁 옮김(부흥과개혁사, 2015), p. 758.
23 디지털 세계관이란 신플라톤주의 세계관으로서, 불편할수록 악으로 기울어진 것이며 편리함을 주는 디지털은 선으로 규정하는 듯한 사고방식을 말한다.
24 코넬리우스 반틸, 《개혁주의 교육학》, 이경섭 옮김(개혁주의신학사, 2017), p. 85.
25 조엘 비키, 《하나님의 약속을 따르는 자녀 양육》, 조계광 옮김(지평서원, 2014), p.60.
26 회복의교회에서는 〈회복의교회 아이들을 위한예배 개혁 지침서〉라는 교재를 만들어서 아이들과 부모가 함께 예배하도록 매뉴얼화했다.
27 오덕교, 《언덕 위의 도시》 (합동신학대학원출판부, 2004)
28 위의 책, p. 53.
29 위의 책, p. 46.
30 위의 책, p. 47.

4장 : 기독교 세계관으로 조망하는 인공지능 리터러시 교육
1 레이 커즈와일, 《특이점이 온다》, 김명남, 장시형 역(경기: 김영사, 2007),

183.
2. 레이 커즈와일, 《마침내 특이점이 시작된다》, 이충호 역(서울: 비즈니스북스, 2025), 전자책 3%.
3. 기독교적 경계와 관계를 무너뜨리는 과학주의 사상에 대해서는 다음의 책을 참고하라. 임준섭, 《포스트휴머니즘의 전략과 기독교의 대응》(서울: CLC, 2022), 78-123.
4. 김현철, 김수환 외, "서울형 인공지능(AI) 리터러시 내용체계 및 진단 도구 개발", 〈서울교육정책연구소〉 2023-43(2024), 11-15.
5. 우리말 샘 https://opendict.korean.go.kr/search/searchResult?focus_name_top=query&query=지능
6. 김진형, 《AI 최강 수업》(서울: 매일경제신문사, 2020), 33.
7. https://ko.wikipedia.org/wiki/인공지능
8. 교육부, "인공지능시대 교육정책 방향과 핵심과제", (2020), 2.
9. 김현철, 《정보적 사고에서 인공지능까지》(서울: 한빛아카데미, 2019), 152-153.
10. 이상원, "하나님의 형상과 그리스도인의 성품", 〈신학지남〉 325(2015), 93.
11. John Calvin, #Institutes of the Christian Religion# (Philadelphia: Westminster Press, 1960), I.xv.3.
12. 송윤희, "인공지능 시대의 기독교교육 방향성 재고", 〈복음과 실천〉 68(2021), 112-114.
13. 김경식, "인공지능은 정말로 '인간의 형상'이 되어가고 있는가?", 〈한국기독교신학논총〉 130(2013), 468-472.
14. 서울특별시교육청, "교원을 위한 인공지능(AI) 첫걸음", 〈서울교육〉 2023-28(2023), 29.
15. 김대식, 《AGI, 천사인가 악마인가》(서울: 동아시아, 2025), 전자책 12%.
16. 클리퍼드 A. 픽 오버, 《인공지능 100개의 징검 이야기》, 이재범 역(성남: 한빛미디어, 2020), 115.
17. https://ko.wikipedia.org/wiki/인공_신경망; 신국원, 김희석, 함영주, 김수환, 《AI의 파도를 분별하라》(서울: 익투스, 2024), 61에서 재인용.
18. 전수진, 박주연, 김수환, 《이제 시작이야! 컴퓨팅 사고력으로 인공지능까지 파이썬》(고양: 연두에디션, 2022), 304-308.

19 김세영, 권수경, 함영주, 김수환, 이수인, 김효숙, 신승범, 이현철,《AI 시대, 교회교육을 답하다》(서울: 생명의 양식, 2025), 164-166.
20 양금희, "AI(인공지능)의 인식론적 문제와 기독교교육," 〈신학사상〉 183(2018), 187-191.
21 김세영, 권수경, 함영주, 김수환, 이수인, 김효숙, 신승범, 이현철,《AI 시대, 교회교육을 답하다》(서울: 생명의 양식, 2025), 58-61.
22 https://ko.wikipedia.org/생성형_인공지능
23 https://openai.com/index/chatgpt/
24 신국원, 김희석, 함영주, 김수환,《AI의 파도를 분별하라》(서울: 익투스, 2024), 63에서 인용 및 수정.
25 신국원, 김희석, 함영주, 김수환,《AI의 파도를 분별하라》(서울: 익투스, 2024), 66-67에서 발췌 및 수정.
26 Kalai, A. T., Nachum, O., Vempala, S. S., & Zhang, E., "Why language models hallucinate," *arXiv preprint, arXiv:2509.04564* (2025), 1-36. https://https://openai.com/index/why-language-models-hallucinate/
27 이신열, "챗GPT와 기독교 윤리: 인공지능 윤리에 대한 기독교 윤리학적 비판," 〈고신신학〉 25(2023), 76.
28 함영주,《기독교 세계관: 성경으로 다리놓기》(경기: 바이블브릿지, 2020), 87-88.
29 노구치 류치,《AI시대, 문과생은 이렇게 일합니다》, 전종훈 역(서울: 시그마북스, 2020), 전자책 41%.
30 레이 커즈와일,《마침내 특이점이 시작된다》, 이충호 역(서울: 비즈니스북스, 2025), 전자책 47%.
31 http://www.nobelscience.net/news/articleView.html?idxno=2187
32 손화철, "문화명령과 현대기술," 〈인간 환경 미래〉 22(2019), 121.
33 함영주,《기독교 세계관: 성경으로 다리놓기》(경기: 바이블브릿지, 2020), 95.
34 한국과학창의재단, "학교에서 AI 사용을 위한 가이드," 〈한국정보과학교육연합회〉 (2024), 5-8에서 발췌.
35 오창록, "성령의 조명 사역의 성격에 대한 신학적 고찰," 〈광신논단〉 25(2015), 106.
36 김재인,《AI 빅뱅》(서울: 동아시아, 2023), 전자책 40%.

37 소프트웨어정책연구소, "유럽연합 인공지능법(EU AI ACT)의 주요내용 및 시사점", 〈SW중심사회〉 10월 호(2024), 13-14.
38 윤종훈, "칼빈주의 세계관과 문화명령에 관한 개혁주의적 소고: 창조, 타락, 구속(완성)을 중심으로", 〈신학지남〉 285(2005), 267-271.
39 박완석, 김은총, "인공지능 시대, 기술의 주체화와 인간의 객관화—인간성과 책임성 회복을 위한 기독교 기술윤리적 제언", 〈한국기독교신학논총〉 137(2025), 268-272.
40 남선우, "인공지능 시대의 기독교교육 방향성에 대한 고찰", 〈기독교교육논총〉 74(2023), 123-124.
41 박태웅, 《AI 강의 2025》(서울: 한빛비즈, 2025), 전자책 62%.
42 https://ai.kisdi.re.kr/aieth/main/contents.do?menuNo=400028
43 박완석, 김은총, "인공지능 시대, 기술의 주체화와 인간의 객관화—인간성과 책임성 회복을 위한 기독교 기술윤리적 제언", 〈한국기독교신학논총〉 137(2025), 275.
44 오경환, "인공지능 시대의 신학 교육의 방향성 재고", 〈신학과 실천〉 81(2022), 627-629.
45 박완석, 김은총, "인공지능 시대, 기술의 주체화와 인간의 객관화—인간성과 책임성 회복을 위한 기독교 기술윤리적 제언", 〈한국기독교신학논총〉 137(2025), 274.
46 닉 보스트롬, 《슈퍼인텔리전스: 경로, 위험, 전략》, 조성진 역(서울: 까치, 2020), 전자책 39%.
47 UNESCO, ChatGPT and Artificial Intelligence in higher education: Quick start guide(2023), https://www.iesalc.unesco.org/wp-content/uploads/2023/04/ChatGPT-and-Artificial-Intelligence-in-higher-education-Quick-Start-guide_EN_FINAL.pdf; 신국원, 김희석, 함영주, 김수환. 《AI파도를 분별하라》(서울: 익투스, 2024), 72에서 재인용.
48 한국과학창의재단, "학교에서 AI 사용을 위한 가이드", 〈한국정보과학교육연합회〉(2024), 6-7.
49 이종민, "교회와 목회자의 인공지능(AI) 활용과 기독교 윤리", 〈교회와 법〉 11(2024), 67-68.
50 홍성수, "인공지능 시대 인간과 기계의 관계에 대한 기독교교육적 성찰", 〈고

신신학〉 25(2023), 154.

51 기독교인을 위한 생성형 AI활용 원칙은 신국원, 김희석, 함영주, 김수환, 《AI 파도를 분별하라》 (서울: 익투스, 2024), 255쪽을 참조하면 된다.

52 UNESCO, "ChatGPT and Artificial Intelligence in higher education: Quick start guide," (2023), 9. https://www.iesalc.unesco.org/wp-content/uploads/2023/04/ChatGPT-and-Artificial-Intelligence-in-higher-education-Quick-Start-guide_EN_FINAL.pdf

53 홍성수는 인간과 인공지능의 관계를 협업, 통제, 일임으로 보기도 한다. '협업'은 인간이 주도권을 가지고 인공지능을 활용하는 것을 의미한다. '통제'는 인공지능의 부정적 영향력을 우려하며 제한하는 것을 의미한다. '일임'은 인공지능을 신뢰하면서 자율적으로 맡기는 것을 의미한다. 홍성수, "인공지능 시대 인간과 기계의 관계에 대한 기독교교육적 성찰", 〈고신신학〉 25(2023), 151-153. 133-158. 개혁주의적 관점에서 인간은 인공지능에 대한 주도권을 가지고 인공지능과 협업하여 이 땅에 하나님의 뜻을 구현하도록 노력해야 한다.

54 안성원 외, "AI Index 2025 주요 내용과 시사점", 〈소프트웨어정책연구소〉 IS-200(2025), 10.

55 안성원 외, "AI Index 2025 주요 내용과 시사점", 〈소프트웨어정책연구소〉 IS-200(2025), 11-17.

56 김대식, 《AGI, 천사인가 악마인가》 (서울: 동아시아, 2025), 전자책 72%.

57 임준섭, 《포스트휴머니즘의 전략과 기독교의 대응》 (서울: CLC, 2022), 89-94.

58 김정준, "제4차 산업혁명시대 기독교교육의 인간상 고찰", 〈기독교교육논총〉 59(2019), 127.

5장 : AI 시대, 기독교 세계관과 생성형 AI

1 Willingham, A. J. "ChatGPT can write sermons. Religious leaders don't know how to feel about it," *CNN*, 2023.04.11.

2 "Pastors' view: Sermons written by ChatGPT will have no soul," *Associated Press*, 2023.02.15.

3 "Can a chatbot preach a good sermon? Hundreds attend church service generated

by ChatGPT to find out," *AP News*, 2023.06.09.
4   "God, man and tech: Pastor Keion Henderson on role of AI in church," *Chron.com*, 2025.03.16.
5   Piper, John. "appalled by pastors using AI to write sermons," *Christian Post*.
6   Jordahl, Steve. "Putting AI to good use," *AFN*, 2023.06.29.
7   김성훈, 〈디지털 데이터의 이해〉(총신대학교 강의자료), 2025.
8   Negroponte, N. (1995). *Being Digital*. New York: Alfred A. Knopf.
9   Unicode Consortium. (2024). *The Unicode Standard, Version 16.0*. unicode.org
10 Kuznetsov, Y. V. (2021). *Principles of Image Printing Technology*. Springer.
11 조병수, 《개혁주의 신학의 원리》, 부흥과개혁사, 2010.
12 Russell, S., & Norvig, P. (2022). *Artificial Intelligence: A Modern Approach* (4th ed.). Pearson.
13 김성훈, 〈기계학습과 문제〉(총신대학교 강의자료), 2025.
14 Dua, D., & Graff, C. (2019). *UCI Machine Learning Repository: Pima Indians Diabetes Dataset*. University of California, Irvine.
15 Goodfellow, I., Bengio, Y., & Courville, A. (2016). *Deep Learning*. MIT Press.
16 Bishop, C. M. (2006). *Pattern Recognition and Machine Learning*. Springer.
17 Jurafsky, D., & Martin, J. H. (2023). *Speech and Language Processing* (3rd ed.). Pearson.
18 Sennrich, R., Haddow, B., & Birch, A. (2016). *Neural Machine Translation of Rare Words with Subword Units*. ACL.
19 Mikolov, T. et al. (2013). *Efficient Estimation of Word Representations in Vector Space*. ICLR.
20 Vaswani, A. et al. (2017). *Attention Is All You Need*. NeurIPS.
21 김성훈 외, 《수학과 함께하는 인공지능 기초》, EBS교육방송.
22 Bender, E. M., Gebru, T., McMillan-Major, A., & Shmitchell, S. (2021). *On the Dangers of Stochastic Parrots*. FAccT.
23 Calvin, J. (2011). 《기독교 강요》, 원광연 옮김, 서울: 크리스챤다이제스트(원저 1559, Inst. 1.11).
24 Google Research (2024). *Introducing NotebookLM: Your AI-powered Research Assistant*.

25 Li, Zihao. *The Dark Side of ChatGPT: Legal and Ethical Challenges from Stochastic Parrots and Hallucination* (arXiv preprint, 2023).

6장 : AI시대, 디지털 세대의 문화와 기독교 세계관
1   최윤식, 최현식, 《빅체인지 한국교회》 (서울: 생명의말씀사, 2021), 49.
2   김난도 외, 《트렌드 코리아 2026》 (서울: 미래의 창, 2025), 6-7.
3   최샛별, 《한국의 세대 연대기》 (서울: 이화여자대학교출판문화원, 2018), 21.
4   Jean M. Twenge, *Generations: The Real Differences Between Gen Z, Millennials, Gen X, Boomers, and Silent-and What They Mean for Americas Furue*, 이정민 역, 《제너레이션: 세대란 무엇인가》 (서울: 매일경제신문사, 2023), 20.
5   김난도 외, 《트렌드 코리아 2023》 (서울: 미래의 창, 2022), 304.
6   최샛별, 《한국의 세대 연대기》, 74.
7   최은영, 《알파 세대가 학교에 온다》 (서울: 지식프레임, 2021), 36.
8   홍주은 외, "2023 미래 청소년활동 전환 지원 연구", 〈한국청소년활동진흥원〉 (2023), 1-2.
9   노가영, 《새로운 인류 알파 세대》 (서울: 매경출판, 2021), 25-29.
10 저출산 고령화의 여파로 국내 인구 가운데 알파 세대가 차지하는 비율은 11%에 불과하다. 출생률 감소로 알파 세대는 외동인 경우가 많은데, 부모와 양가 조부모, 친척에 이르기까지 양가의 소득이 한 명의 아이에게 집중되는 현상을 '골드키즈'라고 한다. 때문에 알파 세대는 인구 비율이 Z세대보다 적음에도 막강한 구매력과 시장성을 보일 것으로 예측된다.
11 하승희, "알파 세대의 등장과 미디어 이용행태 분석", 〈정보통신정책연구원〉 22/15(2022), 3.
12 연합뉴스, 2022.08.29. "8~11세 온라인콘텐츠 이용 4년만에 4%→69%…'α세대' 주목"
13 노준영, 《알파 세대가 온다: 미래 소비 트렌드의 주인공, 잘파세대를 주목하라》 (서울: 천그루숲, 2023), 169.
14 위의 책, 101.
15 최은영, 《알파 세대가 학교에 온다》, 40.
16 홍주은 외, "2023 미래 청소년활동 전환 지원 연구", 9.

17 이원일, "포스트 디지털 세대에 대한 교육목회 유형," 〈기독교교육논총〉 70 (2022), 16.

18 Mark McCrindle, *Generation Alpha*, (Hachette, Australia: Headline Home, 2021), 56-57.

19 마크 프렌스키, 허성심 역, 《세상에 없던 아이들이 온다》 (서울: 한문화, 2023), 70.

20 교육부, 2022

21 한국청소년정책연구원, 2023

22 최은영, 209-210.

23 위의 책, 41-42.

24 배상률 외, 《청소년 미디어 이용 실태 및 대상별 정책대응방안 연구1: 초등학생》 (서울: 한국청소년정책연구원), 2020.

25 경향신문, 2024.05.05. "위태롭고 슬픈 통계…우리 아이들은 행복하지 않다"

26 "내가 모든 사람에게 자유로우나 스스로 모든 사람에게 종이 된 것은 더 많은 사람을 얻고자 함이라 … 내가 여러 사람에게 여러 모습이 된 것은 아무쪼록 몇 사람이라도 구원하고자 함이니"(고린도전서 9:19, 22)

27 목회데이터연구소, "기독 청소년의 신앙의식", 〈기독교 통계〉 249호, http://www.mhdata.or.kr/bbs/board.php?bo_table=gugnae&wr_id=123, [게시 2024.07.23.].

28 "너희가 서로 사랑하면 이로써 모든 사람이 너희가 내 제자인 줄 알리라"(요한복음 13:35).

29 https://youtu.be/SxczvqJNojQ?si=oyx0Ujjsr49FNELl

30 자기객관화. 발달심리학자인 존 플라벨(J. H. Flavell)이 1970년대에 창안한 용어로, 남의 지시 이전에 스스로 자기 생각과 평가에 대해 생각하는 능력을 말한다. 상위인지 혹은 초인지라고도 한다.

31 이수인, 《인포데믹 시대의 그리스도인을 위한 미디어 리터러시 수업》 (서울: 꿈이있는미래, 2023), 35-39.

32 "모든 것을 시험하여 좋은 것을 취하고"(데살로니가전서 5:21).

33 Mark McCrindle, *Generation Alpha*, 94.

34 김정희, "알파세대의 영성훈련을 위한 제언", 〈대학과 선교〉 62(2024), 339.

35 목회데이터연구소, "기독 청소년의 신앙의식", 〈기독교 통계〉 249호, http://www.mhdata.or.kr/bbs/board.php?bo_table=gugnae&wr_id=123, [게시 2024.07.23.].

36 Donald A. Hagner, 《마태복음(하)》, 〈WBC주석〉, 채천석 역(서울: 도서출판 솔로몬, 2008), 1,317.

37 Douglas R. A. Hare, 《마태복음》, 〈현대성서주석〉, 최재덕 역(서울: 한국장로교출판사, 2000), 439.

38 Donald A. Hagner, 《마태복음(하)》, 〈WBC주석〉, 1,319.

39 〈그랜드 종합주석〉, 《제3권: 민수기·신명기》 (고양: 제자원, 2004), 697.

40 Donald A. Hagner, 《마태복음(하)》, 〈WBC주석〉, 1,320.

41 〈그랜드 종합주석〉, 《제3권: 민수기·신명기》, 697.

42 Douglas R. A. Hare, 《마태복음》, 〈현대성서주석〉, 452.

43 Donald A. Hagner, 《마태복음(하)》, 〈WBC주석〉, 1,321.

44 위의 책, 1,321.

45 목회데이터연구소, "한국교회 교육 실태", 〈기독교 통계〉 266호, http://www.mhdata.or.kr/bbs/board.php?bo_table=gugnae&wr_id=137, [게시 2024.12.10.].

46 "잇사갈 자손 중에서 시세를 알고 이스라엘이 마땅히 행할 것을 아는 우두머리가 이백 명이니 그들은 그 모든 형제를 통솔하는 자이며"(역대상 12:32)

47 진부하거나 틀에 박힌 생각 따위를 이르는 말. (네이버 우리말 샘)

참고문헌

3장 : 디지털 시대, 기독교 세계관 어떻게 심을 것인가
- 낸시 피어시, 《과학의 영혼》, 이신열 옮김(SFC, 2009).
- 윤병윤, 《서양철학사》 (리빙북, 2001).
- 오덕교, 《언덕 위의 도시》 (합동신학대학원출판부, 2004).
- 장하석, 《과학, 철학을 만나다》 (지식플러스, 2017).
- 조엘 비키 & 마트 존스, 《청교도 신학의 모든 것》, 김귀탁 옮김(부흥과개혁사, 2015).
- 조엘 비키, 《하나님의 약속을 따르는 자녀 양육》, 조계광 옮김(지평서원, 2014).
- 존 C. 레녹스, 《2084》, 이우진 옮김(한국장로교출판사, 2021).
- 존 프레임, 《서양철학과 신학의 역사》, 조계광 옮김(생명의말씀사, 2018).
- 존 칼빈, 《기독교 강요》 1권.
- 코넬리우스 반틸, 《개혁주의 교육학》, 이경섭 옮김(개혁주의신학사, 2017).
- 토마스 쿤, 《코페르니쿠스 혁명》, 정동욱 옮김(지식을만드는지식, 2016).
- 플라톤, 《프로타고라스》, 윤형두 편(범우사, 2015).

4장 : 기독교 세계관으로 조망하는 인공지능 리터러시 교육
- John Calvin, *Institutes of the Christian Religion*. Philadelphia: Westminster Press, 1960.
- Kalai, A. T., Nachum, O., Vempala, S. S., & Zhang, E., Why language models hallucinate. *arXiv preprint, arXiv:2509.04664* (2025). 1-36. https://openai.com/index/why-language-models-hallucinate/
- UNESCO, ChatGPT and Artificial Intelligence in higher education: Quick start guide(2023), https://www.iesalc.unesco.org/wp-content/uploads/2023/04/ChatGPT-and-Artificial-Intelligence-in-higher-education-Quick-Start-guide_EN_FINAL.pdf
- 교육부, "인공지능시대 교육정책방향과 핵심과제", 2020.

- 김경식, "인공지능은 정말로 '인간의 형상'이 되어가고 있는가?", 〈한국기독교신학논총〉 130(2013), 441-483.
- 김대식, 《AGI, 천사인가 악마인가》, 서울: 동아시아, 2025.
- 김세영, 권수경, 함영주, 김수환, 이수인, 김효숙, 신승범, 이현철, 《AI 시대, 교회교육을 답하다》. 서울: 생명의 양식, 2025.
- 김정준, "제4차 산업혁명시대 기독교교육의 인간상 고찰", 〈기독교교육논총〉 59(2019), 125-158.
- 김진형, 《AI최강 수업》, 서울: 매일경제신문사, 2020.
- 김재인, 《AI 빅뱅》, 서울: 동아시아, 2023.
- 김현철, 《정보적 사고에서 인공지능까지》, 서울: 한빛아카데미, 2019.
- 김현철, 김수환 외, "서울형 인공지능(AI) 리터러시 내용체계 및 진단 도구 개발", 〈서울교육정책연구소〉 2023-43(2024).
- 남선우, "인공지능 시대의 기독교교육 방향성에 대한 고찰", 〈기독교교육논총〉 74(2023), 107-134.
- 노구치 류치, 《AI시대, 문과생은 이렇게 일합니다》, 전종훈 역, 서울: 시그마북스, 2020.
- 닉 보스트롬, 《슈퍼인텔리전스: 경로, 위험, 전략》, 조성진 역, 서울: 까치, 2020.
- 레이 커즈와일, 《특이점이 온다》, 김명남, 장시형 역, 경기: 김영사, 2007.
- 레이 커즈와일, 《마침내 특이점이 시작된다》, 이충호 역, 서울: 비즈니스북스, 2025.
- 박완석, 김은총, "인공지능 시대, 기술의 주체화와 인간의 객관화—인간성과 책임성 회복을 위한 기독교 기술윤리적 제언", 〈한국기독교신학논총〉 137(2025), 247-283.
- 박태웅, 《AI 강의 2025》, 서울: 한빛비즈, 2025.
- 소프트웨어정책연구소, "유럽연합 인공지능법(EU AI ACT)의 주요내용 및 시사점", 〈SW중심사회〉 10월 호(2024).
- 손화철, "문화명령과 현대기술", 〈인간 환경 미래〉 22(2019), 117-148.
- 송윤희, "인공지능 시대의 기독교교육 방향성 재고", 〈복음과 실천〉 68(2021), 97-130.
- 서울특별시교육청, "교원을 위한 인공지능(AI) 첫걸음", 〈서울교육〉 2023-

- 28(2023).
- 신국원, 김희석, 함영주, 김수환,《AI파도를 분별하라》, 서울: 익투스, 2024.
- 안성원 외, "AI Index 2025 주요 내용과 시사점", 〈소프트웨어정책연구소〉IS-200(2025).
- 양금희, "AI(인공지능)의 인식론적 문제와 기독교교육", 〈신학사상〉 183(2018), 165-197.
- 오경환, "인공지능 시대의 신학 교육의 방향성 재고", 〈신학과 실천〉 81(2022), 619-643.
- 오창록, "성령의 조명 사역의 성격에 대한 신학적 고찰", 〈광신논단〉 25(2015), 105-126.
- 윤종훈, "칼빈주의 세계관과 문화명령에 관한 개혁주의적 소고: 창조, 타락, 구속(완성)을 중심으로", 〈신학지남〉 285(2005), 257-284.
- 이상원, "하나님의 형상과 그리스도인의 성품", 〈신학지남〉 325(2015), 85-112.
- 이신열, "챗GPT와 기독교 윤리: 인공지능 윤리에 대한 기독교 윤리학적 비판", 〈고신신학〉 25(2023), 57-82.
- 이종민, "교회와 목회자의 인공지능(AI) 활용과 기독교 윤리", 〈교회와 법〉 11(2024), 41-78.
- 임준섭,《포스트휴머니즘의 전략과 기독교의 대응》, 서울: CLC, 2022.
- 전수진, 박주연, 김수환,《이제 시작이야! 컴퓨팅 사고력으로 인공지능까지 파이썬》, 고양: 연두에디션, 2022.
- 클리퍼드 A. 픽 오버,《인공지능 100개의 징검이야기》, 이재범 역, 성남: 한빛미디어, 2020.
- 한국과학창의재단, "학교에서 AI 사용을 위한 가이드", 〈한국정보과학교육연합회〉(2024).
- 함영주,《기독교 세계관: 성경으로 다리놓기》, 경기: 바이블브릿지, 2020.
- 홍성수, "인공지능 시대 인간과 기계의 관계에 대한 기독교교육적 성찰", 〈고신신학〉 25(2023), 133-158.

AI 시대,
기독교 세계관으로
다음세대를 디자인하다

초판 인쇄 2025년 10월 27일
초판 발행 2025년 11월 3일

지은이 신국원 정석원 김민호 함영주 김수환 김성훈 정평진

기획 대한예수교장로회총회 교육부
제작 대한예수교장로회총회 출판부
발행 익투스

팀장 오은총
편집책임 조미예   **마케팅책임** 김경환
경영지원 임정은   **마케팅지원** 박경헌 김혜인
유통 박찬영 김승온   **제작** 안승찬   **편집·홍보** 이윤지

주소 서울 강남구 영동대로 330
전화 (02)559-5655~6
팩스 (02)6940-9384
인터넷 서점 www.holyonebook.com
출판등록 제2005-000296호
ISBN 979-11-86783-69-6 03230

ⓒ2025, 익투스

* 이 책은 신저작권법에 의하여 국내에서 보호를 받는 저작물입니다.
  출판사의 협의 없는 무단 전재와 무단 복제를 엄격히 금합니다.
* 책값은 뒤표지에 있습니다.
* 잘못된 책은 교환하여 드립니다.